UNO-Reform
zwischen Utopie und Realität

INTERNATIONALE BEZIEHUNGEN

Herausgegeben von Klaus Hüfner

Band 6

PETER LANG

Frankfurt am Main · Berlin · Bern · Bruxelles · New York · Oxford · Wien

Klaus Hüfner/Jens Martens

UNO-Reform zwischen Utopie und Realität
Vorschläge zum Wirtschafts- und Sozialbereich
der Vereinten Nationen

PETER LANG
Europäischer Verlag der Wissenschaften

Die Deutsche Bibliothek - CIP-Einheitsaufnahme

UNO-Reform zwischen Utopie und Realität : Vorschläge zum Wirtschafts- und Sozialbereich der Vereinten Nationen / Klaus Hüfner ; Jens Martens. - Frankfurt am Main ; Berlin ; Bern ; Bruxelles ; New York ; Oxford ; Wien : Lang, 2000
(Internationale Beziehungen ; Bd. 6)
ISBN 3-631-44783-3

Gedruckt auf alterungsbeständigem,
säurefreiem Papier.

ISSN 0941-3669
ISBN 3-631-44783-3
© Peter Lang GmbH
Europäischer Verlag der Wissenschaften
Frankfurt am Main 2000
Alle Rechte vorbehalten.

Das Werk einschließlich aller seiner Teile ist urheberrechtlich geschützt. Jede Verwertung außerhalb der engen Grenzen des Urheberrechtsgesetzes ist ohne Zustimmung des Verlages unzulässig und strafbar. Das gilt insbesondere für Vervielfältigungen, Übersetzungen, Mikroverfilmungen und die Einspeicherung und Verarbeitung in elektronischen Systemen.

Printed in Germany 1 2 4 5 6 7

Vorwort des Herausgebers

Die Charta der Vereinten Nationen ist bis heute eine „Vision" geblieben – eine Vision, die von einem sehr anspruchsvollen, umfassenden Konzept der Sicherheit ausgeht, das sich nicht nur auf die Kapitel V, VI und VII beschränkt, sondern gleichberechtigt die Kapitel X und XI berücksichtigt, die ein integraler Bestandteil der Charta der Vereinten Nationen sind.

Nach den turbulenten Entwicklungen Ende der 80er bzw. Anfang der 90er Jahre, die das Ende des Kalten Krieges bedeuteten, begann eine Phase der Hoffnung und des Engagements, erstmals in der Geschichte der Vereinten Nationen die hohen Erwartungen der VN-Charta in die Tat umsetzen zu können. Der Sicherheitsrat wurde aktiver denn je. Die in seinem Auftrag im Juni 1992 von Boutros Boutros-Ghali vorgelegte „Agenda für den Frieden" sowie die sich daran anschließende Diskussion dokumentieren diesen Willen.

Aber dieses neue Engagement sollte bei der Lösung verschiedener Folge-Probleme des Ost-West-Konfliktes zu zahlreichen Enttäuschungen führen: Einerseits kam es zu Fehlschlägen beim Einsatz von VN-Friedenstruppen (u.a. in Somalia und im ehemaligen Jugoslawien), andererseits wurde die mangelnde Bereitschaft der Mitgliedstaaten sichtbar, die neuen Herausforderungen und damit die den Vereinten Nationen übertragenen Aufgaben zu finanzieren. Dies betraf nicht nur die Kosten für die „Blau-Helme". Auch die öffentliche Entwicklungshilfe der westlichen Geber-Länder ging deutlich zurück – zum Teil aufgrund steigender notwendig gewordener humanitärer Hilfeleistungen, die von den Vereinten Nationen koordiniert und durchgeführt wurden. Neue politische und wirtschaftliche Konditionalitäten (u.a. Forderungen wie Demokratisierung, Einhaltung der Menschenrechte, Aufbau marktwirtschaftlicher Strukturen) bei gleichzeitig sinkendem finanziellen Engagement führten zu einer Verschärfung der Krise in der multilateralen Entwicklungshilfe.

Boutros Boutros-Ghali hat mit seiner „Agenda für Entwicklung" im Mai 1994 nicht nur eine umfassende Konzeption von „Entwicklung" vorgestellt, sondern auch erste konkrete Vorschläge unterbreitet. Die Mitgliedstaaten haben diese Herausforderung nur halbherzig angenommen, wie die Ergebnisse ihrer Diskussionen in fünf offenen Arbeitsgruppen aufzeigen. Mit Spannung wird daher erwartet, welche Reform-Vorschläge der Generalsekretär, Kofi Annan, nach seinen Initiativen 1997 der Generalversammlung, der „Millenium Assembly" im Jahre 2000, unterbreitet wird, um die Weltorganisation auf die Herausforderungen im dritten Jahrtausend vorzubereiten. Sein Vorschlag, eine Sonderkommission auf Minister-Ebene einzurichten, um notwendige Änderungen der Charta-Bestimmungen zu überprüfen, deutet darauf hin, daß er einen Schritt einleiten will, den seine Vorgänger nicht gewagt haben.

Es war kein Zufall, daß die „Wiederentdeckung" des Hauptanliegens der Charta, nämlich ein umfassendes Konzept der Sicherheit zu operationalisieren, erst nach dem Ende des Kalten Krieges erfolgte, der die Arbeit der Vereinten Nationen zu einem großen Teil lahmgelegt hatte. Mit dem Zusammenbruch des bipolaren Systems hat die Suche nach einem neuen Weltordnungssystem begonnen, das über eine Reform des Sicherheitsrates weit hinausgeht.

In Europa und insbesondere im vereinigten Deutschland wird allzu leicht übersehen, daß die Vereinten Nationen mehr sind als ein Instrument erhoffter kollektiver Sicherheit mit dem Sicherheitsrat im Zentrum. Für die öffentliche Diskussion in Deutschland ist dieses Buch daher insofern von Interesse, als die bisher recht einseitige Orientierung an einer intendierten ständigen Mitgliedschaft Deutschlands im Sicherheitsrat und einer Beteiligung der Bundeswehr an VN-Friedensoperationen den Wirtschafts- und Sozialbereich völlig ausgeblendet hat, obwohl gerade in diesem Bereich ein verstärktes Engagement in Deutschland im VN-System gefordert ist. Von daher ist es wichtig, die bisherige Reform-Diskussion zum Wirtschafts- und Sozialbereich der Vereinten Nationen aufzuarbeiten und der deutschen Öffentlichkeit zugänglich zu machen. Denn die Bereitschaft, mehr Verantwortung in den Vereinten Nationen übernehmen zu wollen, bezieht sich im VN-System vor allem auf den entwicklungspolitischen Bereich im Rahmen einer neuen Welthandels- und Weltwährungsordnung.

Mein Dank gilt dem Landesverband Berlin der Deutschen Gesellschaft für die Vereinten Nationen für die finanzielle Unterstützung bei der Drucklegung sowie Herrn Diplom-Kaufmann Stefan Führer, Frau cand. rer. pol. Stefanie Welter und Frau cand. rer. pol. Valerie Weinzierl, ohne deren Mithilfe die druckreife Version nicht zustandegekommen wäre.

Berlin, Oktober 1999   Klaus Hüfner

Inhaltsverzeichnis

Vorwort des Herausgebers — V

Verzeichnis der Schaubilder — X

Verzeichnis der Abkürzungen — XI

I. **Einleitung** — 1

II. **Zur Analyse der Reform-Vorschläge** — 5
   1. Akteure im System Internationaler Organisationen — 5
      1.1 Entscheidungsträger — 5
      1.2 Autoren der Reform-Vorschläge — 6
   2. Der Begriff der „Reform" im System Internationaler
     Organisationen — 7
   3. Systematisierung der Reform-Vorschläge — 9
   4. Zusammenfassung — 10

III. **Die 40er und 50er Jahre –
Die Jahre der US-Hegemonie** — 13
   1. Die Dominanz der USA in den Vereinten Nationen (1945-1960) — 13
   2. Die Reform-Diskussion der 40er und 50er Jahre — 16
      2.1 Administrative Reform-Bemühungen — 16
      2.2 Strukturelle und institutionelle Reform-Vorschläge — 18
      2.3 Die Vorschläge der „Idealisten" — 23

IV. **Die 60er Jahre –
Die Vereinten Nationen auf dem Wege zur Universalität** — 31
   1. „Institution Building" in den 60er Jahren — 32
   2. Die erste Finanzkrise — 34
   3. Die Reform-Vorschläge in den 60er Jahren — 36
      3.1 Vorschläge zur Reform des Sekretariats — 37
      3.2 Vorschläge zur Reform der Generalversammlung — 40
      3.3 Reform-Vorschläge zu Fragen der Finanzierung und
         der Koordinierung der Vereinten Nationen — 41
         3.3.1 Die Reform-Studien des „Committee of 14" — 41
         3.3.2 Der Abschlußbericht des „Enlarged Committee for
             Programme and Co-ordination" (ECPC) — 44

V. Die 70er Jahre – Die Auseinandersetzungen um eine „Neue Weltwirtschafts-Ordnung" — 49

1. Die Weltentwicklungsstudien — 49
   1.1 Der Jackson-Bericht — 50
   1.2 Der Pearson-Bericht — 56
   1.3 Der Dag-Hammerskjöld-Bericht — 59
   1.4 Der RIO-Bericht — 63
   1.5 Der Brandt-Bericht — 65
2. Die Reform-Diskussion in den USA — 67
   2.1 Der 20. Bericht der „Commission to Study the Organization of Peace" — 72
   2.2 Der Katzenbach-Bericht der UNA-USA — 75
   2.3 Der Bericht der Lodge-Commission — 78
   2.4 Die Studie des Atlantic Council — 81
   2.5 Die Reform-Vorschläge der Carter-Administration — 83
3. Die VN-internen Reform-Studien — 87
   3.1 Die Reform-Studien der Joint Inspection Unit — 88
   3.2 Die UNITAR-Studie von Martin Hill — 90
   3.3 Die Restructuring Exercise (1975-1977) — 92

VI. Die 80er Jahre – Die Zuspitzung der Krise im VN-System — 109

1. Die US-amerikanischen Angriffe gegen das VN-System und die zweite Finanzkrise — 109
2. Die Reform-Auseinandersetzungen in den 80er Jahren — 115
   2.1 Die VN-internen Bemühungen um administrative und strukturelle Reformen — 115
       2.1.1 Der Bericht der G-18 — 116
       2.1.2 Der erneute Versuch einer Reform des ECOSOC — 123
   2.2 Die Entwürfe für weiterreichende VN-Reformen — 125
       2.2.1 Der Bertrand-Bericht — 126
       2.2.2 Der Report der UNA-USA — 132
       2.2.3 Die Reform-Vorschläge von Johan Galtung — 135
       2.2.4 Die Reaktivierungs-Vorschläge von Mahdi Elmandjra — 137
       2.2.5 Die Reform-Studie von Marc Nerfin — 139
   2.3 Perestroika im VN-System - Die Reform-Initiative von Michail Gorbatschow — 143

VII. Die 90er Jahre – Auf der Suche nach einer „Neuen Welt-Ordnung" 155
1. Der Zusammenbruch des bipolaren Systems 155
2. Die „Agenda für den Frieden" von Boutros Boutros-Ghali 160
3. Auf der Suche nach einem neuen Entwicklungskonzept 163
   3.1 Der Brundtland-Bericht 164
   3.2 Die Human Development Reports des UNDP 166
   3.3 Die „Agenda für Entwicklung" 174
4. Reform-Entwürfe an die Vereinten Nationen 183
   4.1 Das Nordic UN Project 187
   4.2 Der InterAction Council 190
   4.3 Der Bericht der Commission on Global Governance 193
   4.4 Der Bericht der Unabhängigen Arbeitsgruppe 196
   4.5 „Renewing the United Nations" von Childers und Urquhart 200
   4.6 Die Reform-Studie des South Centre 204
5. VN-interne Reformbemühungen 206
   5.1 Versuche, den Wirtschafts- und Sozialrat (ECOSOC) wiederzubeleben 209
   5.2 Veränderungen in der Struktur des Sekretariats 213

VIII. Zusammenfassung und Ausblick 223

IX. Abbildungen 237
Abbildung 1: Die Entwicklung der Mitgliedschaft in den Vereinten Nationen, 1945-1999 237
Abbildung 2: Das VN-System, 1999 238
Abbildung 3: Die Entwicklung des VN-Systems, 1945-1999 239
Abbildung 4: Die Generalversammlung, 1999 240
Abbildung 5: Der „Unterbau" des Wirtschafts- und Sozialrates, 1999 241
Abbildung 6: Das VN-Sekretariat, 1999 242
Abbildung 7: Ausstehende Beiträge zum ordentlichen VN-Haushalt und den Friedensoperationen, 1975-1998 (in Mio US-Dollar) 243
Abbildung 8: Operative Aktivitäten der Vereinten Nationen - Die vier Funktionen 244
Abbildung 9: Die gegenwärtige Struktur 245
Abbildung 10: Modell 1: Eine vereinheitlichte Struktur 246

Abbildung 11:	Modell 2: Ein gemeinsamer Rat, aber getrennte Spezialorgane	247
Abbildung 12:	Modell 3: Vollständige Autonomie der Spezialorgane	248
Abbildung 13:	Der UNA-USA-Vorschlag	249
Abbildung 14:	Der Vorschlag der Unabhängigen Arbeitsgruppe	250
Abbildung 15:	Weltkonferenzen 1990 bis 1995	251
Abbildung 16:	Coordinated Review of Progress in the Implementation of Conference Agendas	252

X. Literaturverzeichnis 253
   A. Monographien und Aufsätze 253
   B. Dokumente der Vereinten Nationen 274

Verzeichnis der Schaubilder

Schaubild 1:	Zur Systematisierung der Reform-Vorschläge	9
Schaubild 2:	Reform-Vorschläge in den 40er und 50er Jahren	28
Schaubild 3:	Reform-Vorschläge in den 60er Jahren	46
Schaubild 4:	Reform-Vorschläge in den 70er Jahren	101
Schaubild 5:	Reform-Vorschläge in den 80er Jahren	148
Schaubild 6:	Reform-Vorschläge in den 90er Jahren	217

Verzeichnis der Abkürzungen

ACABQ	Advisory Committee on Administrative and Budgetary Questions
	Beratender Ausschuß für Verwaltungs- und Haushaltsfragen
ACC	Administrative Committee on Co-ordination
	Verwaltungsausschuß für Koordinierung
ASEAN	Association of South East Asian Nations
	Verbund Südostasiatischer Staaten
BSP	Brutto-Sozialprodukt
CDP	Committee for Development Planning
	Ausschuß für Entwicklungsplanung
CPC	Committee for Programme and Co-ordination
	Programm- und Koordinierungsausschuß
Doc.	Document
DAC	Development Assistance Committee
	Ausschuß für Entwicklungshilfe
DESA	Department of Economic and Social Affairs
DGVN	Deutsche Gesellschaft für die Vereinten Nationen
	UNA-Germany
DHB	Dag-Hammarskjöld-Bericht
	The 1975 Dag Hammarskjöld Report on Development and International Cooperation
ECE	Economic Commission for Europe
	Wirtschaftskommission für Europa
ECOSOC	Economic and Social Council
	Wirtschafts- und Sozialrat
ECPC	Enlarged Committee for Programme and Co-ordination
	Erweiterter Programm- und Koordinierungsausschuß
EPTA	Expanded Programme of Technical Assistance
EU	Europäische Union
	European Union
FAO	Food and Agriculture Organization
	Ernährungs- und Landwirtschaftsorganisation
G-7	Gruppe der 7
G-18	Gruppe der 18
G-77	Gruppe der 77

GA	General Assembly
	Generalversammlung
GATT	General Agreement on Tariffs and Trade
	Allgemeines Zoll- und Handelsabkommen
GRH-Gesetz	Gramm-Rudman-Hollings-Gesetz
IAEA	International Atomic Energy Agency
	Internationale Atomenergie-Organisation
IACB	Inter-Agency Consultative Board of UNDP
	Interinstitutioneller Konsultativrat des UNDP
IBRD	International Bank for Reconstruction and Development (World Bank)
	Internationale Bank für Wiederaufbau und Entwicklung (Weltbank)
IDA	International Development Association
	Internationale Entwicklungsorganisation
IFAD	International Fund for Agricultural Development
	Internationaler Agrarentwicklungsfonds
IFC	International Finance Corporation
	Internationale Finanzkorporation
IFDA	International Foundation for Development Alternatives
IGH	Internationaler Gerichtshof
ILO	International Labour Organization
	Internationale Arbeitsorganisation
IWF	Internationaler Währungsfonds
JIU	Joint Inspection Unit
	Gemeinsame Inspektionsgruppe
KPdSU	Kommunistische Partei der Sowjetunion
MERCOSUR	Mercado Común del Sur
	Gemeinsamer südlicher Markt
NGO	Non-Governmental Organization
	Nichtstaatliche Organisation
ODA	Official Development Assistance
	Öffentliche Entwicklungshilfe
ONUC	Opérations des Nations Unies au Congo
OPEC	Organization of Petroleum Exporting Countries
	Organisation erdölexportierender Länder
RIO-Bericht	„Reshaping the International Order"-Bericht

RWS	Rat für wirtschaftliche Sicherheit
	Council for Economic Security
SEF	Stiftung Entwicklung und Frieden
UN	United Nations
UNA	United Nations Association
	Gesellschaft für die Vereinten Nationen
UNCDF	United Nations Capital Development Fund
	Kapitalentwicklungsfonds der Vereinten Nationen
UNCTAD	United Nations Conference on Trade and Development
	Handels- und Entwicklungskonferenz der Vereinten Nationen
UNDOF	United Nations Disengagement Observer Force
	Beobachtergruppe der Vereinten Nationen für die Truppenentflechtung
UNDP	United Nations Development Progamme
	Entwicklungsprogramm der Vereinten Nationen
UNEF	United Nations Emergency Force
	Notstandsstreitkräfte der Vereinten Nationen
UNEP	United Nations Environment Programme
	Umweltprogramm der Vereinten Nationen
UNESCO	United Nations Educational, Scientific and Cultural Organization
	Organisation der Vereinten Nationen für Erziehung, Wissenschaft und Kultur
UNFPA	United Nations Fund for Population Activities
	Fonds der Vereinten Nationen für Bevölkerungsfragen
UNHHSF	United Nations Habitat and Human Settlements Foundation
	Stiftung der Vereinten Nationen für Wohn- und Siedlungswesen (HABITAT-Stiftung)
UNICEF	United Nations Children´s Fund (vorher United Nations International Children´s Emergency Fund)
	Kinderhilfswerk der Vereinten Nationen
UNIDO	United Nations Industrial Development Organization
	Organisation der Vereinten Nationen für industrielle Entwicklung
UNIFIL	United Nations Interim Force in Lebanon
	Interims-Truppe der Vereinten Nationen im Libanon

UNITAR	United Nations Institute for Training and Research
	Ausbildungs- und Forschungsinstitut der Vereinten Nationen
UNRRA	United Nations Relief and Rehabilitation Administration
UNSF	United Nations Special Fund
	Sonderfonds der Vereinten Nationen
VN	Vereinte Nationen
WFP	World Food Programme
	Welternährungsprogramm
WFUNA	World Federation of United Nations Associations
	Weltverband der Gesellschaften für die Vereinten Nationen
WHO	World Health Organization
	Weltgesundheitsorganisation
WTO	World Trade Organization
	Welthandelsorganisation
ZK	Zentralkomitee

I. Einleitung

Als die Organisation der Vereinten Nationen 1945 gegründet wurde, verbanden viele mit ihr die Hoffnung, daß erstmals in der Menschheitsgeschichte Frieden, Sicherheit und wirtschaftliche Entwicklung durch eine globale Institution gewährleistet werden könnten. Die VN-Charta ist Spiegelbild der hohen Erwartungen, die damals in die neue Weltorganisation gesetzt wurden. Zieht man nach 55 Jahren eine Zwischenbilanz des bisher Erreichten, so können die Vereinten Nationen durchaus Erfolge verbuchen. Ihr – nüchtern betrachtet – grundsätzlicher Erfolg: Es gibt sie noch. Mit 188 Mitgliedstaaten haben sie im Laufe der vergangenen Jahrzehnte das Ziel der Universalität fast erreicht (vgl. Abbildung 1 in Kapitel IX).

Die Arbeit der im VN-System[1] zusammengefaßten Organisationen hat in den unterschiedlichsten Bereichen zu positiven Ergebnissen geführt, so zum Beispiel bei der Seuchenbekämpfung, den Alphabetisierungskampagnen, der Erhaltung von Kulturdenkmälern, der Flüchtlingshilfe oder auch bei der Setzung von Standards und Normen sowohl im völkerrechtlichen als auch im technischen Bereich – um nur einige Beispiele zu nennen. Die Generalversammlung der Vereinten Nationen und die entsprechenden Organe der Sonderorganisationen stellen die einzigen Foren dar, in denen jedem Mitgliedstaat die gleiche Möglichkeit zur politischen Äußerung auf Weltebene eingeräumt wird. Bei der Lösung zwischenstaatlicher Konflikte konnten die Vereinten Nationen Ende der 80er Jahre zunächst an verschiedenen Stellen (u.a. Iran/Irak, Afghanistan, Namibia) im regionalen und weltweiten Kontext erfolgreich mitwirken. Für ihren Beitrag zur Wahrung des Weltfriedens erhielten die VN-Friedenstruppen 1988 den Friedensnobelpreis.

Dieser Erfolgsbilanz steht jedoch eine (längere) Bilanz des Scheiterns gegenüber. In vielen Bereichen konnten die Vereinten Nationen die allzu hochgesteckten Erwartungen der Anfangszeit nicht erfüllen. Sie konnten weder den Kalten Krieg zwischen den Supermächten noch die zahlreichen Kriege und Konflikte verhindern, denen seit 1945 Millionen von Menschen zum Opfer gefallen sind. Die Vereinten Nationen konnten weder die selbstgesteckten Ziele bei der Armutsbekämpfung erreichen, noch konnten sie dazu beitragen, die in den meisten Entwicklungsländern herrschende wirtschaftliche Stagnation zu überwinden. Während sich seit 1945 eine zunehmende Internationalisierung auf der politischen, ökonomischen und kulturellen Ebene im regionalen und weltweiten Kontext vollzog, blieb der Stellenwert der VN-Organisationen im Internationalen System gering.

Zwar wuchsen mit dem Ende der Ost-West-Blockkonfrontation Anfang der 90er Jahre der Gestaltungsspielraum der Vereinten Nationen und damit auch die Erwartungen an ihre künftige Rolle als zentrales Handlungsforum einer neuen Weltordnung, aber dieser Euphorie folgte sehr bald eine große Enttäuschung - nicht nur wegen der rapide angestiegenen innerstaatlichen Konflikte mit ihren humanitären, sozialen und ökonomischen Folgeproblemen, sondern auch wegen des Scheiterns traditioneller Einsätze von VN-Friedenstruppen (u.a. in Somalia und im ehemaligen Jugoslawien).

Die Unzufriedenheit mit der (Miß-)Erfolgsbilanz der Vereinten Nationen fand zunehmend ihren Ausdruck in der Kritik an den „Ineffizienzen" des Systems, die auf den verschiedensten Ebenen ausgemacht wurden, und in der Formulierung von Reformvorschlägen. Seit Mitte der 80er Jahre ist von den Vereinten Nationen sowohl in den Medien als auch in der Fachliteratur häufig nur noch im Zusammenhang mit Krisen und Reformen die Rede. Bei einer genaueren Untersuchung der Entwicklung der Vereinten Nationen läßt sich jedoch feststellen, daß für sie Krisen und Reformen kein ausschließliches Phänomen der 80er und 90er Jahre darstellen. Krisen, definiert als eine extreme Folge der Unzufriedenheit von Mitgliedern mit der Organisation, und die Bemühungen um eine Erneuerung ziehen sich vielmehr wie ein roter Faden durch die gesamte VN-Geschichte.

Die vorliegende Arbeit soll dies dokumentieren. Ziel der Arbeit ist es, vor dem Hintergrund der Veränderungen und Krisen innerhalb der Vereinten Nationen eine Bestandsaufnahme der Reformvorschläge vorzunehmen, die in den vergangenen fünf Jahrzehnten entstanden sind, sowie diese Reformvorschläge hinsichtlich ihres Inhalts und ihrer Autoren zu analysieren. Dies kann aufgrund der großen Zahl und des Umfangs der einzelnen Entwürfe nur selektiv geschehen. Den Schwerpunkt der folgenden Untersuchungen werden daher Studien bilden, die sich mit der Reform des Wirtschafts- und Sozialbereichs der Vereinten Nationen auseinandersetzen. Studien, die sich ausschließlich mit Reformen einzelner Sonderorganisationen befassen, bleiben dagegen unberücksichtigt.

Die Entscheidung für ein, trotz dieser Eingrenzungen, derart breites Untersuchungsspektrum – berücksichtigt werden über einen Zeitraum von 50 Jahren vor dem jeweiligen VN-historischen Hintergrund Reformentwürfe der unterschiedlichsten inhaltlichen Ebenen und von den verschiedensten Autoren - läßt sich auf zweifache Weise begründen: Zum einen sollen dadurch die grundlegenden Ursachen der Krisentendenzen und damit auch deren gewisse Relativität aufgezeigt werden, zum anderen soll durch den weiten Untersuchungshorizont eine realistischere Einschätzung der Durchführbarkeit von Reformvorschlägen ermöglicht werden. Ziel ist es letztlich, aus diesen Erkenntnissen Rückschlüsse auf die Reformmöglichkeiten der Vereinten Nationen im Wirtschafts- und Sozialbereich und deren weitere Entwicklung zu ziehen.

Im chronologisch-inhaltlich gegliederten Hauptteil wird neben den einzelnen Reformstudien auch auf den jeweiligen historischen beziehungsweise VN-spezifischen Kontext eingegangen, in dem die jeweiligen Studien entstanden sind. Dies ist zum inhaltlichen Verständnis der Studien und zur Erklärung ihrer Wirkung (bzw. ihrer Wirkungslosigkeit) unerläßlich. In einem letzten Teil werden schließlich die zukünftigen Möglichkeiten für Reformen der Vereinten Nationen und damit zugleich der Stellenwert bestimmter Reformvorschläge behandelt. Am Schluß soll der Versuch gemacht werden, einen ersten Schritt zu einem neuen Weg der wissenschaftlichen Auseinandersetzung mit Verbesserungen der internationalen Zusammenarbeit im institutionellen Rahmen der Vereinten Nationen zu skizzieren.

Anmerkung

1   Vgl. Abbildung 2 in Kapitel IX. Der Begriff „VN-System" umfaßt sowohl die Organisation der Vereinten Nationen einschließlich aller Spezialorgane als auch die Sonderorganisationen sowie GATT/WTO und IAEA. Zum VN-System gehören als Sonderorganisationen formalrechtlich auch der Internationale Währungsfonds (IWF) und die Weltbank-Gruppe. Diese Organisationen können im Rahmen der vorliegenden Arbeit jedoch allenfalls am Rande berücksichtigt werden und sollen aufgrund ihrer spezifischen Sonderstellung im folgenden weitestgehend ausgeklammert werden.

II. Zur Analyse der Reformvorschläge

1. Akteure im System Internationaler Organisationen

1.1 Entscheidungsträger

Cox und Jacobson gingen in ihrem Projekt unter anderem der Frage nach, wer die Entscheidungsträger im System Internationaler Organisationen sind. Dabei tauchte für sie auch die Frage nach der „Identität der Staaten, die Mitglied dieser Organisationen sind", auf.[1] Denn nicht der „Staat" als abstraktes Gebilde fällt Entscheidungen oder besitzt Interessen, sondern bestimmte Personengruppen, die – in der Terminologie von Cox und Jacobson – ein jeweiliges 'Subsystem' sowohl des politischen Systems 'Staat' als auch des politischen Systems 'Internationale Organisation' bilden. Am Beispiel der USA als Mitglied des Internationalen Währungsfonds (IWF) besteht dieser Personenkreis aus Beamten des Finanzministeriums, des Federal Reserve Board und anderer Finanzagenturen, Wall-Street-Bankern und einigen Einzelpersonen (Theoretikern wie Praktikern), die Einfluß auf die Finanzpolitik haben.[2] Aus dem theoretischen Wissen und den Eigeninteressen dieser Personen resultieren im allgemeinen die US-amerikanischen Entscheidungen bezüglich des IWF.[3]

Allgemein lassen sich die Akteure im System Internationaler Organisationen in folgende sieben Kategorien gliedern:[4]
- Vertreter nationaler Regierungen und Parlamente[5]
- Vertreter nationaler und internationaler nichtstaatlicher Institutionen (einschließlich Interessengruppen und Wirtschaftsunternehmen)
- Leiter der jeweiligen Internationalen Organisationen
- Mitarbeiter des Sekretariats der Organisationen
- Unabhängige formelle und informelle Berater
- Vertreter anderer Internationaler Organisationen
- Vertreter der Massenmedien.

Je nach Organisation sind die einzelnen Kategorien für den Entscheidungsprozeß von größerer oder geringerer Bedeutung.

Cox und Jacobson richteten ihr Augenmerk bei der Untersuchung zwar hauptsächlich auf die Entscheidungsvorgänge innerhalb einer Internationalen

Organisation („Decision-Making in International Organization"), ihre Systematisierung kann jedoch analog auf die für die Entscheidungen über eine Organisation relevanten Personen und Gruppen angewandt werden. Konkret auf den Fall der Vereinten Nationen bezogen, liefert diese Systematisierung ein grobes Schema zur Identifikation der für die Entwicklung der Organisation und damit auch für die für Reformen und Krisen verantwortlichen Akteure. Die Interessen dieser Akteure definieren das, was häufig pauschal als „nationales Eigeninteresse" bezeichnet wird.

Da im weitesten Sinne aus dem Kreis dieser Akteure auch die Vorschläge für Reformen der VN-Organisationen stammen, kann die Systematisierung von Cox und Jacobson auch für die weiteren Betrachtungen in dieser Arbeit instrumentalisiert werden.

1.2 Autoren der Reformvorschläge

Wenngleich die Verfasser der in den letzten fünf Jahrzehnten entwickelten Vorschläge für Reformen im VN-System nicht ex definitione identisch sind mit den für die tatsächliche Entwicklung der Vereinten Nationen relevanten Entscheidungsträgern, so kann doch die oben dargestellte Kategorisierung dieser Entscheidungsträger auch auf sie angewandt werden. Jeder Reform-Autor läßt sich einer (oder mehreren) der oben genannten sieben Kategorien zuordnen. Zum Zweck größerer Übersichtlichkeit sollen allerdings im folgenden diese sieben zu drei Kategorien zusammengefaßt werden:
- VN-Mitarbeiter und von den Vereinten Nationen eingesetzte Ausschüsse und Expertengruppen;
- Nationale Politiker, Beamte und Kommissionen (genauer: Vertreter nationaler Regierungen, Parlamente und staatlicher Institutionen);
- Vertreter privater Institutionen (hauptsächlich von Forschungseinrichtungen und Interessenverbänden), unabhängige Berater (oftmals hochrangige ehemalige Politiker oder VN-Beamte), Wissenschaftler und Publizisten.

Der Methode, bei der Analyse der Reformvorschläge auch die Autoren näher zu berücksichtigen, liegt die Annahme zugrunde, daß die Faktoren Wissen (sowohl im Sinne von theoretischem Wissen als auch im Sinne von Ideologien und Wertvorstellungen) und Eigeninteresse der Akteure sowohl die inhaltliche Formulierung der Reformvorschläge als auch die auf die Organisation bezogene

Entscheidungen bestimmen. Eine rein inhaltliche Analyse würde dieser Tatsache jedoch nicht gerecht werden. Häufig können Reformvorschläge erst dann inhaltlich angemessen beurteilt werden, wenn auch die theoretische und politische Herkunft der Autoren Berücksichtigung findet.

Beispielsweise macht es einen Unterschied, ob der gleiche Vorschlag zur Reduzierung des VN-Personals von einem VN-internen Organ wie der Joint Inspection Unit (JIU) stammt oder von einem national-konservativen Interessenverband wie der US-amerikanischen Heritage-Foundation. Während der Vorschlag im ersten Fall letztlich eine Stärkung der Vereinten Nationen zum Ziel hat, kann im zweiten Fall der Zweck in einer Schwächung des als US-feindlich angesehenen VN-Apparats liegen. Eine angemessene Interpretation des Vorschlags ist hier nur unter Berücksichtigung der Absichten des jeweiligen Autors möglich.

Die Gliederung der Reformvorschläge nach der Herkunft ihrer Autoren stellt eine erste Dimension der Systematisierung dar. Eine zweite Dimension ergibt sich aus der inhaltlichen Analyse des Begriffs „Reform" im Zusammenhang mit Internationalen Organisationen.

2. Der Begriff der „Reform" im System Internationaler Organisationen

Allgemein kann der Begriff der „Reform" definiert werden als evolutionäre Umgestaltung, Neuordnung oder auch als Verbesserung des Bestehenden. Es handelt sich um einen Prozeß, der angesichts sich ständig verändernder Rahmenbedingungen niemals als abgeschlossen betrachtet werden kann.[6] Im Bereich Internationaler Organisationen lassen sich Reformen unterschiedlichster Ausprägung feststellen: Das Spektrum reicht von Reformen innerhalb des Verwaltungsapparats und der zwischenstaatlichen Organe über Umgestaltungen in der Organisationsstruktur und institutionelle Erweiterungen des Systems („institution building") bis hin zu Reformen des „Denkens", das heißt zum Beispiel Veränderungen der Problemlösungsstrategien der Organisation (beispielsweise im Entwicklungsbereich). Für das System der Vereinten Nationen kann eine vier Ebenen umfassende Hierarchie von Reformen entwickelt werden:[7]

1. Ebene: Administrative und organisatorische Reformen
Administrative Reformen sind Reformen innerhalb des Verwaltungsapparats, das heißt vor allem innerhalb des VN-Sekretariats und der Sekretariate der Sonderorganisationen. Hierzu zählen Verbesserungen der internen Koordinierung in den Bereichen Planung, Programmgestaltung und Evaluierung, Maßnahmen im Personalbereich, haushaltstechnische Reformen und Änderungen im finanziellen Sektor. Organisatorische Reformen beziehen sich auf die Arbeitsabläufe und die Funktionsweise der zwischenstaatlichen Organe, wie zum Beispiel der Generalversammlung.

2. Ebene: Strukturelle Reformen
Hierunter sind in erster Linie Aufgaben- und Kompetenzverlagerungen zwischen den bestehenden Institutionen des VN-Systems zu verstehen.

3. Ebene: Institutionelle Reformen
Diese Reformebene umfaßt Neugründungen von Institutionen einschließlich Auflösungen bzw. Zusammenführungen von bestehenden Institutionen („institution building") innerhalb des VN-Systems.

4. Ebene: Konstitutionelle und „kognitive" Reformen
Zum einen lassen sich dieser obersten Ebene all diejenigen Reformen in der Struktur, den Aufgaben und den Kompetenzen der bestehenden VN-Organe zuordnen, die eine Revision der Charta erfordern. Bei diesen Reformen handelt es sich zugleich um grundsätzlich politische Reformen.[8] Unter dem (behelfsmäßigen) Oberbegriff der „kognitiven" Reformen sollen darüberhinaus die Veränderungen zusammengefaßt werden, die Veränderungen des Bewußtseins und des „Denkens", mit anderen Worten Veränderungen des „Wissens" (im oben definierten weiten Sinne einschließlich von Ideologien und Wertvorstellungen) der relevanten Akteure darstellen. Als „kognitive" Reformen können zum Beispiel Veränderungen im theoretischen Verständnis von „Entwicklung" angesehen werden, die innerhalb des VN-Systems möglicherweise zu neuen Entwicklungsstrategien (z.B. bei der Operationalisierung des Konzeptes einer „nachhaltigen Entwicklung") führen. Auch Änderungen der politischen Doktrinen können unter diese Kategorie subsumiert werden, sofern sie sich innerhalb des VN-Systems in politischen Verhaltensänderungen (etwa im Abstimmungsverhalten) niederschlagen.

Grundsätzlich kann davon ausgegangen werden, daß Reformen auf einer bestimmten Ebene nicht auf diese beschränkt bleiben, sondern Auswirkungen auf die darunterliegenden Ebenen haben können. So können etwa Änderungen im Entwicklungsdenken zu neuen Institutionen führen. Die Errichtung neuer Institutionen kann wiederum Rückwirkungen auf die Gesamt-Struktur des VN-Systems haben. Strukturelle Veränderungen können sich schließlich auch auf den Verwaltungsapparat der Vereinten Nationen auswirken.

Die dargestellte Systematisierung von Reformen Internationaler Organisationen, hier konkret des VN-Systems, läßt sich analog auf die Reformvorschläge und -entwürfe anwenden, um die es im folgenden gehen soll. Sie stellt damit eine zweite Dimension zur Analyse der Reformvorschläge dar.

3. Systematisierung der Reformvorschläge

Die Vorschläge zur Reform der Vereinten Nationen lassen sich also sowohl nach der Herkunft ihrer Autoren als auch nach ihrer inhaltlichen Untersuchungsebene differenzieren. Diese beiden Dimensionen können in einem Schaubild zu einer Matrix zusammengefaßt werden (vgl. Schaubild 1).

Schaubild 1: Zur Systematisierung der Reform-Vorschläge

Reformebene Autoren	administrative und organisatorische Ebene	strukturelle Ebene	institutionelle Ebene	konstitutionelle und „kognitive" Ebene
VN-Mitarbeiter, Ausschüsse, Experten-gruppen				
Nationale Politiker, Beamte, Kommissionen				
Private Institutionen, Berater, Wissenschaftler, Publizisten				

Jeder der im folgenden zu analysierenden Reformvorschläge läßt sich einem oder – je nach inhaltlicher Reichweite – mehreren der zwölf Matrixfelder zuordnen, wobei deren Grenzen jedoch nicht immer eindeutig gezogen werden können. Dennoch wird – trotz dieser Schwierigkeiten – in den folgenden Kapiteln der Versuch unternommen, einzelne Vorschläge in die Matrixfelder einzuordnen.

Als eine dritte Dimension muß bei den folgenden Betrachtungen auch die „Zeit" berücksichtigt werden. Es wäre sinnlos, Reformvorschläge zwar nach ihren Autoren und Inhalten, aber herausgelöst aus ihrem jeweiligen historischen Kontext zu untersuchen.

4. Zusammenfasssung

Zusammenfassend seien noch einige Bemerkungen zu den Fragen gemacht, warum und wann es überhaupt zu Reformvorschlägen kommt, und unter welchen Bedingungen diese in tatsächliche Reformen umgesetzt werden.

Als wichtigste Determinanten der Veränderung – und damit auch der Reform – Internationaler Organisationen gelten die Faktoren Macht, Eigeninteresse und Wissen. Daher kann die These formuliert werden, daß bei Errichtung einer Internationalen Organisation, also hier der Vereinten Nationen, die Macht- und Interessenstrukturen und das vorherrschende Wissen (und damit auch die vorherrschenden Theorien und Ideologien) innerhalb des Internationalen Systems sich in der Organisation weitgehend widerspiegeln.

Für die Folgezeit lassen sich zwei Entwicklungstendenzen unterscheiden, durch die Reformforderungen hervorgerufen werden können. Einerseits kann es zu Verschiebungen innerhalb der globalen Machtstrukturen oder zu Interessenveränderungen relevanter Akteure kommen, die sich (zunächst) nicht innerhalb der Organisation niederschlagen. Andererseits kann es ceteris paribus zu Veränderungen der Machtstrukturen innerhalb der Internationalen Organisation kommen. Beide Fälle bedeuten ein Auseinanderdriften der internen und externen Macht- und/oder Interessenstrukturen. In beiden Fällen werden dadurch die Eigeninteressen eines Teilbereichs der entscheidungsrelevanten Akteure verletzt. Es kommt zu Forderungen nach Veränderungen innerhalb der Organisation.

Sie finden ihren Ausdruck in der Formulierung mehr oder weniger konkreter Reformvorschläge. Je nach Bedeutung des Themas und Grad der Unzufriedenheit kann es abhängig von der Macht der Interessenträger, welche die Reformvorschläge unterstützen, zu politischem und ökonomischem Druck auf die Organisation – und damit zur Krise bis hin zur Bestandskrise – kommen. Die Krise wiederum kann Auslöser neuer Reformvorschläge sein.

Ob überhaupt und, wenn ja, welche Reformvorschläge schließlich in tatsächliche Reformen umgesetzt werden, hängt erneut von der Macht (sowohl der „voting power" als auch der „financial power") ab, über welche die Unterstützer der Vorschläge verfügen, wobei das „timing" eine wichtige Rolle spielt. Wie sich zeigen wird, ist dies die formale Begründung dafür, daß die Zahl der Reformvorschläge die Zahl der tatsächlichen Reformen im VN-System um ein Vielfaches übersteigt.

Nach diesen eher abstrakt-theoretischen Ausführungen soll nun auf die konkreten Vorschläge für Reformen innerhalb des VN-Systems eingegangen werden. Die folgenden Darstellungen gliedern sich dabei zunächst grob nach der zeitlichen Dimension, um die Reformvorschläge in ihrem jeweiligen historischen Kontext verstehen zu können. Innerhalb dieses Rahmens erfolgt die Untersuchung unter Verwendung der in diesem Abschnitt konzipierten Systematisierung nach Herkunft der Autoren und inhaltlicher Reformebene. Die oben gewonnenen theoretischen Erkenntnisse über die Hauptdeterminanten von Reformen, über die relevanten Entscheidungsträger und damit über die Durchführbarkeit der Reformvorschläge dienen dabei als Grundlage für deren Beurteilung.

Anmerkungen

1 Vgl. Cox/Jacobson, 156.
2 Vgl. Cox/Jacobson, 156.
3 Für eine allgemeine Analyse der Struktur der Interessengruppen beim IWF vgl. Diekmann, 156 ff.
4 Vgl. Cox/Jacobson, 160 sowie die ausführlichere Beschreibung bei Jacobson, 99ff.
5 Cox und Jacobson erwähnten lediglich „national governments", jedoch sollten Vertreter der Legislative nicht übersehen werden. Wie am Beispiel des US-amerikanischen Kongresses deutlich wird, können auch Parlamentsabgeordnete einen erheblichen Einfluß auf Internationale Organisationen ausüben.
6 Vgl. auch Dicke (1991), 663.

7 Die folgende Systematisierung erfolgt in Anlehnung an die Ausführungen von Donini, 27f., und Renninger (1987), 98ff.
8 Es sei ausdrücklich betont, daß diese Feststellung nicht bedeutet, daß Reformen auf der administrativen, strukturellen und institutionellen Ebene grundsätzlich nicht politisch motiviert sind.

III. Die 40er und 50er Jahre – Die Jahre der US-Hegemonie

1. Die Dominanz der USA in den Vereinten Nationen

Pax americana, die charakterisierende Bezeichnung für den politischen und ökonomischen Zustand des internationalen Systems nach dem Zweiten Weltkrieg, findet ihre spiegelbildliche Entsprechung in diesen Jahren auch in der Organisation der Vereinten Nationen. Die dominierende Rolle, welche die USA dort während der 40er und 50er Jahre spielte, zeigte sich sowohl politisch in der Praxis und in den Abstimmungsergebnissen von Generalversammlung und Sicherheitsrat als auch ökonomisch in der quantitativen Bedeutung der amerikanischen Finanzbeiträge für das System. Die ideologische Vorherrschaft der USA zu dieser Zeit kommt bereits in der Entstehungsgeschichte der Vereinten Nationen zum Ausdruck.

Während die US-amerikanische Außenpolitik der Zwischenkriegszeit von den Verfechtern eines weitgehenden Isolationismus geprägt wurde, wich diese Haltung im Verlauf des Zweiten Weltkriegs tendenziell neuen Vorstellungen von internationaler Kooperation unter amerikanischer Führung. Bereits zwischen 1939 und 1943 entwickelte die US-Regierung erste Pläne zur Errichtung einer neuen Weltorganisation.[1] Die Initiative ging dabei vom damaligen US-Präsidenten Franklin D. Roosevelt aus, den Inis Claude als „spiritual father of the United Nations" bezeichnete.[2] Claude betonte, daß sich die herausragende Stellung der USA bei der Gründung der Vereinten Nationen nicht allein aus ihrer militärischen und ökonomischen Machtposition ableiten läßt. „American predominance was related to the fact that the United States Government had had the opportunity, resources, and disposition to undertake the elaborate preparations which placed it in a unique position to offer guidance and leadership".[3] Daß auf der Gründungskonferenz der Vereinten Nationen in San Francisco die Vorstellungen der US-Delegation relativ widerstandslos übernommen wurden, lag auch an der wie ein Damoklesschwert über den Verhandlungen schwebenden Gefahr der Nichtratifizierung der Charta durch den US-Senat, was ein Scheitern des Projektes Vereinte Nationen bedeutet hätte.[4] Auf diese Weise kam es zur Verabschiedung einer Charta, „„...which was fundamentally based upon principles advocated by the United States".[5] Das der Charta innewohnende Grundprinzip ist das Prinzip des Liberalismus. Dies äußert sich im politischen Bereich in der Anerkennung nationalstaatlicher Souveränität und individueller Menschenrechte.

Im ökonomischen Bereich kann unter dem weiter gefaßten Begriff des Neuen Liberalismus[6] das Konzept des marktwirtschaftlich verfaßten Wohlfahrtsstaates verstanden werden. Auf die Vereinten Nationen übertragen bedeutet dieses Prinzip eine funktionale Kompetenzerweiterung auf soziale und wirtschaftliche Bereiche.[7]

Der ideologische Einfluß amerikanischer Politiker, Wissenschaftler und auch der Öffentlichkeit (mit der Presse als Sprachrohr)[8] auf die Gestaltung der Vereinten Nationen war erheblich, wenn auch nicht genau quantifizierbar.

Die ökonomische Bedeutung der USA für das VN-System ist dagegen in Zahlen zu benennen und damit leichter erfaßbar. Annähernd 40 Prozent des ordentlichen Haushalts der Vereinten Nationen wurden in den Anfangsjahren von den USA getragen[9], bei freiwilligen Beitragsleistungen an Spezialorgane der Vereinten Nationen lag er oftmals bei über 50 Prozent. Die Abhängigkeit der VN-Organisation von den amerikanischen Beitragszahlungen und die theoretische Möglichkeit der USA, diese zurückzuhalten, bedeuteten mit den Worten Stoessingers ein potentielles „financial veto" für die USA.[10]

Daß dieses ebensowenig wie ein tatsächliches Veto im Sicherheitsrat in den Anfangsjahren der Vereinten Nationen zum Einsatz kam, hat seine Begründung in der „automatischen Mehrheit"[11], welche die USA sowohl im Sicherheitsrat als auch in der Generalversammlung (vgl. Abbildung 1 in Kapitel IX) in allen relevanten Fragen besaßen. Zwischen 1946 und 1953 erlitten die USA in nur drei von einhundert Abstimmungen eine Niederlage, zudem in keiner, die ihre Sicherheitsinteressen beeinträchtigte.[12]

Mit dem Jahr 1955, in dem zeitgleich 16 neue Mitglieder in die VN aufgenommen wurden, von denen nur vier dem westlichen Lager zuzuordnen waren[13], verloren die USA ihre „automatische Zwei-Drittel-Mehrheit" in der Generalversammlung.[14] Dieses Jahr signalisierte „the end of American hegemony over the General Assembly".[15] Die USA konnten sich jedoch auch in den folgenden Jahren noch einer einfachen Mehrheit sicher sein. Erst mit dem Jahr 1960 und dem gleichzeitigen Beitritt von 16 afrikanischen Staaten setzte endgültig eine politische Trendwende innerhalb der Generalversammlung der Vereinten Nationen ein (vgl. Abbildung 1 in Kapitel IX).

Die politische Vormachtstellung der USA in den ersten 15 Jahren spiegelte sich allerdings nicht nur in Abstimmungserfolgen und der Durchsetzung von Resolutionen wider. Organe der Vereinten Nationen wurden auch häufig direkt als verlängerter Arm der US-Politik ge- bzw. mißbraucht.

So wurde auf dem Höhepunkt des anti-kommunistischen Feldzugs der McCarthy-Ära Anfang der 50er Jahre der damalige VN-Generalsekretär Trygve Lie gezwungen, zahlreiche amerikanische VN-Beamte zu entlassen, die von einem Untersuchungsausschuß des US-Senats kommunistischer Aktivitäten bezichtigt wurden.[16] Der Eingriff in die Souveränität des VN-Sekretariats ging soweit, daß FBI-Beamte im VN-Hauptquartier in New York selbst und damit auf völkerrechtlich internationalem Territorium Nachforschungen über amerikanische Mitarbeiter des Sekretariats anstellten.[17] Die politische Gesinnungskontrolle amerikanischer Bewerber für VN-Posten setzte sich bis in die 80er Jahre fort.[18] Zu betonen ist, daß diese Eingriffe in die Souveränität der Vereinten Nationen nicht von der amerikanischen Regierung ausgingen, sondern „by the extremists in the American public and by reactionary elements in the Congress".[19]

Die Politik der US-Regierung gegenüber den Vereinten Nationen war, wie das Beispiel Korea-Krieg zeigt, jedoch nicht weniger interventionistisch. Als nach Ausbruch des Krieges im Juni 1950 der Einsatz von VN-Truppen durch das Veto der UdSSR im Sicherheitsrat blockiert wurde, verabschiedete die Generalversammlung auf Initiative des damaligen US-Außenministers Acheson die „Uniting-for-Peace-Resolution", durch die im Fall der Handlungsunfähigkeit des Sicherheitsrats die Befugnis zum Einsatz von VN-Truppen auf die Generalversammlung übertragen wurde (in der die USA die Mehrheit besaßen).[20] Auf diese Weise erhielt der Einsatz der mehrheitlich amerikanischen Truppen unter der Flagge der VN, aber dem Oberbefehl des US-Verteidigungsministers, nachträglich seine Legitimation.[21]

Vor diesem Hintergrund scheint die Einschätzung zahlreicher Autoren durchaus berechtigt, welche die Vereinten Nationen in den Jahren des Kalten Krieges als „Instrument amerikanischer Außenpolitik" charakterisierten.[22]

2. Die Reformdiskussion der 40er und 50er Jahre

Aufgrund des direkten Einflusses der offiziellen US-Politik auf die Vereinten Nationen erübrigten sich in den 40er und 50er Jahren von dieser Seite größtenteils grundsätzliche Kritik und damit auch die Forderungen nach Reformen. Es wurden jedoch auch in diesen ersten Jahren der Organisation bereits Reformgedanken artikuliert, die sich nach Inhalt und Autoren in drei Gruppen gliedern lassen:

- Innerhalb der Vereinten Nationen kam es seit Ende der 40er Jahre zur Formulierung von Bestrebungen, die Verwaltung und Koordinierung der Organisation zu verbessern.
- In den 50er Jahren wurden hauptsächlich von Wissenschaftlern und führenden VN-Beamten Vorschläge zur strukturellen und institutionellen Reform der Vereinten Nationen, unter anderem des Wirtschafts- und Sozialrats (ECOSOC), entwickelt.
- Eine Vielzahl von Vorschlägen unterschiedlichsten Inhalts, die über eine Reform des bestehenden VN-Systems teilweise weit hinausreichten, stammte schließlich in diesen Jahren von Einzelpersonen und Interessengruppen, die im weitesten Sinn der „Idealistischen Schule" zuzuordnen sind.

2.1 Administrative Reformbemühungen

Die VN-internen Bemühungen zur Verbesserung der Arbeit und zur Einsparung von Ressourcen innerhalb von Sekretariat und Generalversammlung lassen sich bis in die Anfangsjahre der Vereinten Nationen zurückverfolgen.

Bereits während der ersten Sitzungsperiode 1946 verabschiedete die Generalversammlung eine Resolution[23], mit der die Einsetzung eines speziellen „Committee on Procedures and Organization" beschlossen wurde. Dieser Ausschuß legte im Jahr darauf seinen Bericht unter dem Titel „Procedures and Organization of the General Assembly" vor.[24] Er enthielt eine Reihe von Empfehlungen für organisatorische Verbesserungen in der praktischen Arbeit der Generalversammlung, die von der rechtzeitigen Aufstellung der Tagesordnung über die Errichtung von Sub-Committees[25] bis zum zeitsparenden Abfassen von Resolutionen reichten. Gleichzeitig lieferte der Bericht den Entwurf für 150 Verfahrensregeln („Rules of Procedures"), welche die Geschäftsordnung der Generalversammlung bilden sollten. Sie stellten eine Modifikation der

„Provisional Rules of Procedures of the General Assembly" dar, die noch während der ersten Sitzungsperiode von der Generalversammlung angenommen worden waren.[26] Auf der Grundlage des neuen Entwurfs verabschiedete die Generalversammlung am 17. November 1947 ihre Geschäftsordnung.[27]

Ebenso wie spätere Vorschläge zur Reform der Verfahrensregeln, wie etwa die 1949 entstandene Studie eines „Special Committee on Methods and Procedures"[28], in der unter anderem eine Redezeitbegrenzung für Delegierte in der Generalversammlung empfohlen wurde, führte der Ausschußbericht von 1947 allerdings nicht zu entscheidenden Veränderungen in der Praxis der Generalversammlung.[29]

Mit dem Jahr 1948 setzte in den Vereinten Nationen die Auseinandersetzung um eine Verbesserung der internen Koordinierung sowie der Konzentration von finanziellen Ressourcen ein. In diesem Jahr verabschiedete die Generalversammlung ihre erste Resolution zu diesem Thema.[30]

Zwei Jahre später warnte sie in einer weiteren Resolution unter der Überschrift „Concentration of Efforts and Resources"[31]: „...the successful carrying out of the economic and social work of the United Nations and the specialized agencies may be jeopardized by undertaking so many projects as to exceed the available technical, administrative and financial resources".[32]

1953 wurde vom neuernannten VN-Generalsekretär Dag Hammarskjöld ein Bericht veröffentlicht, der sich erstmalig umfassend mit der Arbeit und Struktur des Sekretariats auseinandersetzte.[33] In der Folge kam es zu einer Reihe von Reformmaßnahmen, deren Ziel es war, die zur Verfügung stehenden Ressourcen auf diejenigen VN-Programme zu konzentrieren, die „efficiently and effectively" durchgeführt werden konnten, um damit eine „gefährliche" Streuung der Ressourcen zu verhindern.[34]

Mit anderen Worten: Die Wurzeln der Effizienz-Diskussion, die über das VN-System in den 80er und 90er Jahren so heftig geführt wurde und wird, reichen bis in diese Zeit zurück. Allgemein ist festzustellen, daß die Reformbestrebungen, die in den 40er und 50er Jahren von Generalversammlung und Sekretariat ausgingen, eher punktuellen und pragmatischen Charakter hatten. Es entstanden in dieser Zeit keine umfangreichen Reform-Kataloge wie in den darauffolgenden

Jahrzehnten, vielmehr ging es in erster Linie um die Konsolidierung und Verbesserung der konkreten Arbeitsabläufe innerhalb der VN-Organe.

2.2 Strukturelle und institutionelle Reformvorschläge

Bereits in den frühen 50er Jahren wurden von einzelnen Fachleuten innerhalb und außerhalb der Vereinten Nationen Vorschläge für über die rein administrative Ebene hinausgehende, strukturelle Reformen im VN-System entwickelt.

Einen Schwerpunkt der Betrachtungen bildete dabei der ECOSOC. Als einem der sechs Hauptorgane der Vereinten Nationen war ihm ursprünglich die zentrale Zuständigkeit in den Bereichen Wirtschaft, Sozialwesen, Kultur, Erziehung, Gesundheit und verwandten Gebieten zugedacht.[35] Aufgabenfülle, fehlende Exekutivbefugnisse (nach Art. 60 der VN-Charta ist der ECOSOC der „Autorität" der Generalversammlung unterstellt) und nicht zuletzt die Auseinandersetzungen der Großmächte, vor denen auch diese Institution nicht verschont blieb, führten jedoch dazu, daß der ECOSOC die in ihn gesetzten Erwartungen nie erfüllen konnte. 1951 kam es zu den ersten internen Reform-Maßnahmen, die eine Reduzierung der zahlreichen funktionalen Kommissionen und Subkommissionen des ECOSOC zum Ziel hatten.[36]

Im gleichen Jahr erschienen unter dem Titel „Pour une Réforme du Conseil Economique et Social" die Reformvorschläge des Franzosen Henri Laugier, des ersten Assistant Secretary-General der Vereinten Nationen für soziale Angelegenheiten. Laugier stellte in seinem Artikel zunächst die vorherrschende Meinung in Frage, die Arbeit des ECOSOC könne durch eine rationellere Arbeitsorganisation verbessert werden. Sein Plädoyer wider das ökonomistische Effizienzdenken ist auch über 40 Jahre danach noch aktuell: „Il [der ECOSOC] a été prisonnier de la mystique anglo-saxonne, et surtout américaine, d'organisation rationelle du travail, qui sévit à Lake Success, qui empoissonne l'administration des Nations Unies, mystique qui a sûrement sa justification et son efficacité dans la mise en route d'une chaîne de fabrication de boîtes de conserves, de moteurs ou de tanks, mais qui ne peut être transposée dans le travail intellectuel, dans l'effort de pensée et d'imagination, qui doit être celui des Nations Unies, qu'avec beaucoup de prudence, de ménagements et d'indispensables adaptions".[37]

Laugier sah vor allem zwei Schwierigkeiten, welche die Arbeit des ECOSOC gefährdeten:[38]
- Mangel an Zeit sowie
- Mangel an materiellen Ressourcen.

Die zeitliche Begrenzung auf in der Regel zwei Sitzungsperioden im Jahr lasse eine befriedigende Erfüllung der Aufgaben nicht zu. Laugier stellte fest: „Le Conseil n'a pas, dans les circonstances actuelles, le temps de traiter efficacement les tâches monumentales qui sont dans sa mission".[39]

Gleichzeitig führten die finanziellen Beschränkungen zur Beeinträchtigung der Arbeit, die dem ECOSOC sowie der gesamten VN-Organisation durch die nach Meinung Laugiers ungerechtfertigte Autorität des „Advisory Committee on Administrative and Budgetary Questions" (ACABQ), eines ständigen Ausschusses der Generalversammlung, auferlegt wurden.

Daraus folgernd sah Laugier die Lösung der Misere sowohl in einer Aufstockung der Finanzmittel als auch in einer Umwandlung des ECOSOC in ein permanent tagendes Organ.[40]

Die Einschätzung, daß die Probleme des ECOSOC sich in erster Linie auf zeitliche Beschränkungen zurückführen lassen, wurde von Loveday zurückgewiesen. Loveday, der zur Zeit des Völkerbundes der Leiter von dessen „Economic, Financial and Transit Section" war, führte in seinen 1953 entstandenen Empfehlungen zur Reform des ECOSOC[41] dessen eigentliche Schwäche darauf zurück, daß ihm unvereinbare Funktionen übertragen wurden, die ihn gleichzeitig zum Koordinator und Koordinierten machten.[42] Einen Ausweg sah Loveday in umfassenden Reformen, die über die Vorschläge Laugiers weit hinausgingen und sich bis auf die institutionelle Ebene erstrecken. Sie lassen sich zu zwei Schwerpunkten zusammenfassen:[43]

1. Konzentration des ECOSOC auf reine Koordinierungsaufgaben im wirtschaftlichen und sozialen Bereich. Von allen anderen Aufgaben, wie etwa der Beratung der übrigen VN-Organe, sollte er entbunden werden; die Menschenrechtskommission sollte der Generalversammlung direkt unterstellt werden.

2. Errichtung einer VN-Sonderorganisation für wirtschaftliche und soziale Fragen. Sie sollte einen Großteil der ursprünglichen Funktionen des ECOSOC übernehmen. Ihr Sitz sollte Genf sein, um eng mit der Internationalen Arbeitsorganisation (ILO) und der Weltgesundheitsorganisation (WHO) zusammenarbeiten zu können; die „Economic Commission for Europe" (ECE) sollte von der neuen Organisation absorbiert werden, die übrigen (damals erst zwei) regionalen Wirtschaftskommissionen sollten ihr ebenfalls unterstellt werden. Gleichzeitig sah Lovedays Plan vor, daß ihr die Funktionen der „Interim Commission for the International Trade Organisation" übertragen werden sollten, und sie damit auch für den gesamten Bereich Handel und Rohstoffe zuständig gewesen wäre.

Lovedays Konzeption einer Trennung des Wirtschafts- und Sozialbereichs der Vereinten Nationen in einen politischen Teil, den komprimierten ECOSOC, und einen technischen Teil, die neu zu schaffende Sonderorganisation, kann als typisches Anwendungsbeispiel der funktionalistischen Theorie angesehen werden, wonach eine Trennung in politische und technische Organisationen möglich ist. Loveday führte die unbefriedigende Arbeit zahlreicher funktionaler Kommissionen des ECOSOC primär auf die Einwirkungen des Kalten Krieges zurück (später hätte man von „Politisierung" gesprochen).[44] Folgerichtig sah er den Zweck seiner Vorschläge darin, „[...] to provide some effective international machinery outside the battle-ground of the cold war [...]".[45]

Ob die Illusion einer „politikfreien" Wirtschafts- und Sozialorganisation der Realität standgehalten hätte, kann nicht nachgeprüft werden, denn Lovedays Reformvorschläge wurden ebensowenig in die Tat umgesetzt wie die Empfehlungen Laugiers zwei Jahre zuvor. Der ECOSOC blieb unverändert und war gerade deswegen auch in den folgenden Jahren und Jahrzehnten immer wieder Gegenstand von Reformentwürfen.

So unterbreitete die „Commission to Study the Organization of Peace" bereits 1957 innerhalb eines umfangreichen Berichts mit dem Titel „Strengthening the United Nations" auch Vorschläge zur Reform des ECOSOC.[46] Dieser Report, der zehnte in der bereits seit 1940 erscheinenden Reihe von Berichten der Kommission, stellte den bis dahin umfassendsten Entwurf für eine Reform der Vereinten Nationen dar. Unter seinen insgesamt 87 Autoren befanden sich die zur damaligen Zeit auf dem Gebiet Internationaler Organisationen führenden amerikanischen Wissenschaftler, wie etwa Inis Claude, Benjamin Cohen, Lawrence Finkelstein, Richard N. Gardner, Leland M. Goodrich und Louis B. Sohn.

Die Schlußfolgerungen des Berichts, zusammengefaßt in 24 Empfehlungen, erstreckten sich auf alle Bereiche der Vereinten Nationen, von administrativen und finanziellen Themen bis hin zu institutionellen Fragen und Vorschlägen, die Charta-Änderungen erforderten. Die Kommission gliederte ihre Empfehlungen dabei nach vier Problemfeldern:

a) Organisationsprobleme
Unter dieser Überschrift unterbreitete die Kommission neben Vorschlägen zur Universalisierung der Vereinten Nationen, zur Möglichkeit der Ernennung eines geschäftsführenden Generalsekretärs durch die Generalversammlung, wenn eine sofortige Entscheidung des Sicherheitsrats nicht möglich ist, sowie zu einer Erweiterung des Sicherheitsrats, vor allem zwei Vorschläge, die das Vetorecht und das Stimmrecht in der Generalversammlung betrafen.[47]

In Anlehnung an die sogenannte Vandenberg-Resolution[48] vom 11.Juni 1948 forderte sie die Abschaffung des Vetorechts bezüglich der Aufnahme neuer VN-Mitglieder sowie bei der friedlichen Beilegung von Streitigkeiten („Pacific Settlement of Disputes"). Diese Vorschläge können als Reaktion auf die in derartigen Fällen häufige Inanspruchnahme des Vetorechts durch die UdSSR gewertet werden.

Gleichzeitig drängte die Kommission auf die Einführung eines „more equitable system of representation and voting in the General Assembly"[49], das heißt auf Einführung eines gewichteten Stimmrechts. Diese Forderung muß vor dem Hintergrund der wachsenden Zahl neutraler VN-Mitglieder und des damit verbundenen schrittweisen Verlustes der „sicheren Mehrheit" für die USA in der Generalversammlung gesehen werden. Die Autoren fürchteten, daß als Folge Meinungen, wie etwa „we pay and you decide what is to be done with our money"[50], mehr und mehr an Einfluß - auch innerhalb des US-Kongresses - fänden - eine Feststellung, die auch aus den 80er Jahren stammen könnte.

b) Politische und rechtliche Funktionen

Hauptvorschlag in diesem Themenkomplex war die Aufstellung einer ständigen VN-Truppe.[51] Sie sollte sich sowohl aus Kontingenten der Mitgliedstaaten als auch aus mindestens 2000 individuellen Freiwilligen zusammensetzen. Die Autoren betonten, daß diese VN-Truppe als Polizei und nicht als Armee zur internationalen Kriegsführung fungieren sollte.

c) Wirtschaftliche und soziale Funktionen

In dieses Problemfeld fallen die bereits erwähnten Vorschläge zur Reform des ECOSOC. Sie blieben allerdings inhaltlich weit hinter den beiden bereits vorgestellten Reformentwürfen zurück. Gefordert wurde hier lediglich eine Überprüfung und gegebenenfalls Auflösung der funktionalen Kommissionen, die häufigere Inanspruchnahme externer Experten sowie die Besetzung der Delegationen der Mitgliedstaaten mit „persons of high standing and outstanding competence".[52]

Daneben schlugen die Autoren die Errichtung einer „United Nations Development Agency" vor, die sowohl die technische Hilfe als auch die Kapitalhilfe der VN-Sonderorganisationen koordinieren sollte.[53] In der Praxis kam es nicht zu einer derartigen Zentralisierung der VN-Entwicklungsarbeit. Die Bereitstellung von Kapital wurde weitgehend von der Weltbank-Gruppe übernommen, zur Koordinierung der technischen Zusammenarbeit wurde in den 60er Jahren das United Nations Development Programme (UNDP) gebildet (vgl. Abbildung 3 in Kapitel IX).

d) Finanzielle Unterstützung

Zur Vergrößerung der finanziellen Basis der Vereinten Nationen schlug die Kommission die Einrichtung eines gesonderten Programmhaushalts neben dem ordentlichen Haushalt vor. Dieser Programmhaushalt sollte sich sowohl aus den freiwilligen Beiträgen der Mitgliedstaaten als auch aus direkten Einnahmen der Vereinten Nationen speisen. Dabei wurden vier mögliche Einnahmequellen unterschieden:[54]

- private Spenden;
- Gewinne aus der Nutzung des Meeresbodens und der Antarktis durch die Vereinten Nationen;
- Anteile an den nationalen Militärausgaben als direkte Abgaben an die Vereinten Nationen; sowie

- Verbrauchsteuern und Gebühren, z.B. Anteile an den staatlichen Paß- und Visa-Gebühren, Teile der Gebühren zur Nutzung internationaler Wasserwege, Gebühren für internationale Radio-Lizenzen, Anteile an Zinsen auf Weltbank-Kredite, usw.

Zum „Schutz" der reicheren Staaten sollte die Kontrolle über den Programmhaushalt an ein gewichtetes Stimmrecht gebunden sein.[55]

Zweifellos hätte die Realisierung der Vorschläge der „Commission to Study the Organization of Peace" zur beabsichtigten „Stärkung der Vereinten Nationen" führen können. Gleichzeitig hätte sie jedoch auch eine deutliche Stärkung der Position der USA, beispielsweise durch das gewichtete Stimmrecht, bedeutet. Es wird bei der Lektüre dieser Studie deutlich, daß sämtliche 87 Autoren amerikanische Wissenschaftler waren. Die Reformvorschläge wurden, wie die Entwicklung zeigt, weitgehend nicht in die Realität umgesetzt.

2.3 Die Vorschläge der „Idealisten"

Während von Seiten nationaler Regierungen und Parlamente, aus den Vereinten Nationen selbst und von VN-nahen Wissenschaftlern in den 40er und 50er Jahren vergleichsweise wenige Vorschläge für Veränderungen im VN-System ausgingen, kam der überwiegende Teil der Reformideen und -entwürfe in diesen Jahren von Personen und Institutionen, die im weitesten Sinn unter dem Begriff „Idealisten" zusammengefaßt werden können.

Vor dem Hintergrund des Zweiten Weltkrieges, der Entwicklung der Atombombe, des Kalten Krieges zwischen den Großmächten und des daraus resultierenden Versagens der Vereinten Nationen, insbesondere des Sicherheitsrates, eine Schlüsselrolle bei der Erhaltung des Friedens zu spielen, entstanden die unterschiedlichsten Vorschläge zur Stärkung der Weltorganisation bis hin zur Schaffung einer Weltregierung. Eine besondere Rolle spielte dabei die Bewegung der Welt-Föderalisten.[56]

Das inhaltliche Spektrum der Vorschläge reichte von punktuellen Ideen, welche die bestehende VN-Organisation völlig unberücksichtigt ließen, und damit nicht als Reform-Vorschläge im eigentlichen Sinn angesehen werden können, bis hin zu konkreten, an der VN-Charta orientierten detaillierten Änderungsvorschlägen.

Stellvertretend für die Vielzahl idealistischer Reformentwürfe seien im folgenden drei genannt, die die Unterschiedlichkeit der einzelnen Ansätze verdeutlichen sollen.

Bereits 1947 wandte sich Albert Einstein mit einer Reform-Initiative an die Generalversammlung.[57] In einem offenen Brief forderte er, daß sich die Generalversammlung zukünftig aus direkt gewählten, den nationalen Regierungen nicht verantwortlichen Männern und Frauen zusammensetzen sollte. Dieser neugeschaffenen demokratischen Versammlung sollte der Sicherheitsrat untergeordnet werden, was die Beseitigung des Vetorechts bedeutete. Auf dieser Grundlage sollte eine Weltregierung errichtet werden, zur Not auch ohne Beteiligung der Sowjetunion, falls diese den Plan ablehnte. Den Einwand, daß (auch) eine derartige Vollversammlung von den USA kontrolliert werden würde, wies Einstein als „nicht überzeugend" zurück.[58]

So verlockend Einsteins Idee eines demokratisch gewählten Weltparlaments zunächst erscheinen mag, so utopisch erwies sie sich gleichzeitig. Einzuwenden ist nicht nur, daß die Mehrheit der VN-Mitglieder keine im westlichen Sinn demokratisch verfaßten Staaten mit aus freien Wahlen hervorgegangenen Regierungen waren, grundsätzlicher ist hier (wie auch bei allen späteren derartigen Vorschlägen) zu fragen, welches Interesse die staatlichen Eliten haben sollten, Exekutiv- und Legislativmacht an eine übergeordnete Weltorganisation zu delegieren. Da auf der anderen Seite eine Weltorganisation per se nicht über die Machtmittel verfügt, die nationalen Regierungen und Parlamente zur Abgabe von Kompetenzen zu zwingen, bleiben derartige Vorschläge, solange sie vom Goodwill der nationalen Entscheidungsträger abhängig sind, von vornherein reine Gedankenkonstrukte.

Ein Jahr nach Einsteins Initiative wurde 1948 unter dem Titel „Preliminary Draft of a World Constitution" ein Plan veröffentlicht, der sich näher an der bestehenden Institution Vereinte Nationen orientierte und umfangreiche Vorschläge zur Weiterentwicklung der Weltorganisation machte. Dieser Plan, entwickelt an der University of Chicago von einem sogenannten „Committee to Frame a World Constitution", wurde in einer Auflage von über einer Million Exemplare verkauft und in „jede erdenkliche Sprache" übersetzt[59] - ein Zeichen für die damalige Popularität der idealistischen Ideen einer neuen Weltordnung.

Unter anderem enthielt der Plan des Chikagoer Komitees folgende drei Vorschläge:[60]
- Errichtung eines 18köpfigen VN-Legislativorgans, bestehend aus jeweils einem Vertreter der in neun Regionen unterteilten Welt sowie neun von der Generalversammlung frei zu wählenden Repräsentanten. Auch die neun regionalen Vertreter sollten nicht auf nationaler Ebene bestimmt werden; über sie sollte aufgrund ihrer persönlichen Qualifikationen von der gesamten Generalversammlung nach einer Art Einzelwahlkampf entschieden werden. Die Generalversammlung, in der weiterhin jede Nation repräsentiert sein sollte, würde ihre bisherige Bedeutung verlieren und mehr und mehr die Funktion eines reinen „electoral college"[61] übernehmen. Die Installierung eines derartigen Legislativorgans bedeutete unter Umgehung eines expliziten gewichteten Stimmrechts die Einführung eines ausgewogeneren, relativ kleinen und damit vermutlich handlungsfähigeren VN-Gremiums.
- Der Bedeutung der Nicht-Regierungs-Organisationen (NGOs) sollte durch die Schaffung eines sogenannten funktionalen Senats Rechnung getragen werden. In diesem Senat, gleichsam einer zweiten VN-Kammer mit reiner Beratungsfunktion, sollten Organisationen aus den Bereichen Wirtschaft, Erziehung und Wissenschaft vertreten sein.
- Die Weltorganisation sollte das Recht erhalten, eigene Steuern zu erheben, um ihren finanziellen Spielraum zu erweitern.

Die Vorschläge des „Preliminary Draft" sind auch über 40 Jahre nach ihrem Erscheinen von erstaunlicher Aktualität. Wir werden sehen, daß einige Reformvorschläge der 80er und 90er Jahre ganz ähnliche Inhalte haben. Dies ist allerdings bereits ein Zeichen für die offensichtlich mangelnde reale Durchführbarkeit der Pläne, die von Elisabeth Mann Borgese im nachhinein als „utopian dreams" charakterisiert werden.[62]

Zehn Jahre nach diesen frühen Plänen für eine stärkere Weltorganisation erschien 1958 als eines der Hauptwerke idealistischer VN-Literatur „World Peace Through World Law" von Grenville Clark und Louis B. Sohn.[63] Dieses von Rochester als ein besonderes Beispiel für den explizit normativen, „utopischen" Strang der Forschung über Internationale Organisationen angeführte Werk stellte die in diesem Zusammenhang konkreteste und umfangreichste Auseinandersetzung mit dem bestehenden Konzept der Vereinten Nationen dar.[64]

Im Mittelpunkt stand eine mehr als 200 Seiten umfassende kommentierte Gegenüberstellung der bestehenden 111 Artikel der VN-Charta und ihrer revidierten Version von Clark und Sohn.

Der Rahmen dieser Arbeit läßt es nicht zu, die detaillierten Änderungsentwürfe im einzelnen zu diskutieren; es können lediglich einige Hauptvorschläge stichpunktartig skizziert werden, um dadurch einerseits deren Reichweite, andererseits deren utopischen Charakter zu verdeutlichen:[65]

- Die Generalversammlung sollte das zentrale Organ der neugeformten Weltorganisation sein. Sie sollte legislative Gewalt erhalten. Die einzelnen Mitgliedstaaten sollten ein nach ihrer Bevölkerungsgröße gewichtetes Stimmrecht besitzen.
- Anstelle des Sicherheitsrates sollte ein Exekutivrat errichtet werden, bestehend aus 17 teils ständigen, teils wechselnden Mitgliedern und der Generalversammlung untergeordnet. Das Vetorecht der ständigen Mitglieder (in diesem Entwurf sind dies die USA, die UdSSR, Indien und die VR China) sollte abgeschafft werden.
- Der ECOSOC sollte von damals 18 auf 24 Mitglieder aufgestockt werden, von denen die eine Hälfte aus den 12 Staaten mit dem höchsten Bruttoinlandsprodukt besteht, die andere von der Generalversammlung unter Berücksichtigung geographischer Gesichtspunkte bestimmt wird. [66] Unter der Kontrolle des ECOSOC sollte eine zentrale „World Development Authority" zur Unterstützung der Entwicklungsländer errichtet werden.[67]
- Der Internationale Gerichtshof sollte größere Autorität erhalten, seine Rechtsprechung für die Mitgliedstaaten verbindlichen Charakter haben. Daneben sollte zur Beseitigung internationaler Streitigkeiten, die nicht ausschließlich rechtlicher Natur sind, ein „World Equity Tribunal" geschaffen werden und zusätzlich als vorgelagerte freiwillige Schlichtungsstelle ein „World Conciliation Board" eingerichtet werden.
- Als (Druck-)Mittel zur Durchsetzung ihrer Beschlüsse sollten die Vereinten Nationen eine „United Nations Peace Force" erhalten, die sich aus einer etwa 400.000 Mann starken Berufsarmee und etwa 900.000 Reservisten zusammensetzen sollte. Clark und Sohn gingen dabei von einer gleichzeitigen schrittweisen Abschaffung sämtlicher nationalen Streitkräfte aus.
- Zur Finanzierung der VN-Organe, der Entwicklungsaufgaben und der zahlreichen hier nicht erwähnten neu zu schaffenden Institutionen gingen die

Autoren von einem benötigten Betrag von damals 36 Mrd. US-$ jährlich aus (9 Mrd. für die VN-Truppen, 25 Mrd. für die World Development Authority und 2 Mrd. für die übrigen VN-Institutionen).[68] Dieser Betrag sollte durch die direkte Abführung nationaler Steuern an eine eigens zu diesem Zweck zu errichtende VN-Finanzbehörde aufgebracht werden. Daneben sollten die Vereinten Nationen auch die Möglichkeit erhalten, in begrenztem Umfang Kredite aufzunehmen.

Für die Studie von Clark und Sohn gilt entsprechend, was bereits über die vorangegangenen idealistischen Reformentwürfe gesagt wurde. Nach der eingangs vorgestellten Systematisierung der Reformvorschläge sind all diese Entwürfe der kognitiven Reform-Ebene zuzuordnen (vgl. Schaubild 2). Das heißt, ihre Verwirklichung erfordert als Voraussetzung eine „Reform des Denkens", eine Änderung des aus den jeweiligen Einzelinteressen resultierenden politischen Handelns der verantwortlichen Entscheidungsträger, in erster Linie also der nationalen Politiker. Daß sie derartige Änderungen normativ forderten bzw. voraussetzten, rechtfertigt die Charakterisierung dieser Reformvorschläge als idealistisch.

Der ausbleibende Erfolg ihrer Vorschläge mag der Hauptgrund dafür sein, daß die Forderungen der Idealisten nach Stärkung der Vereinten Nationen bis hin zur Errichtung einer Weltregierung und eines Weltparlaments nach ihrer Hochphase in den 40er und 50er Jahren immer seltener wurden. Nicht wenige der damals zum Teil weitverbreiteten Veröffentlichungen sind in den folgenden Jahrzehnten nahezu in Vergessenheit geraten.

Dagegen setzte sich die Entwicklung der Vorschläge für administrative, strukturelle oder institutionelle Reformen des VN-Systems, die ihren Ausgangspunkt in den dargestellten Studien der späten 40er und frühen 50er Jahre hatte, in der Folgezeit verstärkt fort.

Durch die Erlangung der offiziellen Unabhängigkeit zahlreicher Staaten Afrikas und Asiens Anfang der 60er Jahre (vgl. Abbildung 1 in Kapitel IX) und die damit verbundenen Auswirkungen auf die Vereinten Nationen erhielt die Diskussion um eine Veränderung der Weltorganisation eine zusätzliche inhaltliche Dimension.

Schaubild 2: Reform-Vorschläge in den 40er und 50er Jahren

Reformebene Autoren	administrative und organisatorische Ebene	strukturelle Ebene	institutionelle Ebene	konstitutionelle und „kognitive" Ebene
VN-Mitarbeiter, Ausschüsse, Expertengruppen	• Committee on Procedures and Organization (1946/47); • Hammarskjöld-Bericht (1953)			
Nationale Politiker, Beamte, Kommissionen				
Private Institutionen, Berater, Wissenschaftler, Publizisten		• Loveday zum ECOSOC (1953); • Commission to Study the Organization of Peace (1957)	• Loveday zum ECOSOC (1953)	• Weltföderalisten; • Einstein (1947); • Committee to Frame a World Constitution (1948) • Clark/Sohn (1958)

Anmerkungen

1 Vgl. Claude, 52. Goodrich kam zu dem Schluß: „Thus the United Nations was largely conceived in the United States" (Goodrich, 370).
2 Claude, 55.
3 Claude, 55.
4 Daß derartige Befürchtungen nicht unbegründet waren, zeigt das Schicksal der geplanten International Trade Organisation (ITO), deren Gründungsurkunde, die Havanna-Charta, zwar 1947 verabschiedet, vom US-Kongreß jedoch nicht ratifiziert wurde. Infolgedessen konnte die ITO ihre Arbeit nie aufnehmen - bis es 1995 zur Gründung der WTO kam.
5 Claude, 56.
6 Vgl. Claude, 71f.
7 Vgl. dazu Artikel 55 der VN-Charta.
8 Claude bemerkte dazu: „In large measure, the impact of public opinion upon the Charter took the form of ideological inflation" (Claude, 58).
9 1946 betrug der amerikanische Beitragssatz 38,89 Prozent. Er sank bis 1954 auf rund 33 Prozent (vgl. Meagher, 116).
10 Stoessinger (1977), 19.
11 Stoessinger stellte zur Situation der Generalversammlung in den ersten 15 Jahren der Vereinten Nationen fest: „The American delegation enjoyed a large measure of control over the Assembly and did not hesitate to use its 'automatic majority' in its own national

interest." (Stoessinger (1977), 27). Keohane und Nye bezweifelten den „Mythos" der „automatic majority" und bezogen sich dabei auf „zahlreiche Dissertationen", die dies widerlegt hätten, ohne diese Behauptung jedoch näher zu belegen (Vgl. Keohane/Nye (1985), 155).
12 Diese Zahlen wurden von Horowitz (Bd. 1, 31) zitiert.
13 Nämlich Irland, Italien, Portugal und Spanien (vgl. Hüfner (1991c), 27).
14 Vgl. Stoessinger, 30. O'Brien sprach sogar von einer „sicheren Zwei-Drittel-Mehrheit" der USA in der Generalversammlung bis 1958 (vgl. O'Brien, 27).
15 Stoessinger (1977), 30.
16 Hierzu und zum folgenden s. Stoessinger (1977), 57ff.
17 Vgl. Stoessinger (1977), 63.
18 Erst 1986 wurde das „International Organizations Employees Loyalty Program" von einem US-Gericht für verfassungswidrig erklärt. Beigbeder stellte dazu fest: „After thirty-three years, McCarthyism in UN organizations had finally died" (Beigbeder (1988), 56).
19 Stoessinger (1977), 65.
20 Erwähnt z.B. bei Unser, 35f.
21 Eine ausführlichere Darstellung der Rolle der USA und der VN im Korea-Krieg findet sich bei Horowitz (Bd.1), 100-128. Vgl. dazu auch O'Brien, 66ff.
22 Stoessinger schrieb z.B.: „During its first fifteen years, it [the UN] had served primarily as an instrument of American foreign policy." (Stoessinger (1977), 27). Eine fast wortgleiche Einschätzung findet sich bei Horowitz (Bd.1), 31.
23 GA Res. 102(I) vom 15.12.1946.
24 UN Doc. A/388 vom 23.9.1947.
25 Dieser Punkt wurde ausdrücklich erwähnt bei Fisher/Trooboff, 221ff.
26 UN Doc. A/71/Rev.1, veröffentlicht am 28.4.1947.
27 GA Res. 173(II) vom 17.11.1947.
28 UN Doc. A/937 aus dem Jahre 1949.
29 Diese Einschätzung vertraten Fisher/Trooboff, 227ff.
30 So erwähnt bei Donini, 6.
31 GA Res. 413(V) vom 1.12.1950.
32 Zitiert nach Donini, 6.
33 Organization of the Secretariat: Report of the Secretary-General (UN Doc. A/2554 vom 12. November 1953); vgl. JIU/REP/88/1, Annex 1, 1.
34 Vgl. Donini, 6.
35 Vgl. dazu die Kapitel IX und X der VN-Charta, insbesondere die Artikel 55, 60 und 62.
36 Vgl. Loveday, 327.
37 Laugier, 317.
38 Vgl. Laugier, 317f.
39 Laugier, 318.
40 Vgl. Laugier, 322.
41 Loveday, A., 325-341.
42 Vgl. Loveday, 328.
43 Vgl. Loveday, 330ff.
44 Vgl. Loveday, 327.
45 Loveday, 335.
46 Vgl. Commission to Study the Organization of Peace (1957).
47 Vgl. Commission to Study the Organization of Peace (1957), 4f.

48 Arthur H. Vandenberg war in den 40er Jahren ein Hauptvertreter des besonders konservativen Flügels der Republikaner im US-Senat und galt als eine „Schlüsselfigur in der amerikanischen Außenpolitik" (vgl. Horowitz (Bd. 1), 29).
49 Commission to Study the Organization of Peace (1957), 5.
50 Commission to Study the Organization of Peace (1957), 225.
51 Vgl. Commission to Study the Organization of Peace (1957), 5.
52 Commission to Study the Organization of Peace (1957), 8.
53 Vgl. Commission to Study the Organization of Peace (1957), 8f.
54 Vgl. Commission to Study the Organization of Peace (1957), 259ff.; diese Vorschläge werden von verschiedenen Seiten in den 90er Jahren wieder aufgenommen.
55 Vgl. Commission to Study the Organization of Peace (1957), 10.
56 Einen guten Überblick über die Entwicklung der Ideen und Institutionen der Welt-Föderalisten zwischen 1945 und 1955 lieferte Ernest S. Lent, 486-501.
57 Der „Open Letter to the General Assembly of the United Nations" wurde abgedruckt in Nathan/Norden (Hrsg.): Einstein on Peace, 440ff. Dieser Sammelband dokumentierte darüberhinaus ausführlich Einsteins Ideen einer „supranationalen Organisation" (vgl. dazu vor allem Nathan/Norden (Hrsg.), 400ff).
58 Vgl. dazu O'Brien, 131.
59 So Elisabeth Mann Borgese, eine der damaligen Autorinnen dieses Planes, 374.
60 Die folgenden Ausführungen orientieren sich an Mann Borgese, 374ff.
61 Mann Borgese, 376.
62 Mann Borgese, 378.
63 Im folgenden wird nach dem Nachdruck der zweiten, überarbeiteten Auflage von 1964 zitiert.
64 Vgl. Rochester, 784.
65 Vgl. zum folgenden Clark/Sohn, XVII ff.
66 Vgl. hierzu auch die Vorschläge von Bertrand (1985) und zahlreichen anderen Studiengruppen in den 90er Jahren.
67 Vgl. die Ähnlichkeit mit Lovedays Vorschlag oben.
68 Zum Vergleich: Die gesamten Ausgaben (aus ordentlichen und freiwilligen Mitteln) des VN-Systems (VN + Sonderorganisationen (ohne IWF und Weltbankgruppe) + IAEA) betrugen 1958 216,2 Mio US-$ (vgl. Elmandjra (1973), 242).

IV. Die 60er Jahre – Die Vereinten Nationen auf dem Wege zur Universalität

Während die ersten 15 Jahre der Vereinten Nationen vom Kalten Krieg und der Hegemonie der USA geprägt waren, trat mit der Aufnahme zahlreicher junger Staaten Afrikas und Asiens in die Vereinten Nationen die Nord-Süd-Problematik immer stärker in den Vordergrund. Das Jahr 1960 kann dabei als Wendepunkt angesehen werden. Mit dem Beitritt von 16 neuen afrikanischen Staaten erfolgte eine grundlegende Verschiebung der Stimmenverhältnisse in der Generalversammlung. Die USA verloren endgültig ihre „automatische Mehrheit", während die Staaten der Dritten Welt seitdem rein rechnerisch über eine sichere Mehrheit verfügten (zur Entwicklung der Mitgliederzahl in den Vereinten Nationen – und damit der Stimmenverhältnisse in der Generalversammlung – über den gesamten Zeitraum 1945-1995 vgl. Abbildung 1 in Kapitel IX).

Dieser Wandel zeigte sich erstmals 1961, als gegen den Widerstand der USA Kuba finanzielle Unterstützung aus dem Sonderfonds der Vereinten Nationen (UNSF) erhielt. Stoessinger kommentierte dazu: „...the Cuban case placed the United States in a minority position for the first time on an issue the nation saw as clearly inimical to its national interest.[...] in that sense, the Cuban case was a harbinger of things to come in a changing United Nations in which the United States would often be in opposition."[1] Die Schwerpunktverlagerung innerhalb der VN-Aktivitäten hin zu dem Wirtschafts- und Sozialbereich fand ihren offiziellen Ausdruck 1961 in der Erklärung der 60er Jahre zur Ersten Entwicklungsdekade der Vereinten Nationen.[2]

Der Prozeß der Entkolonisierung löste innerhalb der Vereinten Nationen hauptsächlich in zweifacher Hinsicht Reformbemühungen aus: Allgemein kam es seit Ende der 50er Jahre zu einer Reihe institutioneller Reformen in Form von Gründungen neuer beziehungsweise Veränderung bestehender Organisationen (vgl. im einzelnen Abbildung 3 in Kapitel IX). Im Kontext der VN-Friedensoperation im Kongo (ONUC) war das dortige Engagement der Vereinten Nationen Auslöser der ersten „Finanzkrise" der Organisation und zog umfangreiche Evaluierungsmaßnahmen im Finanz-und Verwaltungsbereich nach sich.

1. „Institution Building" in den 60er Jahren

Mit der Einrichtung des „United Nations Special Fund" (UNSF) setzte 1958 die zweite Welle des „institution building" innerhalb des VN-Systems ein.[3] Aus dem Sonderfonds, der auf Initiative der USA errichtet und von ihr zu 40 Prozent finanziert wurde, sollten hauptsächlich Projekte zur Vorbereitung der sogenannten Technischen Hilfe („pre-investment projects") in den Entwicklungsländern unterstützt werden.[4]

Als Reaktion der westlichen Industrieländer auf das Drängen der Staaten Afrikas, Asiens und Lateinamerikas nach Bereitstellung von zinsgünstiger Kapitalhilfe durch die Vereinten Nationen wurde 1960 die „International Development Association" (IDA) als Tochter der Weltbank gegründet.[5] Ihre Aufgabe sollte es sein, zur Finanzierung von Investitionen „soft loans" für die Entwicklungsländer bereitzustellen. Elmandjra sah hinter der Gründung den Zweck, von den Vereinten Nationen den Druck nach Errichtung eines eigenen Kapitalfonds – bereits seit 1949 wurde von den Entwicklungsländern die Schaffung eines „Special United Nations Fund for Economic Development" (SUNFED) gefordert – zu nehmen, in dem die westlichen „Geberländer" – anders als bei der Weltbank-Gruppe mit ihrem gewichteten Stimmrecht – in der Minderheit gewesen wären.[6]

Um die chronische Unterernährung in der Dritten Welt wirksamer bekämpfen zu können, wurde 1961 gemeinsam von den Vereinten Nationen und derErnährungs und Landwirtschaftsorganisation (FAO) das „World Food Programme" (WFP) gegründet.[7] Aufgabe des WFP sollte sowohl die Finanzierung von Nahrungsmittelhilfen als auch von längerfristigen Ernährungsprogrammen sein.

Innerhalb des ECOSOC wurden zur Verbesserung der Evaluierung und Koordinierung von VN-Programmen im wirtschaftlichen und sozialen Bereich in den 60er Jahren zwei zusätzliche ständige Ausschüsse geschaffen. 1962 kam es zur Errichtung des „Committee for Programme and Co-ordination" (CPC), das zum „main subsidiary body of ECOSOC and the General Assembly for planning, programming, evaluation and co-ordination" wurde.[8] 1964 entstand das „Committee for Development Planning" (CDP), ein beratender Ausschuß, der sich aus unabhängigen Experten zusammensetzt.[9] Das CDP war Ende der 60er Jahre unter seinem Vorsitzenden Jan Tinbergen maßgeblich an der Formulierung der Strategien für die Zweite Entwicklungsdekade der Vereinten Nationen beteiligt.

1963 beschloß die Generalversammlung, ein „United Nations Institute for Training and Research" (UNITAR) zu errichten.[10] Aufgabe dieses Instituts sollte die Aus- und Weiterbildung von VN-Mitarbeitern sowie die Durchführung von Studien zu VN-relevanten Themen sein. In diesem Institut entstanden in den 70er und 80er Jahren auch mehrere kritische Beiträge zur VN-Reform.[11]

1964 fand die erste „United Nations Conference on Trade and Development" (UNCTAD) statt. Aufgrund einer Resolution der Generalversammlung ist sie seit 1965 auch eine ständige VN-Institution.[12] UNCTAD bildete vor allem in den 60er und 70er Jahren ein Hauptforum zur Artikulation der Interessen der in der Gruppe der 77 (G-77) zusammengeschlossenen Staaten der Dritten Welt.[13] Diese Staaten waren mit dem ECOSOC als dem eigentlichen VN-Organ für wirtschaftliche und soziale Angelegenheiten unzufrieden. Die meisten Entwicklungsländer waren aufgrund der begrenzten Mitgliedschaft im ECOSOC nicht vertreten, was ihm die Bezeichnung „the rich man's club" einbrachte.[14] Die Folge war, daß andere VN-Organisationen, hauptsächlich die UNCTAD, in der u.a. jedes VN-Mitglied automatisch vertreten ist, zunehmend Funktionen ausübten, die ursprünglich dem ECOSOC zugedacht waren. Dies führte zu einem weiteren Bedeutungsverlust des ECOSOC.

1965 entstand aus der Fusion des seit 1949 bestehenden „Expanded Programme of Technical Assistance" (EPTA) und des bereits erwähnten „United Nations Special Fund" (UNSF) das „United Nations Development Programme" (UNDP), das als Koordinierungs- und Finanzierungsinstitution für die Technische Hilfe des VN-Systems dienen sollte.[15] Die Kette der Neugründungen entwicklungsbezogener VN-Organisationen setzte sich 1966 mit der Errichtung der „United Nations Industrial Development Organization" (UNIDO) fort.[16] Sie wurde „after a strong pressure from the developing countries"[17] hauptsächlich zu dem Zweck gegründet, Technische Hilfe zur Durchführung von Industrieprojekten in Entwicklungsländern bereitzustellen.

Fast zeitgleich mit der Gründung der UNIDO wurde von den Entwicklungsländern 1966 nach jahrelangen Verhandlungen die Schaffung eines „United Nations Capital Development Fund" (UNCDF) als Organ der

Generalversammlung durchgesetzt.[18] Neben der Technischen Hilfe von UNDP und UNIDO sollte dieser Fonds Kapitalhilfe für die Entwicklungsländer zur Verfügung stellen. Das „Schicksal" des UNCDF ist ein gutes Beispiel für die veränderte Machtstruktur innerhalb der VN-Generalversammlung. Die neue, aus den Ländern der Dritten Welt bestehende Mehrheit besaß zwar die „voting power", eine Vielzahl neuer Institutionen, auch gegen die Stimmen der Industrieländer ins Leben zu rufen, die „financial power" lag aber weiterhin bei der kleinen Gruppe westlicher Industrieländer, angeführt von den USA. Deren finanzieller Boykott von ihnen politisch mißliebigen „Programmen" und Institutionen verurteilte eine erfolgreiche Tätigkeit von vornherein zum Scheitern. Aus der Sicht der westlichen „Geberländer" sollte die Bereitstellung von Kapital ausschließlich über die Weltbank-Gruppe abgewickelt werden, die unter ihrer Kontrolle stand. Der UNCDF erwies sich daher aufgrund der fehlenden finanziellen Unterstützung als totgeborenes Kind.[19]

Neben der Schaffung neuer Institutionen führte die Aufnahme der jungen afrikanischen und asiatischen Staaten auch zur Erweiterung bestehender Organe. Im Dezember 1963 beschloß die Generalversammlung eine Erhöhung der Mitgliederzahl sowohl des Sicherheitrats als auch des ECOSOC. Die Zahl der nichtständigen Mitglieder des Sicherheitsrats wurde von 6 auf 10 erhöht, die Mitgliederzahl des ECOSOC stieg von 18 auf 27.[20] Beide Änderungen, die Revisionen der VN-Charta darstellten und von mindestens zwei Dritteln der Mitglieder – einschließlich der ständigen Mitglieder des Sicherheitsrates – ratifiziert werden mußten, traten am 31. August 1965 in Kraft.

Neben diesen umfangreichen institutionellen Reformen im VN-System kam es in den 60er Jahren auch zu verstärkten Bemühungen um Verbesserungen auf der administrativen Ebene. Ein Auslöser dafür war die durch den Kongo-Konflikt hervorgerufene erste „Finanzkrise" der Vereinten Nationen.

2. Die erste Finanzkrise

Am Anfang der ersten schweren Krise der Vereinten Nationen stand der interne Konflikt verfeindeter Parteien im Kongo (heute: Zaire) unmittelbar nach dessen Entlassung aus der belgischen Kolonialherrschaft am 30. Juni 1960. Die bürgerkriegsähnlichen Zustände veranlaßten die neue politische Führung des

Landes, die Vereinten Nationen um die Entsendung neutraler Hilfstruppen zu ersuchen. Am 14. Juli 1960 ermächtigte der Sicherheitsrat den damaligen Generalsekretär, Dag Hammarskjöld, zur Durchführung der VN-Friedensoperation (ONUC), in deren Verlauf rund 20.000 Soldaten aus 29 Nationen unter der Flagge der Vereinten Nationen im Kongo eingesetzt wurden.[21]

Während die erste Kongo-Resolution noch von den USA und der UdSSR gemeinsam getragen wurde, kam es durch die auf amerikanischen Druck hin erfolgte Unterstützung der pro-westlichen Konfliktpartei durch die VN-Truppen zur Kritik der UdSSR an der offiziellen VN-Politik. Am 23. September 1960 forderte der sowjetische Staatschef Chruschtschow vor der Generalversammlung die Entlassung Dag Hammarskjölds als Generalsekretär, dem er eine parteiische Haltung in der Kongo-Frage vorwarf. An seine Stelle sollte ein Triumvirat aus jeweils einem Vertreter des östlichen und des westlichen Blocks sowie der neutralen Staaten treten.[22] Jeder dieser drei Generalsekretäre sollte ein Vetorecht besitzen. Dieser sogenannte Troika-Vorschlag Chruschtschows hätte die Handlungsfähigkeit des VN-Sekretariats im Konfliktfall faktisch auf Null reduziert. Er wurde mit großer Mehrheit (83 gegen 11 Stimmen bei 5 Enthaltungen) von der Generalversammlung abgelehnt.[23]

Schwerwiegender als die fehlende politische Unterstützung durch die UdSSR im Kongo-Konflikt war ihr damit verbundener Entzug finanzieller Unterstützung. Zusätzlich zu den bereits aufgelaufenen Fehlbeträgen aus dem Einsatz von VN-Friedenstruppen im Zusammenhang mit der Suez-Krise 1956 (United Nations Emergency Force - UNEF) riß dieser finanzielle Boykott ein immer größeres Loch in die Kasse der Vereinten Nationen. Verantwortlich dafür war allerdings nicht allein die UdSSR. Ende 1961 hatten 41 Mitgliedstaaten ihre UNEF-Beiträge und 66 Staaten ihre ONUC-Beiträge für das Jahr 1960 überhaupt nicht oder nur teilweise entrichtet.[24] Die kumulierten Rückstände beliefen sich zu diesem Zeitpunkt auf mehr als 80 Mio US-Dollar und waren damit höher als der ordentliche VN-Haushalt dieses Jahres.[25] 1962 überstiegen sie sogar 100 Mio US-Dollar.[26]

Die prekäre Finanzsituation veranlaßte die Generalversammlung im Dezember 1961, der Ausgabe von VN-Schuldverschreibungen zuzustimmen. Durch diesen einmaligen Vorgang verschafften sich die Vereinten Nationen – vor allem mit Hilfe der USA – vorübergehend zusätzlich rund 150 Mio US-Dollar, die allerdings schon 1963 verbraucht waren.[27] Obwohl die Kongo-Friedensoperation bereits im Juni 1964 mit dem Abzug der letzten VN-Truppen beendet wurden, erreichte die Krise erst mit der 19. Sitzung der Generalversammlung einige Monate später ihren Höhepunkt. Die Rückstände der UdSSR hatten inzwischen ihre Beitragspflichten zum ordentlichen Haushalt aus den vorausgegangenen beiden Jahren überstiegen, was nach Artikel 19 der VN-Charta den Entzug des Stimmrechts in der Generalversammlung zur Folge hätte. Die UdSSR drohte für diesen Fall mit ihrem Austritt aus den Vereinten Nationen. Nur durch die Entscheidung, während der 19. Sitzungsperiode keine förmlichen Abstimmungen durchzuführen, konnte die Generalversammlung einen offenen Konflikt zunächst abwenden. Als Anfang 1965 Frankreich und zehn weitere Staaten ebenfalls unter die Bestimmungen des Artikels 19 fielen,[28] und damit zehn Prozent der VN-Mitglieder der Verlust ihres Stimmrechts drohte, war klar, daß die Anwendung des Artikel 19 das Ende der Vereinten Nationen als globaler Organisation bedeuten würde. Da die USA aufgrund dieser Tatsache nicht davon ausgehen konnten, in der Generalversammlung eine Mehrheit für die Anwendung des Artikels 19 zu erhalten, gaben sie ihre Forderung danach im August 1965 auf.[29]

Die finanziellen Probleme der Vereinten Nationen waren dadurch nicht gelöst. Ihr permanentes Haushaltsdefizit bestand auch in den folgenden Jahren fort. Dies war der Grund dafür, daß die Generalversammlung 1965 auf Antrag Frankreichs eine Expertenkommission einsetzte, welche die finanzielle Situation der Vereinten Nationen und ihrer Sonderorganisationen untersuchen sollte. Als Ergebnis entstand die bis dahin wichtigste Studie zur Reform des VN-Systems. Auf sie und die zahlreichen anderen VN-internen Reformstudien der 60er Jahre soll im folgenden Abschnitt eingegangen werden.

3. Die Reformvorschläge in den 60er Jahren

Während außerhalb der Vereinten Nationen in den 60er Jahren nur wenige Bemühungen zur Weiterentwicklung des VN-Systems artikuliert wurden, fand innerhalb der VN-Organisation eine verstärkte Auseinandersetzung um Verbesserungen statt (vgl. Schaubild 3 auf Seite 46). Im Mittelpunkt standen dabei einerseits das Sekretariat und die Generalversammlung, andererseits Fragen der Finanzierung und Koordinierung des VN-Systems.

Daher ergibt sich für die 60er Jahre nicht die Gliederung der Reformvorschläge nach den unterschiedlichen Reformebenen (administrative, strukturelle, institutionelle und „kognitive"), sondern eher eine differenzierte Betrachtung auf der administrativen Ebene, wenngleich manche Studien mit ihren Vorschlägen über diese Ebene hinausgingen.

3.1 Vorschläge zur Reform des Sekretariats

Die VN-internen Bemühungen um Verbesserungen der Arbeit des Sekretariats, die bereits Anfang der 50er Jahre unter Dag Hammarskjöld einsetzten, wurden 1960 mit der Berufung eines Expertenausschusses fortgeführt. Dessen Aufgabe sollte es sein, „to work together with the Secretary-General in reviewing the activities and organization of the Secretariat of the United Nations with a view to effecting or proposing further measures designed to ensure maximum economy and efficiency in the Secretariat".[30] Im Juni 1961 legte dieses „Committee of Eight" seinen Abschlußbericht unter dem Titel „Report of the Committee of Experts on the Review of the Activities and Organization of the Secretariat" vor.[31]

Die acht Experten, jeweils vier Mitglieder aus Entwicklungs- und Industrieländern, zu denen als amerikanischer Vertreter zeitweise Leland M. Goodrich gehörte, machten in ihrem Bericht hauptsächlich Vorschläge zur Reorganisation des Sekretariats auf der obersten Führungsebene, zum geographischen Verteilungsschlüssel für die Mitarbeiter des Sekretariats, zu seinen wirtschaftlichen und sozialen Aktivitäten und zur Stabilisierung des Haushalts.

Die Experten betonten, daß es sich bei der Organisation der obersten Führungsebene des Sekretariats nicht um eine primär administrative Frage handelte, sondern politische Überlegungen dabei eine wichtige Rolle spielten.[32] Dementsprechend herrschte in diesem Punkt auch keine Einigkeit unter den Vertretern der drei Blöcke. Während das sowjetische Mitglied Chruschtschows Troika-Vorschlag erneuerte, empfahlen Experten der Entwicklungsländer quasi als Kompromiß die Ernennung von drei Stellvertretenden Generalsekretären, die dem Generalsekretär direkt untergeordnet sein sollten.[33] Die westlichen Vertreter der Kommission empfahlen dagegen lediglich die Reduzierung der Führungsebene unterhalb des Generalsekretärs auf acht Beigeordnete Generalsekretäre.[34]

Einigkeit bestand unter den acht Experten dagegen in der Forderung nach Abbau der geographischen Ungleichgewichte innerhalb des Personals im Sekretariat. Ihren Vorschlägen zufolge sollte vor allem der Anteil von VN-Beamten aus westlichen Ländern reduziert werden, während die Zahl der Angestellten aus Afrika, Asien und insbesondere auch aus Osteuropa angehoben werden sollte.[35] Dieser Vorschlag kann als Reaktion auf die Verschiebungen in der Mitgliederstruktur der Vereinten Nationen sowie auf die Unterrepräsentanz sowjetischer Staatsangehöriger im Sekretariat angesehen werden.

In diesem Zusammenhang sei bemerkt, daß der unterproportionale Anteil sowjetischer VN-Beamter keine administrative Zufälligkeit darstellte, sondern vielmehr die realen Machtverhältnisse im VN-Sekretariat während der 40er, 50er und 60er Jahre widerspiegelte. Conor Cruise O'Brien sprach in diesem Zusammenhang von der „Amerikanisierung des Sekretariats"[36] und zitierte Tavares de Sa, einen ehemaligen hohen Beamten der VN-Presse- und Informationsabteilung, wonach das „geheiligte System der Ausschaltung aller Russen innerhalb des Sekretariats seit Beginn der UNO angewendet wurde".[37]

In einem weiteren Themenabschnitt forderte der Expertenausschuß vor dem Hintergrund der wachsenden Entwicklungsaufgaben der Vereinten Nationen eine Dezentralisierung ihrer wirtschaftlichen und sozialen Aktivitäten im Sinne einer institutionellen Regionalisierung. Das „Department of Economic and Social Affairs" im New Yorker VN-Hauptquartier sollte sich hauptsächlich auf Forschungs-, Planungs- und Koordinierungsaufgaben konzentrieren. Die Sekretariate der regionalen Wirtschaftskommissionen sollten in den Planungsprozeß eingebunden werden und darüberhinaus für die Durchführung bestimmter Programme verantwortlich sein.[38] Ihnen wurde in der Studie eine zunehmende Bedeutung beigemessen.

Besonderes Augenmerk richteten die Experten schließlich auf die finanzielle Situation der Vereinten Nationen.[39] Sie stellten hohe Wachstumsraten bei den Ausgaben der vorausgegangenen Jahre fest und plädierten für eine Stabilisierung des Haushalts und die Entwicklung von Programmprioritäten - eine Forderung, die bereits zehn Jahre zuvor erhoben wurde. Konkret empfahlen sie die klare Trennung zwischen einem ordentlichen VN-Haushalt, der die administrativen Kosten decken sollte, und einem außerordentlichen Haushalt, aus dem die operativen Ausgaben durch freiwillige Beiträge finanziert werden sollten.

Daneben sprachen sich die Mitglieder des Ausschusses für eine verbesserte Kontrolle des Haushalts durch das Sekretariat sowie für die Einführung einer auf zwei Jahre bezogenen Haushaltsplanung aus (der VN-Haushalt wurde damals noch jährlich verabschiedet). Um die „finanzielle Verantwortlichkeit" zu erhöhen, empfahlen sie schließlich, daß für Finanzentscheidungen im Haushaltsausschuß der Generalversammlung eine Zwei-Drittel-Mehrheit erforderlich sein sollte – eine Reaktion auf die sinkenden freiwilligen Beitragsleistungen der westlichen Hauptfinanziers in den Vereinten Nationen.

Einige der Empfehlungen des „Committee of Eight" zum VN-Haushalt griff die Generalversammlung ein Jahr später in einer Resolution für eine integrierte Programm- und Haushaltspolitik wieder auf.[40] Insgesamt blieb die Wirkung dieses Berichts – insbesondere im Hinblick auf die Reorganisation des Sekretariats – eher gering. Grund dafür mag auch Dag Hammarskjölds ablehnende Reaktion auf die Vorschläge zur Neuordnung der Führungsebene gewesen sein. In seiner Stellungnahme sagte er, das entsprechende Kapitel des Berichts „... does not reflect in any sense the views that the Secretary-General expressed to the Committee on the latter occasion".[41]

1962 wurden vom neuen Generalsekretär, U Thant, einige Reformen vorgeschlagen, die hauptsächlich die Nationalitätenquotierung für das Personal des Sekretariats betreffen.[42] Sie wurden 1963 von der Generalversammlung in Kraft gesetzt. Erst 1968 erfolgte unter U Thant eine Umstrukturierung der Führungsebene des Sekretariats. Damals wurde die seit 1955 existierende einstufige Struktur in eine Zwei-Stufen-Hierarchie (Under-Secretary-General und Assistant Secretary-General) umgewandelt.[43]

Die Probleme bei der Neugliederung des Sekretariats führten im selben Jahr erneut zur Berufung einer unabhängigen Expertengruppe durch den Generalsekretär. Im November 1968 veröffentlichte dieser aus sieben Personen bestehende Ausschuß seinen „Report of the Committee on the Reorganization of the Secretariat".[44] Zweck der Arbeit sollte es sein, „[...] to 'ensure the most efficient functioning of the Secretariat with the optimum use of available resources' [...]".[45]

Der Bericht behandelte ebenfalls hauptsächlich die Themen Personal und Haushalt sowie die Tätigkeit des Sekretariats im Wirtschafts- und Sozialbereich.

Dabei lieferten die Verfasser nur wenige grundsätzlich neue Reformvorschläge; viele wurden bereits in dem sieben Jahre zuvor entstandenen Bericht entwickelt. Die Empfehlungen reichten von der zahlenmäßigen Begrenzung der Führungsposten und der geographisch ausgeglicheneren Rekrutierung des VN-Personals über die langfristigere Planung des Haushalts und die Einrichtung eines speziellen „Budget Review Committee" bis hin zur organisatorischen Straffung des „Department of Economic and Social Affairs" und zur Stärkung der regionalen Wirtschaftskommissionen der Vereinten Nationen.

3.2 Vorschläge zur Reform der Generalversammlung

Neben dem VN-Sekretariat blieb auch die Generalversammlung in den 60er Jahren Gegenstand von Reformbemühungen. Insbesondere der starke Anstieg der Mitgliederzahl machte administrative Veränderungen in der Generalversammlung nötig. Aus diesem Grund wurde 1962 auf Initiative der tunesischen Delegation ein Ad-hoc-Ausschuß eingerichtet, der Verbesserungsvorschläge für die Arbeitsmethoden der Generalversammlung entwerfen sollte.[46] Im Mai 1963 wurden die Ergebnisse unter dem Titel „Report of the Ad Hoc Committee on the Improvement of the Methods of Work of the General Assembly" veröffentlicht.[47]

Dieser von offiziellen Delegierten aus 18 Mitgliedstaaten (zehn Entwicklungsländer, sechs westliche und zwei östliche Industrieländer) erarbeitete Bericht kann als Fortsetzung der Reformstudien der späten 40er und frühen 50er Jahre angesehen werden. Dabei ging es dem Ausschuß ausdrücklich nicht um eine Änderung der seit dieser Zeit bestehenden „Rules of Procedures" der Generalversammlung, sondern lediglich um Empfehlungen, diese besser zu nutzen.[48]

Der Bericht enthielt Verbesserungsvorschläge zur Organisation der Sitzungen, wie etwa die Anregung, stärkeren Gebrauch von Unterausschüssen und Arbeitsgruppen zu machen – eine Anregung, die bereits in der ersten Reformstudie 16 Jahre zuvor formuliert worden war.[49] Daneben wurden detaillierte Vorschläge zur Durchführung der Debatten gemacht, beispielsweise zur besseren Einhaltung des Zeitplans. Da sich diese Reformstudie ausschließlich auf die Formulierung technischer Empfehlungen beschränkte, stellte sie eine der wenigen VN-internen Studien dar, die einstimmig, d.h. ohne Minderheitenvotum, verabschiedet werden konnten.

3.3 Reformvorschläge zu Fragen der Finanzierung und Koordinierung der Vereinten Nationen

Während das Untersuchungsspektrum der bisher dargestellten VN-internen Reformstudien der 60er Jahre relativ begrenzt war, setzten sich die Berichte zweier weiterer Kommissionen ihrem Auftrag gemäß wesentlich umfassender mit administrativen und organisatorischen Verbesserungen im VN-System auseinander. Von ihnen gingen daher auch stärkere Impulse auf den gesamten Reformprozeß aus.

3.3.1 Die Reformstudien des „Committee of 14"

Die finanziellen Schwierigkeiten infolge der Friedensoperation der Vereinten Nationen im Kongo (ONUC) führten, wie bereits erwähnt, 1965 zur Etablierung eines Expertenausschusses, dessen Aufgabe es sein sollte, die Finanzlage der Vereinten Nationen zu analysieren. Daneben wurde er von der Generalversammlung ersucht, „[to] examine [,...,] the entire range of the budgetary problems of the United Nations and the organizations brought into relationship with it, notably their administrative and budgetary procedures, the means of comparing and, if possible, standardizing their budgets and the financial aspect of their expansion, with a view to avoiding needless expenditure, particularly expenditure resulting from duplication".[50]

Der Ausschuß setzte sich aus offiziellen Vertretern von 14 Mitgliedstaaten (sechs Entwicklungsländer, sechs westliche und zwei östliche Industrieländer) zusammen – daher der Name „Committee of 14". Ein erstes Arbeitsergebnis erschien im März 1966 unter dem Titel „Report of the Ad Hoc Committee of Experts to Examine the Finances of the United Nations and the Specialized Agencies".[51] Der Bericht enthielt noch keine Reformvorschläge, sondern stellte lediglich eine Bestandsaufnahme der finanziellen Situation der Vereinten Nationen dar. Danach war die Summe der ausstehenden Beitragszahlungen bis zum 30. September 1965 auf annähernd 125 Mio US-Dollar angestiegen. Von 111 aufgeführten VN-Mitgliedstaaten waren zu diesem Zeitpunkt 64 (= 57,7 Prozent) mit ihren Zahlungen im Rückstand.[52] Konkrete Vorschläge zur Bewältigung der finanziellen Probleme machte das „Committee of 14" in seinem zweiten Bericht, der im Juli 1966 veröffentlicht wurde.[53]

In der Reihe der VN-internen Reformstudien erlangte dieser Bericht besondere Bedeutung. Donini nannte ihn „... a pivotal report which has guided efforts ever since..."[54], Elmandjra urteilte 1973 über ihn: „Few reports in the history of the United Nations have had such an impact on the evolution of the co-ordination methods of the UN system as this 80-page document, ...".[55]

Die Bandbreite der Reformvorschläge wurde von den Verfassern des Berichts selbst folgendermaßen umschrieben: „As a group of experts, the Committee has paid particular attention to over-all efficiency, to the elimination of possible duplication and overlapping, to improved methods of budget preparation and presentation, to inspection and control, to better administration, long-term planning and evaluation and to the best utilization of available resources, both human and material".[56]

Zentraler Vorschlag war die Entwicklung eines „integrated system of long-term planning, of programme formulation and of budget preparation".[57] Die Haushaltspläne der einzelnen Organisationen sollten frühzeitig erstellt werden und ein standardisiertes Format erhalten. Daneben sollte die im Finanzbereich zum Teil unterschiedliche Fachterminologie der Organisationen vereinheitlicht werden.[58]

Für die Sonderorganisationen empfahlen die Experten die Einführung beziehungsweise Beibehaltung des zweijährigen Haushaltszyklus, während hinsichtlich der Vereinten Nationen selbst in dieser Frage unterschiedliche Meinungen bestanden.[59] Zusätzlich sollte jede VN-Organisation einen mittelfristigen Plan entsprechend den allgemeinen Zielen ihrer Satzung entwickeln.[60]

Zur Verbesserung der Koordinierung innerhalb des VN-Systems empfahlen die Experten, das „Special Committee on Co-ordination"[61] des ECOSOC zu rekonstituieren. Dieser Ausschuß war 1962 errichtet worden[62], konnte seine Koordinierungsaufgabe seitdem jedoch nicht völlig erfüllen. Nach den Vorstellungen der Autoren sollte es nach seiner Neubildung aus zwölf Experten bestehen, die für den ECOSOC zur besseren Koordinierung seiner Programme in den Bereichen Wirtschaft, Soziales und Menschenrechte Empfehlungen ausarbeiten sollten.[63] Dieser Vorschlag wurde in modifizierter Form drei Jahre später in der Studie des „Enlarged Committe for Programme and Co-ordination" wiederaufgenommen.[64]

Schließlich schlug der Bericht die Einrichtung einer innerhalb des VN-Systems unabhängigen Inspektionsabteilung, einer „Joint Inspection Unit" (JIU), vor. Sie sollte aus einer kleinen Zahl von im Finanz- und Verwaltungsbereich hochqualifizierten Spezialisten bestehen. „These officials would visit the different services of the United Nations organizations, if necessary without prior notification, in order to examine the way in which they operate and to propose any reforms they deem necessary".[65] Die JIU sollte also sowohl als unabhängige Kontrollinstitution fungieren, die nur der Generalversammlung verantwortlich ist, als auch als gleichsam institutionalisierter ständiger Ausschuß zur Entwicklung administrativer Reformvorschläge für das gesamte VN-System mit Ausnahme der Bretton-Woods-Institutionen.

Insgesamt hatte der zweite Bericht des „Committee of 14" den bis dahin wohl größten Einfluß auf den Reformprozeß innerhalb der Vereinten Nationen. Seine Empfehlungen wurden von der Generalversammlung während ihrer 21. Sitzungsperiode 1966 uneingeschränkt übernommen.[66] In der Folgezeit wurde eine Vielzahl der Vorschläge in die Praxis umgesetzt. So wurde aufgrund der Resolution der Generalversammlung vom November 1966 die JIU errichtet; sie nahm ihre Arbeit 1968 auf.[67] Nach Elmandjra hatten viele Empfehlungen des „Committee of 14" „... no doubt already produced some great improvements in the administrative and budgetary practices of the United Nations system and given more coherence to its procedures – at least as far as the regular budgets are concerned".[68]

Daß sich allerdings die finanzielle Situation der Vereinten Nationen auch durch diesen Bericht nicht merklich verbessert hat[69], kann als Hinweis darauf gewertet werden, daß eine originär politische Krise nicht mit technokratischen Mitteln überwunden werden kann. Sind beitragsstarke VN-Mitglieder nicht bereit, bestimmte Programme sowohl politisch als auch finanziell zu unterstützen, wie z.B. die UdSSR oder später die USA, können ausschließlich administrative Reaktionen auf die daraus resultierenden Probleme zwangsläufig keine grundsätzlichen Lösungen bringen.

3.3.2 Der Abschlußbericht des „Enlarged Committee for Programme and Co-ordination" (ECPC)

Nur wenige Wochen nach der Annahme der Empfehlungen des „Committee of 14" entschied die Generalversammlung im Dezember 1966, daß eine weitere, umfassendere Studie über die wirtschaftlichen und sozialen Aktivitäten der VN-Organisationen durchgeführt werden sollte.[70] Beauftragt wurde damit das zu diesem Zweck um fünf auf 21 Mitgliedstaaten erweiterte „Committee for Programme and Co-ordination" (CPC) des ECOSOC. Die Generalversammlung erwartete von dieser Studie:

„a) A clear and comprehensive picture of the existing operational and research activities of the United Nations family of organizations in the field of economic and social development and an assessment thereof;

b) [...] recommendations on modifications in existing activities, procedures and administrative arrangements...".[71]

Das „Enlarged Committee for Programme and Co-ordination" (ECPC) unterschied sich sowohl in der Zusammensetzung als auch in der Größe von den vorausgegangenen VN-internen Reformkommissionen. Seine Mitglieder waren größtenteils Diplomaten aus den ständigen Vertretungen ihrer Staaten bei den Vereinten Nationen in New York sowie VN-Beamte aus verschiedenen Sonderorganisationen. Insgesamt gehörten dem Ausschuß mehr als 100 Teilnehmer an.[72] Diese Tatsache sowie das sehr weit gefaßte Untersuchungsfeld des Ausschusses[73] können als Gründe dafür angesehen werden, daß erst nach fast drei Jahren das endgültige Ergebnis der Arbeit präsentiert wurde. Nach zwei Zwischenberichten in den Jahren 1967 und 1968[74] veröffentlichte das ECPC im Oktober 1969 seinen Schlußbericht.[75]

Die darin enthaltenen Reformvorschläge sind unter folgenden sieben Überschriften inhaltlich zusammengefaßt:
- Errichtung eines umgebildeten CPC;
- Einsatz von Computern im VN-System;
- Maschinerie für wissenschaftliche und technische Beratungsdienste im VN-System;
- Treffen der Führungskräfte aus dem wirtschaftlichen und sozialen Bereich der Vereinten Nationen;
- Programmkoordinierung durch vorherige Rücksprache über die Arbeitsprogramme mit anderen VN-Organisationen;

- Koordinierung auf nationaler Ebene;
- Themengerüst zur Einordnung wesentlicher Programme und Aktivitäten.

Die Bedeutung der Studie des ECPC wurde dadurch gemindert, daß seine Empfehlungen einerseits stark von dem drei Jahre vorher erschienenen Bericht des „Committee of 14" beeinflußt waren, und sie andererseits mit Rücksicht auf die zeitgleich entstandene Kapazitäts-Studie von Robert Jackson (vgl. Kapitel V) auf die aus dem ordentlichen Haushalt finanzierten Programme beschränkt blieben.[76]

Wichtigstes Ergebnis der Studie des ECPC war die Empfehlung „in eigener Sache", die Institution des CPC – ausgestattet mit erweiterten Kompetenzen – zu reaktivieren. Elmandjra kommentierte dazu: „This could be interpreted as an intention to revitalize the co-ordinative functions of ECOSOC as well as an indication of a renewed confidence in this major organ after several years of doubt and hesitation about its effectiveness".[77]

Entsprechend den Empfehlungen der Studie wurde das CPC von der Generalversammlung im Dezember 1969 rekonstituiert.[78] Es nahm seine Arbeit im Januar 1970 auf. Im nachhinein ist allerdings festzustellen, daß das Ziel einer Aufwertung der Koordinationsfunktion des ECOSOC im Wirtschafts- und Sozialbereich damit nicht erreicht wurde. So blieb der ECOSOC weiterhin das 'Sorgenkind' der Vereinten Nationen und sollte auch in den folgenden Jahrzehnten Gegenstand zahlreicher Reformentwürfe werden (vgl. Kapitel V, VI und VII).

Schaubild 3: Reform-Vorschläge in den 60er Jahren

Reformebene Autoren	administrative und organisatorische Ebene	strukturelle Ebene	institutionelle Ebene	konstitutionelle und „kognitive" Ebene
VN-Mitarbeiter, Ausschüsse, Expertengruppen	• Committee of Eight (1961); • Ad Hoc Committee on .... of Work of the General Assembly (1963); • Committee of 14 (1966); • Committee on the Reorganization of the Secretariat (1968); • ECPC (1967-1969)			
Nationale Politiker, Beamte, Kommissionen		• Troika-Vorschlag von Chruschtschow (1960)	• Troika-Vorschlag von Chruschtschow (1960)	
Private Institutionen, Berater, Wissenschaftler, Publizisten				

Anmerkungen

1 Stoessinger (1977), 160.
2 GA Res. 1710 (XVI) vom 19.12.1961.
3 Vgl. GA Res. 1240 (XIII) vom 14.10 1958.
4 Vgl. Stoessinger (1977), 151.
5 Vgl. GA Res. 1420 (XIV) vom 5.12.1959.
6 Vgl. Elmandjra (1973), 64f.
7 GA Res. 1714 (XVI) vom 19.12.1961; vgl. Hüfner (1991c), 172-175, sowie Wolf, 1094-1099.
8 Donini, 7.
9 Vgl. Donini, 7.
10 GA Res. 1934 (XVIII) vom 11.12.1963; vgl. Hüfner (1991c), 159f., sowie Rittberger, 944-950.

11 Dies war auch ein Grund dafür, warum die Forschungsfunktion des Instituts schließlich in den 90er Jahren eingeschränkt wurde.
12 GA Res. 1995 (XIX) vom 30.12.1964.
13 Vgl. dazu auch Elmandjra (1973), 51ff, sowie Marxen, 887-895.
14 Vgl. Renninger (1981), 7.
15 GA Res. 2029 (XX) vom 22.11.1965; vgl. Hüfner (1991c), 135-140, sowie Sahlmann (1991), 895-904.
16 GA Res. 2152 (XXI) vom 17.11.1966; vgl. Hüfner (1992), 178-184, sowie Rau-Mentzen/Koppenfels, 939-944.
17 Elmandjra (1973), 56.
18 GA Res. 2186 (XXI) vom 13.12.1966.
19 Vgl. Hüfner (1983), 299ff.
20 1971 wurde sie nochmals auf den heutigen Stand von 54 Staaten angehoben.
21 Zum Verlauf der Kongo-Krise vgl. z.B. Stoessinger (1977), 106-120, Hüfner/Naumann (1974), 111-116.
22 Vgl. dazu Stoessinger (1977), 69ff.
23 Vgl. Stoessinger (1977), 70.
24 Vgl. Stoessinger (1977), 127.
25 Er betrug 1961 71,1 Mio US-$ (vgl. Elmandjra [1973], 228f).
26 Vgl. Stoessinger (1977), 127.
27 Vgl. Stoessinger (1977), 134.
28 Vgl. Stoessinger (1977), 137.
29 Vgl. Stoessinger (1977), 139; in einer Art antizipatorischen Freizeichnungsklausel behielten sich die USA allerdings das Recht vor, in Zukunft für sich ebenfalls Ausnahmen vom Grundsatz der kollektiven Verantwortung in Anspruch zu nehmen, falls zwingende Gründe dafür vorliegen.
30 UN Doc. A/4776, para.1.
31 UN Doc. A/4776 vom 14.6.1961.
32 Vgl. UN Doc. A/4776, para.26.
33 Vgl. UN Doc. A/4776, para.37.
34 Vgl. UN Doc. A/4776, para.38.
35 Vgl. UN Doc. A/4776, paras.42ff.
36 O'Brien (1971), 93.
37 O'Brien (1971), 91f.
38 Vgl. UN Doc. A/4776, para.110.
39 Zum folgenden vgl. UN Doc. A/4776, paras.148ff.
40 GA Res. 1797 (XVII) vom 11.12.1962; nach Donini, 6.
41 UN Doc. A/4794 vom 30.6.1961, para.2.
42 Vgl. dazu Reymond, 353f.
43 Vgl. UN Doc. A/7359, Annex, para.9.
44 UN Doc. A/7359 vom 27.11.1968, 9-65.
45 UN Doc. A/7359, para.5.
46 Vgl. GA Res. 1845 (XVII) vom 19.12.1962.
47 UN Doc. A/5423 vom 28.5.1963.
48 Vgl. UN Doc. A/5423, paras.11f.
49 Vgl. dazu auch Fisher/Trooboff, 221ff.
50 GA Res. 2049 (XX) vom 13.12.1965, para.6(a).

51 UN Doc. A/6289 vom 28.3.1966 sowie dazu A/6289/Add.1 und Add.2 vom 31.3.1966.
52 Vgl. die detaillierte Tabelle in UN Doc. A/6289/Add.1, Annex V, 35ff.
53 UN Doc. A/6343 vom 19.7.1966.
54 Donini, 6.
55 Elmandjra (1973), 134.
56 UN Doc. A/6343, para.17.
57 UN Doc. A/6343, para.73(a).
58 Vgl. UN Doc. A/6343, paras.26ff.
59 Vgl. UN Doc. A/6343, paras.53ff. Der Zweijahreshaushalt für die Vereinten Nationen wurde schließlich 1974 eingeführt (Vgl. JIU/REP/88/1, Annex 1, para.10).
60 Vgl. UN Doc. A/6343, para.73(b).
61 Gemeint ist damit offensichtlich das Committee for Programme and Co-ordination (CPC).
62 Per ECOSOC Res. 920 (XXXIV) vom 3.8.1962.
63 Vgl. UN Doc. A/6343, para.90(g)f.
64 Vgl. den folgenden Abschnitt 3.3.2
65 UN Doc A/6343, para.65. Von dieser Option eines nicht vorher angemeldeten Besuches wurde jedoch bisher kein Gebrauch gemacht.
66 Vgl. GA Res. 2150 (XXI) vom 4.11.1966.
67 Einen Überblick über die Entwicklung der JIU zwischen 1968 und 1978 gibt Beigbeder (1979); vgl. ferner Schumm (1987), 72-81, Hüfner (1991a), 393-399, sowie die umfassende Studie von Wündisch (1999).
68 Elmandjra (1973), 134.
69 Die finanziellen Probleme der Vereinten Nationen führten 1971 erneut zur Einsetzung eines Sonderausschusses, der in seinem „Report of the Special Committee on the Financial Situation of the United Nations" (UN Doc. A/8729) 1972 feststellte: „[...] the cash liquidity situation had become so acute that it demanded first priority and immediate remedial action". (UN Doc. A/8729, 2).
70 GA Res. 2188 (XXI) vom 13.12.1966.
71 GA Res. 2188 (XXI) in: E/4748, Annex 1, 2.
72 Vgl. E/4748, Annex 2 (List of Participants).
73 Der Ausschuß stellte als Grundlage seiner Arbeit eine 28 Punkte umfassende Themenliste auf, die in folgende sechs Abschnitte gegliedert war:
 • Constitutional, legal and organizational issues
 • Co-ordination, programming, planning and budgeting
 • Technical co-operation issues
 • Evaluation
 • Financial and administrative issues
 • General issues
 (Vgl. E/4748, Annex III).
74 Vgl. UN Doc. E/4435 vom 3.10.1967 und UN Doc. E/4599 vom 7.10.1968.
75 UN Doc. E/4748 vom 2.10.1969.
76 Vgl. Elmandjra (1973), 140.
77 Elmandjra (1973), 141.
78 GA Res. 2579 (XXIV) vom 15.12.1969.

V. Die 70er Jahre – Die Auseinandersetzungen um eine „Neue Welt-Wirtschafts-Ordnung"

1. Die Weltentwicklungsstudien

Ende der 60er Jahre wurde klar, daß sich die optimistischen Erwartungen für die Erste Entwicklungsdekade der Vereinten Nationen nicht erfüllt hatten. Die soziale Situation in den Entwicklungsländern stagnierte während der 60er Jahre, und auch ihre wirtschaftlichen Erfolge blieben begrenzt. Das durchschnittliche Wachstum des Bruttosozialprodukts pro Kopf der Bevölkerung lag in den Entwicklungsländern zwischen 1960 und 1970 mit 3,1 Prozent noch unter dem der Industrieländer (3,9 Prozent).[1] Kapitalflüsse in die Entwicklungsländer wurden zudem durch die bereits damals einsetzende Auslandsverschuldung[2] und die sich verschlechternden Terms of Trade aufgezehrt. Alles in allem wurde die ökonomische Kluft zwischen Industrie- und Entwicklungsländern immer größer.

Gleichzeitig entstanden, wie die Pearson-Kommission 1969 feststellte, in den Industrieländern „eine Atmosphäre nachlassenden Interesses für die Entwicklungshilfe"[3] sowie sich mehrende „Zeichen von Niedergeschlagenheit und wachsender Ungeduld"[4] in den Entwicklungsländern. Die öffentliche, bi- und multilaterale Entwicklungshilfe war Ende der 60er Jahre in eine „akute Krise"[5] geraten.

Die Vereinten Nationen, die im Entwicklungsprozeß der Länder der Dritten Welt eine zentrale Rolle spielen sollten, blieben von der Krise nicht unberührt, sie waren vielmehr ein Gegenstand der Krise. Die Wirksamkeit ihres sich in den 60er Jahren immer weiter verzweigenden Netzes entwicklungsbezogener Programme und Institutionen blieb mehr und mehr hinter den Erwartungen zurück. Die Entwicklungsprogramme der einzelnen VN-Organisationen liefen häufig unabgestimmt nebeneinander her. Der ECOSOC war nicht in der Lage, die ihm ursprünglich zugedachte zentrale Koordinierungsfunktion innerhalb dieser Entwicklungsmaschinerie – nach Jacksons Worten „probably the most complex organization in the world"[6] – auszuüben. „In other words," so Jackson im Vorwort zu seinem Bericht, „the machine as a whole has become unmanageable in the strictest use of the word. As a result, it is becoming slower and more unwieldy, like a prehistoric monster".[7]

Vor diesem Hintergrund des Scheiterns der Entwicklungsstrategien im allgemeinen und der Unzulänglichkeiten des VN-Entwicklungssystems im besonderen entstanden seit Ende der 60er Jahre mehrere Studien von (formal) unabhängigen Expertengruppen, die sich mit der Weltentwicklung und der Rolle der VN-Organisationen im Entwicklungsprozeß befaßten.

Während die erste Studie in dieser Reihe, der Jackson-Bericht, sich ihrem Auftrag gemäß auf die Tätigkeit der VN-Entwicklungsinstitutionen konzentrierte, standen bei den übrigen Berichten allgemeiner die Weltentwicklung im wirtschaftlichen, sozialen und später (1987) auch im ökologischen Bereich und darauf bezogene politische Handlungsanweisungen im Zentrum der Betrachtungen. Die Rolle der Vereinten Nationen stellte hierbei nur einen Teilaspekt dar.

Es kann im folgenden nicht darum gehen, die einzelnen Entwicklungsberichte in ihrer gesamten inhaltlichen Breite zu analysieren. Im Kontext dieser Arbeit sollen lediglich die Vorschläge dargestellt werden, welche die Berichte zur Reform des VN-Systems enthielten.

1.1 Der Jackson-Bericht

Im Juni 1968 entschied der damalige Verwaltungsrat des UNDP, eine Studie in Auftrag zu geben, die vor dem Hintergrund der zunehmenden Entwicklungsaufgaben der Vereinten Nationen eine umfassende Analyse der Leistungsfähigkeit des VN-Entwicklungssystems, und dabei speziell des UNDP, vornehmen sollte. „The Study will be expected to examine carefully ways and means for the further development of the most efficient arrangements for the formulation and appraisal of projects at all levels of consideration, i.e. at the level of the country, of the region, of the Agencies and of the UNDP", so der damalige Administrator des UNDP, Paul G. Hoffman.[8] Die Initiative wurde auch vom „Inter-Agency Consultative Board" (IACB) unterstützt, einem Beratungsgremium des UNDP, in dem neben dem VN-Generalsekretär die Leiter der Sonderorganisationen vertreten waren. Die Studie war somit keine rein interne Angelegenheit des UNDP, da auch die Sonderorganisationen als „ausführende Agenturen" des UNDP betroffen waren.

Mit der Durchführung der Studie wurde der Australier Robert Jackson beauftragt, der als erfahrener Entwicklungsexperte galt. Bereits 1945 war er einer der Leiter der „United Nations' Relief and Rehabilitation Administration" (UNRRA), Ende der 40er Jahre hatte er den Posten des „Assistant Secretary-General for Coordination" inne[9], in den 50er Jahren war er gemeinsam mit seiner Frau, der Autorin Barbara Ward, federführend an der Planung des Volta-Staudammprojekts im heutigen Ghana beteiligt.[10]

Zur Unterstützung Jacksons wurde eine Beratergruppe gebildet, die sich aus 14 hochrangigen Beamten verschiedener, mit Entwicklungsaufgaben befaßter VN-Organisationen zusammensetzte. Gleichzeitig berief der Verwaltungsrat des UNDP neun Fachleute, hauptsächlich Politiker (fünf aus Entwicklungsländern, je zwei aus westlichen und östlichen Industrieländern), in ein beratendes Gremium, das Jackson zur Seite gestellt wurde.[11]

Nach etwa fünfzehnmonatiger Arbeit legte Jackson Ende September 1969 seinen knapp 600 Seiten starken Bericht unter dem Titel „A Study of the Capacity of the United Nations Development System", kurz „Capacity Study" oder Jackson-Bericht, der Leitung des UNDP vor.

Grundsätzlich stellte die Studie keine Abkehr vom Entwicklungsoptimismus der 60er Jahre dar. Jackson war davon überzeugt, „... that technical co-operation and pre-investment are one of the most effective ways of assisting the developing countries in achieving economic and social progress."[12] Demzufolge ging es ihm nicht um eine radikale Veränderung, sondern lediglich um eine, wenn auch umfassende, Reform des bestehenden VN-Entwicklungssystems - eines Systems, das nach seiner Einschätzung damals zu 20 Prozent aus nutzlosem Ballast („deadwood") bestand.[13]

Als Grundgerüst für seine Reformvorschläge entwickelte Jackson einen Maßnahmenkatalog, der folgende zehn Punkte umfaßte:[14]
(1) Einführung einer Planungsmethode, durch die alle in ein Land fließenden Mittel aus dem VN-Entwicklungssystem in einem einzigen, umfassenden Programm („country programming") erfaßt werden können, das im Einklang mit den Bedürfnissen und dem Zeithorizont des jeweiligen nationalen Entwicklungsplans steht;
(2) wirksame und rasche Ausführung der genehmigten Projekte;

(3) kontrollierte Bewertung der Maßnahmen;
(4) wirksame Nachbetreuung der Projekte;
(5) Einführung eines effizienten Informationssystems;
(6) Reformen der Organisation auf der Ebene der Länder, der Regionen und des Hauptquartiers;
(7) angemessene personelle Ausstattung auf allen Ebenen, einschließlich weitreichender Maßnahmen, um bestqualifizierte Kräfte zu gewinnen und zu halten;
(8) ein finanzieller Rahmen, der die reibungslose Abwicklung der Vorhaben gewährleistet;
(9) größtmöglicher Einsatz moderner Führungs- und Verwaltungstechniken; und
(10) höchste Flexibilität seitens der Regierungen und des Systems, um sich ändernden Umständen anpassen und auf neue Herausforderungen und Möglichkeiten rasch und wirkungsvoll reagieren zu können.

Dieser Zehn-Punkte-Katalog implizierte zwei Ebenen von Reformmaßnahmen: Zum einen Reformen auf der Ebene der Programmplanung und -durchführung, zum anderen Reformen auf der administrativen, organisatorischen und finanziellen Ebene.

Zur wirksamen Durchführung der Entwicklungsprojekte schlug Jackson die Einführung eines „UN Development Co-operation Cycle" für jedes Land vor.[15] Die Entwicklungsprojekte, welche die verschiedenen VN-Institutionen in einem Land durchführen, sollten danach nicht mehr unabhängig voneinander konzipiert werden, sondern in einem Länderprogramm koordiniert werden. Der Zyklus der Entwicklungszusammenarbeit umfaßte dabei folgende fünf Phasen:

Phase 1 : Konzeptionelle Erstellung des Länderprogramms in Zusammenarbeit von Vertretern der nationalen Regierung mit dem verantwortlichen Ländervertreter (dem „Resident Representative" bzw. „Resident Co-ordinator") der Vereinten Nationen, genauer des UNDP;
Phase 2 : Formulierung der Projekte;
Phase 3 : Durchführung;
Phase 4 : Bewertung; und
Phase 5 : Nachbetreuung.

Die konsequente Anwendung dieses Konzepts der Länderprogrammierung, das zuerst von der Weltbank unter ihrem damals neuen Präsidenten, Robert McNamara, entwickelt und eingeführt worden war[16], setzte einen grundsätzlichen Wandel in der Praxis der VN-Entwicklungsarbeit voraus. Einerseits sollte die Planung und Koordinierung des gesamten Entwicklungsbereichs auf eine Institution, nämlich das UNDP, konzentriert werden, andererseits sollten innerhalb des UNDP die Kompetenzen soweit wie möglich von der Zentrale auf die Länderebene delegiert werden.[17] Dies war gleichbedeutend mit einer weitreichenden Umstrukturierung des VN-Entwicklungssystems, der zweiten Ebene von Jacksons Reformvorschlägen.

Im Mittelpunkt des reformierten VN-Entwicklungssystems sollte das UNDP („the hub of the UN development system" [18]) stehen.[19] Es sollte für die Finanzierung und Koordinierung des gesamten Bereichs der Vorinvestitionen und der Technischen Hilfe zuständig sein. Für den Bereich der Kapitalinvestitionen wäre weiterhin die Weltbankgruppe als autonome Organisation verantwortlich; allerdings wurde ausdrücklich eine enge Zusammenarbeit, insbesondere auf dem Gebiet der „Vor-Investitionen", vorgeschlagen.

Der Vertreter des UNDP auf Länderebene, der „Resident Representative", wäre nach Jacksons Vorstellungen der zentrale Ansprechpartner des VN-Systems für die jeweilige nationale Regierung. Er sollte mit weitreichenden Kompetenzen ausgestattet sein.[20]

Auf regionaler Ebene sollte das Büro des UNDP am Sitz der jeweiligen regionalen VN-Wirtschaftskommission errichtet werden und diese langfristig in die Struktur des UNDP einbinden.[21]

UNICEF und das „World Food Programme" (WFP) sollten auf der Länderebene durch Vertreter des UNDP repräsentiert werden und auf längere Sicht vollständig in dessen Organisationsstruktur integriert werden.[22]

Der Aufgabenbereich des „Department of Economic and Social Affairs" sollte komplementär zum Sekretariat des UNDP agieren und auf allgemeine, „nichtoperationale" Koordinierungstätigkeiten, etwa in den Bereichen Wirtschafts- und Sozialplanung, Statistik, Bevölkerungsfragen, reduziert werden.[23]

Die Sonderorganisationen sollten, mit Ausnahme der Weltbank-Gruppe und des IWF, bei der Durchführung von Entwicklungsprojekten, die langfristig ausschließlich aus dem UNDP-Fonds finanziert werden, dem Administrator des UNDP verantwortlich sein und damit einen Teil ihrer Autonomie verlieren – ein besonders heikler Punkt unter Jacksons Umstrukturierungsvorschlägen. Langfristig erwog Jackson sogar, die Haushalte der Sonderorganisationen dem ECOSOC zu unterstellen und ihnen damit ihre Haushaltsautonomie zu nehmen.[24]

Der ECOSOC sollte zukünftig als zentrales Forum zur Diskussion entwicklungspolitischer Themen fungieren, während sich die Leitungsorgane der Sonderorganisationen auf die Behandlung technischer Fragen beschränken sollten[25] – eine Forderung, die auf der alten funktionalistischen Vorstellung beruhte, zwischen rein technischen und rein politischen Organisationen unterscheiden zu können. Gleichzeitig sollten die Organe von UNCTAD und UNIDO unter die Ägide des ECOSOC gestellt werden.[26] Jacksons Zielvorstellung war die Umformung des ECOSOC zu einem „one-world-parliament, pledged to a unified attack on poverty, disease, hunger and ignorance, and to the corporate achievement of economic and social progress".[27]

Zur Entlastung des VN-Generalsekretärs schlug Jackson schließlich die Schaffung der Stelle eines Generaldirektors vor, der den gesamten neustrukturierten Wirtschafts- und Sozialbereich der Vereinten Nationen als Koordinator leiten sollte.[28]

Die hier dargestellten Reformvorschläge geben nur einen kleinen, wenn auch den zentralen Ausschnitt aus Jacksons Gesamtkonzept zur Umstrukturierung des VN-Entwicklungsbereichs wieder. Vordergründig besaßen seine Empfehlungen in erster Linie administrativen Charakter, im Falle ihrer Verwirklichung bedeuteten sie jedoch auch tiefgreifende strukturelle und institutionelle Reformen.

Wegen seiner Reichweite, seiner Detailliertheit und seiner Kompetenz wird der Jackson-Bericht als die bis dahin wichtigste Studie zur Reform der Vereinten Nationen angesehen. Donini bezeichnete ihn beispielsweise als „the first major attempt to reform the overall UN system structure in the economic and social fields".[29]

Der Jackson-Bericht löste nach seiner Veröffentlichung eine Vielzahl von Diskussionen und Aktivitäten aus.[30] Im März 1970 befaßte sich der Verwaltungsrat des UNDP in einer Sondersitzung ausschließlich mit der Frage, welche Konsequenzen aus Jacksons Kritik und seinen Vorschlägen gezogen werden sollten. Während die westlichen „Geberländer" auf den Bericht positiv reagierten, verhielten sich die meisten Entwicklungsländer eher zurückhaltend. Der stärkste Widerstand kam von Seiten der Sonderorganisationen, die eine Schwächung ihrer Autonomie befürchteten.

Erschwerend kam hinzu, daß die zahlreichen Weltkonferenzen des VN-Systems (u.a. 1972: Umwelt; 1974: Bevölkerung sowie Ernährung; 1976: Beschäftigung; 1979: ländliche Entwicklung sowie Wissenschaft und Technologie) umfangreiche, aber isoliert nebeneinander stehende Aktionsprogramme verabschiedeten, die zwar – aufgrund der Mehrheit der Entwicklungsländer in der Generalversammlung – zur Gründung zahlreicher, neuer Spezialorgane und -fonds führten (vgl. Abbildung 3 in Kapitel IX), nicht jedoch zu einer entsprechenden Mobilisierung zusätzlicher Finanz-Ressourcen.

In den folgenden Jahren wurde eine Reihe von Jacksons Vorschlägen in die Praxis umgesetzt.[31] So führte das UNDP bereits 1970 mit Billigung der Generalversammlung das Konzept der Länderprogramme ein.[32] Auch Jacksons Vorschlag, vier UNDP-Regionalbüros einzurichten, wurde in der Folgezeit verwirklicht, ohne daß diese allerdings mit den Regionalen Wirtschaftskommissionen der Vereinten Nationen zusammengeführt wurden. Nach weiteren Reformstudien entschied die Generalversammlung 1977, den Posten eines Generaldirektors für Entwicklung und internationale wirtschaftliche Zusammenarbeit einzurichten.[33]

Löste der Jackson-Bericht also im Gegensatz zu vielen anderen Studien durchaus Veränderungen aus, so beschränkten sich diese doch größtenteils auf die Organisation des UNDP selbst. Eine Umstrukturierung des gesamten Entwicklungssystems, wie sie Jackson vorschwebte, wurde nicht erreicht. Das UNDP konnte nicht die Schlüsselposition eines integrierten und intersektoralen Systems einnehmen, die Jackson gefordert hatte, da die damit einhergehende Reduzierung der Autonomie der Sonderorganisationen als politisch nicht akzeptabel angesehen wurde.[34] Das UNDP verlor im Gegensatz zu dem Anwachsen der ordentlichen Haushalte der Sonderorganisationen und der Bildung eigener Entwicklungsfonds, die nicht mit den UNDP-Länderprogrammen verknüpft waren, im Laufe der Jahre sogar eher an Bedeutung.[35] Von rund 75 Prozent der gesamten Mittel für technische Zusammenarbeit Anfang der 70er Jahre sank der UNDP-Anteil auf rund 50 Prozent Ende der 80er Jahre.

Auch Jacksons Vorschläge zur Stärkung des ECOSOC erwiesen sich – wie bereits die zahlreichen ähnlich lautenden Empfehlungen vorausgegangener Studien – als nicht durchführbar.

Insgesamt gesehen blieben die Folgen des Jackson-Berichts trotz seiner zahlreichen Auswirkungen doch eher begrenzt. So bewahrheitete sich in den folgenden Jahren Jacksons Warnung, die er für den Fall ausgesprochen hatte, daß seine Vorschläge nicht grundsätzlich umgesetzt würden: „But let no one have any illusions about the future. It will be tough and difficult for all concerned. If governments shirk the basic issues, the present UN development system will remain plagued with all its bureaucratic impediments and may well become less effective. The developing countries will suffer. The reputation and development of both UN and the Agencies will be damaged at the very time that a unique opportunity exists to strengthen them as never before".[36]

1.2 Der Pearson-Bericht

Wenige Wochen nachdem Robert Jackson die Arbeit zu seiner Studie aufgenommen hatte, wurde auf Initiative des damaligen Weltbank-Präsidenten, Robert McNamara, im August 1968 eine weitere Kommission, die sogenannte „Commission on International Development", ins Leben gerufen. Deren allgemeine Aufgabe sollte es sein, „[...] die Ergebnisse von zwanzig Jahren Entwicklungshilfe zu untersuchen, die Resultate zu prüfen, die Fehler klarzustellen und bessere Arbeitsmethoden für die Zukunft vorzuschlagen".[37] Das Untersuchungsfeld dieser Kommission war damit wesentlich weiter als das der Jackson-Studie gefaßt.

Den Vorsitz der Kommission übernahm Lester B. Pearson, kanadischer Premierminister von 1963 bis 1968. Pearson verfügte über umfangreiche Erfahrungen im Bereich internationaler Politik. 1952 war er Präsident der VN-Generalversammlung, 1957 erhielt er für seine Vermittlerrolle in der Suez-Krise den Friedensnobelpreis, 1960 war er Mitverfasser eines Berichts zur Reform des

VN-Sekretariats, der in der Studie des „Committee of Eight" (siehe Abschnitt 3.1 in Kapitel IV) Berücksichtigung fand.

Neben Pearson bestand die Kommission aus sieben weiteren Mitgliedern, unter ihnen der ehemalige US-Finanzminister, Douglas Dillon, und der spätere Vorstandssprecher der Deutschen Bank, Wilfried Guth. Die Entwicklungsländer waren mit nur zwei Mitgliedern deutlich unterrepräsentiert, sozialistische Staaten waren in der Kommission überhaupt nicht vertreten.

Die Kommission wurde von einem größeren Mitarbeiterstab unterstützt, dem unter anderem der Wirtschaftswissenschaftler Goran Ohlin und der spätere Vizepräsident der Weltbank, Ernest Stern, angehörten.

Mitte September 1969, also noch zwei Wochen vor Veröffentlichung des Jackson-Berichts, wurde der Bericht der Pearson-Kommission dem Weltbank-Präsidenten übergeben. Er hatte den etwas euphemistischen Titel „Partners in Development – Report of the Committee on International Development", der in der deutschen Übersetzung fehlte.[38]

Trotz seiner eingangs diesen Kapitels zitierten pessimistischen Zustandsbeschreibung der Entwicklungspolitik Ende der 60er Jahre war der Bericht durchgängig von einem auf das marktwirtschaftliche System vertrauenden Entwicklungsoptimismus geprägt. Cox stellte fest: „The Pearson Report explicitly links development with the expansion of the global free market economy, and sees multinational corporations as the motors of spreading growth".[39] Im Mittelpunkt des Berichts standen drei Themenkomplexe, in denen die folgenden grundsätzlichen Empfehlungen formuliert wurden:
- Handelserleichterungen für Entwicklungsländer,
- Förderung privater Auslandsinvestitionen in Entwicklungsländern sowie
- Erhöhung der öffentlichen Entwicklungshilfe (auf 0,7 Prozent des Bruttosozialprodukts der „Geberländer") und Verbesserung ihrer Wirksamkeit.

Internationale Organisationen sollten bei der Bereitstellung von Entwicklungshilfe stärker beteiligt werden. Der multilaterale Anteil an der öffentlichen Entwicklungshilfe sollte von damals etwa 10 Prozent auf mindestens 20 Prozent gesteigert werden.[40] Besondere Bedeutung maß die Kommission dabei der

Weltbank-Gruppe, insbesondere der IDA, bei.[41] Dies brachte ihr – nicht zu Unrecht – den Vorwurf einseitiger Orientierung ein.[42]

Die Vereinten Nationen wurden in den Empfehlungen des Pearson-Berichts nur am Rande berücksichtigt. Zwar wurde ihre „Pionierarbeit"[43] im Bereich der Technischen Hilfe und der Vorinvestitionen gewürdigt, es wurde jedoch auch kritisch bemerkt, daß „... die Vermehrung der VN-Organisationen oft zu auseinanderlaufendem und unzusammenhängendem Einsatz von Menschen und Material geführt [hat]".[44] Verbesserungsvorschläge wurden nur in wenigen, zusammenhanglosen Punkten gemacht. So empfahl die Pearson-Kommission, – ähnlich wie Jackson – die Position der Länderbeauftragten der Vereinten Nationen zu stärken, um dadurch die Koordinierung der Entwicklungsarbeit der einzelnen VN-Organisationen zu verbessern.[45] In ihrer Personalpolitik sollten die Vereinten Nationen von der als „ziemlich starr" empfundenen Länderquotierung abgehen und nach dem Vorbild der Weltbank verstärkt junge Fachleute einstellen und ausbilden.[46] Zur Koordinierung der VN-Bevölkerungsprogramme unterstützte die Kommission schließlich den Vorschlag, einen VN-Kommissar für Bevölkerungsfragen zu ernennen.[47]

Mit der geringen Berücksichtigung der Vereinten Nationen und der gleichzeitig starken Betonung der Rolle der Weltbank-Gruppe implizierte der Pearson-Bericht eine Abkehr von der Vorstellung einer gleichgewichtigen Arbeitsteilung zwischen VN-Organisationen (Vorinvestitionen und Technische Hilfe) und Weltbank-Gruppe (Kapitalinvestitionen), wie sie etwa Jackson unterstellte. Die Weltbank, bei der die Entwicklungsländer als eigentlich Betroffene in der Minderheitenposition waren, wurde vielmehr als die führende Institution im Bereich der multilateralen Entwicklungshilfe angesehen – ein Zeichen für den „westlichen" Blickwinkel, der für den gesamten Pearson-Bericht charakteristisch ist.

Für den Reformprozeß der Vereinten Nationen hatte der Pearson-Bericht mit seinen wenigen VN-bezogenen Empfehlungen keine direkt erkennbare Bedeutung; sein Einfluß auf die Erhöhung des Anteils der multilateralen Entwicklungshilfe in den 70er Jahren kann jedoch rückblickend bestätigt werden.

1.3 Der Dag-Hammarskjöld-Bericht

Im September 1975 fand auf Initiative der Blockfreien Staaten die Siebente Sondersitzung der VN-Generalversammlung statt. Sie widmete sich ausschließlich den Themen Entwicklung und internationale Zusammenarbeit. Zu diesem Anlaß wurde – angeregt von der Dag Hammarskjöld Foundation und dem United Nations Environment Programme (UNEP) – ein Bericht vorgelegt, der sich mit Entwicklungsalternativen und der Rolle der Vereinten Nationen im Entwicklungsprozeß befaßte. Er trug in Erinnerung an den ehemaligen VN-Generalsekretär den Titel „The 1975 Dag Hammarskjöld Report on Development and International Cooperation" mit dem Untertitel „What Now: Another Development".[48]

Der Bericht war das Resultat eines Projekts, das 1975 unter Leitung von Marc Nerfin, dem ehemaligen „Under-Secretary General for Economic and Social Affairs" (1966-1968) und späteren Präsidenten der „International Foundation for Development Alternatives" (IFDA), durchgeführt wurde. An ihm wirkten im Rahmen von Arbeitsgruppen und Konferenzen zahlreiche Wissenschaftler und Entwicklungspolitiker der „Ersten" und „Dritten" Welt mit; die „Zweite" Welt war unter den mehr als 100 Beteiligten lediglich durch einen sowjetischen Teilnehmer vertreten.[49] Als Chefberater des Projekts fungierten Ahmed Ben Salah, Ignacy Sachs, Direktor des „Centre for International Research on Environment and Development" (CIRED), und Juan Somavia. Arbeitspapiere zur Vorbereitung des Berichts wurden unter anderem von drei Vertretern dependenztheoretischer Ansätze, Johan Galtung, Fernando Cardoso und Rodolfo Stavenhagen, vorgelegt.[50]

Der Dag-Hammarskjöld-Bericht unterschied sich deutlich von den bis dahin entstandenen Entwicklungsberichten. Für seine Autoren ließ sich der Entwicklungsbegriff nicht auf die Steigerung des Wirtschaftswachstums reduzieren: „Entwicklung ist ein ganzheitlicher, umfassender, wertbezogener und kultureller Prozeß. Er schließt die natürliche Umwelt, die sozialen Beziehungen, Bildung, Produktion, Konsumption und allgemeines Wohlergehen ein".[51]

Als zentrales Ziel des Entwicklungsprozesses sahen sie die Befriedigung der Grundbedürfnisse der armen Bevölkerungsmassen an.[52] Dazu bedürfe es grundlegender Änderungen der sozialen, wirtschaftlichen und politischen

Strukturen. Denn Unterentwicklung habe seine grundsätzliche Ursache nicht im Mangel an Kapital und Know-how, sie sei vielmehr das Resultat ungleicher Machtstrukturen: „Die internationale Krise ist die Krise eines Systems ungleicher Wirtschaftsbeziehungen zwischen einer Minderheit von Herrscherländern und der Mehrheit der beherrschten Völker. Die Krise der Institutionen schließlich ergibt sich aus deren Unfähigkeit, sich an eine in rascher Veränderung begriffene Welt anzupassen. Aber die Situation kann weder richtig eingeschätzt noch verändert werden, wenn man nicht die Gesamtheit ihrer Aspekte erfaßt. Die Krisen sind im Grunde das Resultat eines Ausbeutungssystems, das einer Machtstruktur dient, die in erster Linie in den industrialisierten Ländern verankert ist, deren Ergänzungen aber auch in der Dritten Welt zu finden sind: die herrschenden 'Eliten' der meisten Länder sind Komplizen und Rivalen zugleich".[53]

Dem System der Vereinten Nationen wurde im Prozeß der 'anderen Entwicklung' eine wichtige Rolle beigemessen. Dazu hielten die Autoren jedoch eine grundlegende Umstrukturierung der gesamten Organisation für erforderlich: „Ebenso wie die Welt sich seit der Zeit, in der vor 30 Jahren 51 Länder – die dominierenden waren alle industrialisiert – die Vereinten Nationen gründeten, radikal gewandelt hat, müssen diese selbst jetzt radikal geändert werden. Es ist höchste Zeit, die Vereinten Nationen endlich zu dekolonialisieren".[54]

Die Vorschläge, die dann im dritten Teil des Berichts unter der Überschrift „Ein neues System für Entwicklung und internationale Zusammenarbeit" gemacht wurden, lassen allerdings die angekündigte Radikalität vermissen. Das liegt hauptsächlich daran, daß aus Gründen der Realisierbarkeit auf Reformvorschläge, die eine Änderung der Charta implizierten, von vornherein verzichtet wurde.[55] So unterschieden sich die Vorschläge nicht grundsätzlich von den bis dahin in anderen Studien entwickelten Reform-Entwürfen. Der Bericht enthielt sowohl Vorschläge für institutionelle als auch für strukturelle und administrative Reformen. Im Wirtschafts- und Sozialbereich der Vereinten Nationen forderte er radikale Vereinfachungen.[56]

Der Zweite Ausschuß („Economic and Financial Committee") und der Dritte Ausschuß („Social, Humanitarian and Cultural Committee") der Generalversammlung sollten gemeinsam mit der UNCTAD (als Konferenz) zu einem „UN Development Committee" zusammengefaßt werden.

Der ECOSOC sollte auf seine politischen Funktionen reduziert und mit dem „Trade and Development Board" der UNCTAD und dem Verwaltungsrat des UNEP zu einem „neuen ECOSOC" umgruppiert werden. Ihm sollte die Verwaltung aller VN-Entwicklungsfonds übertragen werden, das heißt insbesondere die Mittel von UNDP, UNFPA, WFP, UNEP, UNSF, IFAD und UNHHSF.

Die Rolle der Sonderorganisationen sollte grundsätzlich neu definiert werden. Sie sollten zu spezialisierten Fachorganisationen ausgebaut werden, aber keine politische Autonomie besitzen, sondern dem ECOSOC verantwortlich sein und von ihm koordiniert werden – ein Vorschlag, der an ähnliche Empfehlungen Jacksons erinnert.[57]

Über diese Maßnahmen hinaus, die eine deutliche Aufwertung des ECOSOC bedeuteten, empfahl der Bericht, den ECOSOC in ein ständiges VN-Organ ähnlich dem Sicherheitsrat umzuwandeln – eine Idee, die bereits 1951 von Henri Laugier in die Diskussion gebracht wurde (siehe Abschnitt 2.2 in Kapitel III).

Gleichzeitig sollte aus den Sekretariaten von UNCTAD und UNEP und dem „Department of Economic and Social Affairs" das neue Sekretariat des ECOSOC gebildet werden.

Der gesamte Wirtschafts- und Sozialbereich der Vereinten Nationen sollte von einem Generaldirektor für Entwicklung und internationale Zusammenarbeit geleitet werden.[58] Sein Dienstgrad sollte über dem der Leiter der Sonderorganisationen und der Stellvertretenden Generalsekretäre liegen. Dieser Vorschlag wurde bereits in den 60er Jahren, unter anderem 1969 im Jackson-Bericht, unterbreitet.

Während der Dag-Hammarskjöld-Bericht die Verantwortlichkeit im VN-Entwicklungsbereich stärker auf den ECOSOC konzentrieren wollte, plädierte er gleichzeitig für eine weitestmögliche Regionalisierung der Arbeit der Vereinten Nationen im Wirtschafts- und Sozialbereich. Dazu sollten die Regionalen Wirtschaftskommissionen der Vereinten Nationen gestärkt werden. Die regionalen Zweigstellen der Sonderorganisationen sollten ihnen ebenso angegliedert werden wie die Regionalbüros des UNDP.[59] Auch dieses Thema war bereits im Jackson-Bericht aufgegriffen worden; dort war für das UNDP allerdings eine bedeutendere Stellung vorgesehen.

Neben diesen Plänen für institutionelle und strukturelle Reformen machte der Dag-Hammarskjöld-Bericht schließlich einige Vorschläge, die das Personal und die Finanzierung des Systems betrafen.

In allen Sekretariaten sollte das Personal reduziert und verjüngt werden. Erreicht werden sollte dies durch die Entfernung der „entwicklungsfeindlichen Personen".[60] Gleichzeitig wurde gefordert, das VN-Sekretariat für qualifizierte Beamte aus der Dritten Welt zu öffnen. Der Bericht sprach in diesem Zusammenhang von der „Dekolonialisierung des Sekretariats". Daneben empfahlen die Autoren, die Dauerverträge der VN-Beamten durch erneuerbare Sechsjahresverträge zu ersetzen. Ihre drastische Begründung dafür: „Die Organisation sollte nicht mit verdorrtem Holz überwuchert werden".[61]

Hinsichtlich der Finanzierung des ordentlichen VN-Haushalts empfahl der Bericht eine Revision des Beitragssystems mit dem Ziel, die Abhängigkeit von den großen Beitragszahlern zu reduzieren.[62] Die Autoren schlugen dabei eine zunehmend 'automatische' Finanzierung der bisher aus freiwilligen Beiträgen finanzierten VN-Entwicklungszusammenarbeit (u.a durch Erhebung von Steuern oder Gebühren für den Transport von Gütern und Personen zur Luft und See) vor.

Insgesamt gesehen stellte der Dag-Hammarskjöld-Bericht einen Meilenstein unter den Entwicklungsberichten dar. Er war der erste Bericht einer Expertengruppe, dessen Inhalt maßgeblich von Vertretern der Dritten Welt und kritischen Wissenschaftlern und Politikern der Industriestaaten geprägt wurde. Seine strukturalistische Analyse der Unterentwicklung gab die tatsächliche Situation des internationalen Systems wesentlich realistischer wieder als Pearsons Vorstellung von „Partners in Development".[63]

Daß die Empfehlungen zur Reform des VN-Systems vergleichsweise moderat ausfielen und keine grundsätzlich neuen Gedanken enthielten, mag u.a. seine Begründung in dem Wunsch der Autoren nach möglichst kurzfristiger Realisierbarkeit ihrer Vorschläge haben. Der Bericht wurde – wie eingangs erwähnt – der Generalversammlung anläßlich ihrer Siebenten Sondersitzung vorgelegt und sollte bereits dort zu ersten Konsequenzen führen.

Die Verfasser des Dag-Hammarskjöld-Berichts schlossen ihre Ausführungen über eine VN-Reform mit den Worten: „Wenn die Mitgliedstaaten es wollen, könnte sich daraus ein besseres System der Vereinten Nationen ergeben, in dem sich die Machtverhältnisse in den zwischenstaatlichen Gremien wie im Sekretariat zugunsten jener verschieben würden, die es am dringendsten benötigen".[64] Diese optimistische Hoffnung auf politische Machtverschiebungen sollte sich jedoch als eine Illusion erweisen.

1.4 Der RIO-Bericht

Nahezu parallel zum Dag-Hammarskjöld-Bericht entstand auf Initiative des Club of Rome-Präsidenten, Aurelio Peccei, ein weiterer Bericht, der sich mit der Reform der internationalen Ordnung auseinandersetzen sollte. Er wurde zwischen Dezember 1974 und Juni 1976 von einem Expertenteam unter Leitung des Wirtschaftsnobelpreisträgers, Jan Tinbergen, erarbeitet. Auf der Teilnehmerliste des Projekts fanden sich einige Personen wieder, die auch am Dag-Hammarskjöld-Bericht beteiligt waren, unter ihnen Ignacy Sachs und Juan Somavia.

Aus diesem Grund war es nicht verwunderlich, daß die Analysen und Empfehlungen des Berichts, der im Oktober 1976 unter dem Titel „Reshaping the International Order"[65] – daher kurz RIO-Bericht – veröffentlicht wurde, in der Tendenz denen des Hammarskjöld-Berichts entsprachen. Der RIO-Bericht umfaßte allerdings ein wesentlich breiteres und detaillierteres Themenspektrum, das zum Beispiel auch Fragen der Abrüstung einschloß.

Das System der Vereinten Nationen wurde dagegen nur in Unterabschnitten erwähnt; der Bericht lieferte keinen zusammenhängenden Reformentwurf. Die wenigen Vorschläge, die zur Umstrukturierung des VN-Systems gemacht wurden, waren wenig konkret, sie hoben sich aber durch ihre Radikalität von den Empfehlungen der vorausgegangenen Entwicklungsberichte ab. Grundsätzlich blieb für die Autoren des RIO-Berichts das VN-System „der einzige Apparat, der die Möglichkeiten zur Erreichung einer gerechteren Welt bietet".[66] Gleichzeitig stellten sie jedoch fest, daß viele internationale Institutionen „zu festen Bestandteilen des internationalen Status quo und zu Hütern mächtiger, überkommener Interessen geworden [waren]".[67] Aus diesem Grund war für sie die Notwendigkeit einer Neustrukturierung des VN-Apparats unbestritten.

Auf der Ebene administrativer und struktureller Reformen schloß sich der Bericht dabei den Empfehlungen der Gruppe der 25 an, die auf Initiative des VN-Generalsekretärs 1975 umfangreiche Vorschläge zur Reform des VN-Wirtschafts- und Sozialbereichs ausgearbeitet hatte.[68]

Die langfristigen Forderungen des RIO-Berichts gingen jedoch weit über diese Reformebenen hinaus, sie zielten auf die Errichtung eines „globalen Planungs- und Lenkungssystems für die Ressourcen" ab.[69]

Die darauf bezogenen Vorschläge wurden in dem Bericht zu folgenden sechs Punkten zusammengefaßt:

(1) Errichtung eines Weltschatzamtes und allmähliche Einführung eines internationalen Besteuerungssystems zur Unterstützung der armen Nationen.
(2) Schaffung einer internationalen Reservewährung durch eine Art Weltzentralbank, „ohne daß die Interessen einer bestimmten Ländergruppe dominieren".[70]
(3) Verbesserte Planung und Koordinierung des Nahrungsmittelangebots unter anderem durch Stärkung der Bedeutung des „International Fund for Agricultural Development" (IFAD) und, falls erforderlich, Errichtung einer Welternährungsbehörde.
(4) Umformung der UNCTAD zu einer Internationalen Handels- und Entwicklungsorganisation mit erweitertem Verantwortungsbereich. Zugleich Stärkung der UNIDO, „um sie an der Planung einer gerechteren industriellen Ordnung der Welt zu beteiligen".[71]
(5) Errichtung einer Reihe weiterer Organisationen, wie zum Beispiel einer Internationalen Bank für industrielle Entwicklung, einer Weltbehörde für Energieforschung und einer Weltabrüstungsbehörde.
(6) Umstrukturierung der Vereinten Nationen zu einer Weltentwicklungsbehörde, die mit „weitgehender wirtschaftlicher Macht" ausgestattet ist.[72]

Als Voraussetzung für die Durchführbarkeit dieser sehr allgemein gehaltenen Vorschläge hielt der RIO-Bericht eine „bewußte Machtübertragung [...] vom Nationalstaat auf die Weltorganisation" für erforderlich.[73]

Damit waren die Vorschläge von der Bereitschaft der nationalen Entscheidungsträger zum Verzicht auf nationale Kompetenzen abhängig – eine Voraussetzung, die sich bisher als wenig realitätstauglich erwiesen hat. Daher ist es auch nicht verwunderlich, daß keiner der Vorschläge des RIO-Berichts bisher verwirklicht worden ist.

Was der Dag-Hammarskjöld-Bericht ausdrücklich als Ausgangspunkt formulierte, gelang Tinbergen und seinem Expertenteam nicht, nämlich „den Fehler zu vermeiden, eine Reihe undurchführbarer Utopien vorzuschlagen".[74]

1.5 Der Brandt-Bericht

Neun Jahre nach Robert McNamaras erster Initiative zur Durchführung einer Entwicklungsstudie unter der Leitung von Lester Pearson schlug er 1977 erneut die Errichtung einer Kommission vor, die sich mit Fragen der Weltentwicklung befassen sollte. Den Vorsitz der Kommission, der „Independent Commission on International Development Issues" (oder kurz Nord-Süd-Kommission), übernahm Willy Brandt. Ihr erster Bericht, der Ende 1979 unter dem Titel „North-South: A Programme for Survival"[75] vorgelegt wurde, stand somit in der Tradition des Pearson-Berichts, wenn auch zwischen den beiden Kommissionen und ihrer Arbeit deutliche Unterschiede bestanden.

Im Gegensatz zur Pearson-Kommission wurde in der Nord-Süd-Kommission auf eine paritätische Mitwirkung der Entwicklungsländer besonderen Wert gelegt. Von den 20 Kommissionsmitgliedern kamen zehn aus der Dritten Welt. Auch in der politischen Orientierung unterschieden sich die beiden Kommissionen. Cranford Pratt stellt fest: „The political centre of gravity of the Brandt Commission is to the left of the Pearson Commission. The dominant orientation of the Western members of the Brandt Commission is social-democratic and Christian rather than liberal-conservative which was the orientation of the Pearson Commission".[76]

Dementsprechend unterschieden sich die Berichte der beiden Kommissionen auch inhaltlich: So enthielt der Brandt-Bericht neben der altbekannten Forderung nach einem erhöhten Ressourcentransfer von Nord nach Süd (unter anderem wurde die Umsetzung des 0,7 %-Ziels für den Anteil der öffentlichen Entwicklungshilfe am BSP erneuert) zum Beispiel auch Forderungen nach einer Reform des internationalen Wirtschaftssystems, nach Senkung der weltweiten Rüstungsausgaben und nach Vermögensumverteilungen in den Entwicklungsländern.

Die Rolle der Vereinten Nationen und Vorschläge zu deren Reform wurden dabei ebenso wie im Pearson-Bericht nur knapp und relativ allgemein behandelt. Grundsätzlich rief auch der Brandt-Bericht - wie alle seine Vorgänger – dazu auf, die Vereinten Nationen „[...] als unentbehrliche Kraft für Frieden und Entwicklung zu stärken".[77] Zu diesem Zweck empfahl er „[...] mehr Koordination der einzelnen Haushalte, Programme sowie der Personalpolitik, um Doppelarbeit und unnütze Überschneidungen zu vermeiden".[78] Dieser Vorschlag tauchte in fast jedem Entwicklungsbericht in ähnlicher Form auf. Der Brandt-Bericht empfahl in diesem Zusammenhang als ersten Schritt die Zusammenlegung der VN-Sonderfonds in einer VN-Entwicklungsbehörde, wie es bereits von Jackson und später von der Gruppe der 25 vorgeschlagen wurde.[79] Daneben machte die Kommission vor allem zu vier Themenpunkten Vorschläge:

(1) Die Vereinten Nationen sollten die Öffentlichkeit stärker in ihre Arbeit einbeziehen. Sie sollten neben den Regierungen zunehmend auch soziale Gruppen an ihren Beratungen beteiligen, verstärkten Kontakt zu NGOs und dabei insbesondere zu Jugendorganisationen pflegen und ihre Öffentlichkeitsarbeit verbessern.[80]

(2) Auf der Regierungsebene sollten die Vereinten Nationen den Rahmen für gelegentliche zahlenmäßig begrenzte Nord-Süd-Gipfeltreffen bereitstellen.[81]

(3) Zur regelmäßigen Überwachung und Beratung der Entwicklungsorganisationen des VN-Systems sollte vom VN-Generalsekretär ein unabhängiges, hochrangiges Gremium, bestehend aus 12 Experten, eingesetzt werden. Seine Hauptaufgabe wäre es, Berichte zu verfassen, die auch der Öffentlichkeit zugänglich gemacht werden sollten, „um das Interesse an der Arbeit des internationalen Systems anzuregen [...]".[82] Dieser Vorschlag ging auf eine Empfehlung des „Committee for Development Planning" (CDP) aus dem Jahre 1968 zurück.[83]

(4) Schließlich empfahl der Brandt-Bericht die Schaffung eines Weltentwicklungsfonds („World Development Fund" – WDF), der als Ergänzung zu den bestehenden Bretton-Woods-Organisationen hauptsächlich Programmkredite an Entwicklungsländer vergeben sollte.[84] In ihm sollten – im Gegensatz zu Weltbank und IWF – Kreditnehmer und -geber gleichberechtigt am Entscheidungsprozeß beteiligt sein. In welcher Form diese neue Institution in das VN-System eingebunden sein sollte, ging aus dem Vorschlag jedoch nicht hervor.

Unter allen Entwicklungsberichten hat der Bericht der Nord-Süd-Kommission weltweit wohl die größte Beachtung gefunden. Seine Vorschläge für Erneuerungen im VN-System waren dabei allerdings nur von sekundärer Bedeutung, auch wenn beispielsweise die Empfehlung zur stärkeren Einbeziehung der Öffentlichkeit in die VN-Arbeit beachtenswert war, die in ähnlicher Form in späteren Reformvorschlägen der 80er und 90er Jahre noch wiederholt auftauchen sollte.

Vor dem Hintergrund der weltweiten Rezession und der sich verschärfenden Schuldenkrise zahlreicher Entwicklungsländer entschloß sich die Nord-Süd-Kommission, ein Sofortprogramm zur Bewältigung der Krise zu veröffentlichen. Es wurde im Dezember 1982 unter dem Titel „Common Crisis North-South: Cooperation for World Recovery" der Öffentlichkeit vorgelegt.[85] Wegen seiner kurzfristigen Ausrichtung enthielt dieser Bericht jedoch keine weitergehenden Vorschläge zur VN-Reform.

2. Die Reformdiskussion in den USA

Seit Anfang der 70er Jahre zeigten sich immer deutlicher die politischen Auswirkungen, die sich aus den veränderten Mehrheitsverhältnissen in der Generalversammlung der Vereinten Nationen ergaben. Die USA gerieten mit ihrer Politik gegenüber den Staaten der Dritten Welt in der VN-Generalversammlung wie auch in den entsprechenden Gremien der Sonderorganisationen (mit Ausnahme von IWF und Weltbank-Gruppe) zunehmend in eine Minderheitenposition, beziehungsweise „in Opposition", wie es der spätere VN-Botschafter der USA, Daniel Patrick Moynihan, 1975 ausdrückte.[86]

In diesen Jahren begann sich zu bewahrheiten, was Adlai Stevenson bereits 1962 vorausgesagt hatte: „The crisis of our loyalty to the United Nations is still ahead of us".[87] Am 17. März 1970 machten die USA zum ersten Mal in der VN-Geschichte von ihrem Vetorecht im Sicherheitsrat Gebrauch. Sie verhinderten dadurch – gemeinsam mit Großbritannien – die Verurteilung der Politik des rassistischen Minderheitsregimes im damaligen Südrhodesien (heute: Simbabwe).[88] Dieser Präzedenzfall war auch ein Zeichen für die zunehmende Verhärtung in den Nord-Süd-Auseinandersetzungen.

1971 erlangten die Staaten der Dritten Welt in der Generalversammlung einen Sieg, der besonders deutlich die veränderten Mehrheitsverhältnisse widerspiegelt. In einem „historic watershed vote"[89] entschied die Generalversammlung am 25. Oktober dieses Jahres, daß die Volksrepublik China an Stelle von Taiwan den Staat China in den Vereinten Nationen repräsentieren sollte. Mehr als 20 Jahre lang konnten die USA eine – wenn auch Jahr für Jahr kleiner werdende – Stimmenmehrheit für ihren Verbündeten und gegen das kommunistische China mobilisieren, bis 1971 schließlich das Stimmenverhältnis umkippte. Stoessinger urteilte über dieses Ereignis: „After twenty-two years of diplomatic warfare, the United States had suffered its first dramatic parliamentary defeat".[90]

In den darauffolgenden Jahren wurden den USA von den immer selbstbewußter agierenden Staaten der Dritten Welt wiederholt empfindliche Abstimmungsniederlagen beigebracht, so etwa 1972 mit der Forderung nach dem Selbstbestimmungsrecht für Puerto Rico[91] oder 1974 mit der Verabschiedung der Charta der wirtschaftlichen Rechte und Pflichten der Staaten.[92]

Vor diesem Hintergrund richtete der damalige VN-Botschafter der USA, John Scali, während der 29. Sitzung der Generalversammlung 1974 eine deutliche Warnung an die Staaten der Dritten Welt: „When the rule of the majority becomes the tyranny of the majority, the minority will cease to respect or obey it, and the parliament will cease to function".[93]

Einen vorläufigen Höhepunkt erreichten die Auseinandersetzungen in der Generalversammlung am 10. November 1975 mit der Verabschiedung einer Resolution, in der der Zionismus als eine Form von Rassismus und rassischer Diskriminierung bezeichnet wurde.[94] Diese Resolution löste in den USA eine breite Kampagne gegen die Vereinten Nationen aus.[95] Anders als in der Vergangenheit umfaßte das Spektrum der Kritiker nun jedoch über die nationalkonservativen Kreise von US-Kongreß und Massenmedien hinaus auch liberale Politiker und Journalisten.

Nachdem die politischen Entscheidungsträger der USA innerhalb der Vereinten Nationen ihre Interessen immer weniger auf demokratischem Weg (per „voting power") verwirklichen konnten, und sie zu grundsätzlichen Zugeständnissen an die Mehrheit der Dritte-Welt-Staaten nicht bereit waren, blieben ihnen lediglich defensive, in ihren Wirkungen nicht selten destruktive (Re-)Aktionsmöglichkeiten: Verstärkter Einsatz des Vetorechts, Kürzung beziehungsweise Aussetzung von Beitragszahlungen (d.h. Einsatz ihrer „financial power") und als letzte Konsequenz Austritt aus einer Organisation oder zumindest die Drohung damit.

Im Oktober 1972 kündigte US-Außenminister Rogers an, daß die USA von ihrem Vetorecht zukünftig eher Gebrauch machen würden. Er stellte fest: „If a resolution is a bad one, we will veto it".[96] Tatsächlich ist in den 70er Jahren eine Trendwende im Veto-Verhalten der Supermächte festzustellen. Während die UdSSR bis 1970 105mal ihr Veto im Sicherheitsrat einlegte, die USA dagegen aufgrund der Mehrheitsverhältnisse dieses Recht bis dahin nicht in Anspruch nehmen mußte, standen in den 70er Jahren sieben sowjetische Vetos 21 Vetos der USA gegenüber.[97]

Parallel dazu begann der US-Kongreß, verstärkt finanziellen Druck auf die VN-Organisationen auszuüben. VN-Botschafter Arthur Goldberg hatte bereits 1965 als Reaktion auf die Weigerung der Generalversammlung, der UdSSR und anderen Staaten wegen ihres Zahlungsrückstands das Stimmrecht nach Artikel 19 der VN-Charta zu entziehen, angekündigt, daß die USA sich vorbehielten, ebenfalls Beitragszahlungen zurückzuhalten, „... if, in our view, strong and compelling reasons exist for doing so".[98]

1970 hielten die USA erstmals Beitragsmittel für die ILO zurück. Sie reagierten damit auf die Ernennung eines Sowjetbürgers zum Stellvertretenden Generaldirektor der ILO.[99]

Im Mai 1972, ein halbes Jahr nach dem China-Votum der Generalversammlung, entschied das US-Repräsentantenhaus chartawidrig, den Beitragssatz der USA zum ordentlichen VN-Haushalt von damals 31,52 auf 25 Prozent zu reduzieren. Über die Motive dazu schrieb Stoessinger: „... a large number of American legislators had come to perceive the United Nations as, at best, a wasteful and inefficient body and, at worst, an organization that in the wake of the American defeat over the Chinese representation issue, had become inimical to the national interest".[100] Welche Stimmung zu dieser Zeit im Kongreß herrschte, verbildlichte folgende Aussage des demokratischen Abgeordneten, James Haley: „I think that the finest thing that could happen to the United States of America would be to cut off every dime to the United Nations, go up there and take them by the nape of the neck and the seat of the pants and throw them out of this country".[101]

Dies geschah nicht, die geforderte Beitragskürzung trat jedoch Ende 1973 in Kraft. Nur durch den gleichzeitigen VN-Beitritt der beiden deutschen Staaten, deren Beitragssätze die amerikanischen Kürzungen deutlich kompensierten, entgingen die VN damals einer zweiten schweren „Finanzkrise".

Als Reaktion auf die gegen Israel gerichteten Aktivitäten in der UNESCO entschied der US-Kongreß 1974, sämtliche Beitragszahlungen an diese Organisation auszusetzen. Erst im Dezember 1976 empfahl Präsident Ford, die Zahlungen wiederaufzunehmen.[102]

Eine weitere Verschärfung in der Beziehung zwischen den USA und den Vereinten Nationen trat 1975 ein. Die pro-palästinensische Haltung innerhalb der ILO führte im November 1975 zur Ankündigung des Austritts der USA aus dieser Organisation. Zwei Jahre später vollzog Präsident Carter gegen die Vorbehalte des State Department den Austritt.[103]

Die amerikanische Kampagne gegen die Vereinten Nationen wurde auch in den folgenden Jahren insbesondere von Teilen des US-Kongresses fortgesetzt. Vor dem Hintergrund der zunehmenden Verwendung von Mitteln aus dem ordentlichen Haushalt der Sonderorganisationen für Technische Hilfe[104] an Entwicklungsländer entschied der Kongreß 1978, die Beitragszusagen an die VN und ihre Sonderorganisationen mit der Bedingung zu verknüpfen, daß aus diesen Pflichtbeiträgen keine Technische Hilfe finanziert wurde.[105] Dieses sogenannte Helms-Amendment bedeutete eine krasse Einschränkung der Haushaltssouveränität der Vereinten Nationen und konnte von ihr nicht akzeptiert werden. Die Folge war, daß im Haushaltsjahr 1979 die Zahlung der amerikanischen Pflichtbeiträge an das VN-System faktisch eingestellt wurden. Dies bedeutete eine erhebliche Behinderung der Arbeit zahlreicher VN-Organisationen. Generalsekretär Waldheim reagierte darauf mit der Warnung: „If the restrictions were allowed to stand, it would destroy the principle of collective financial responsibility and with it the economic and political viability of the entire United Nations system".[106]

Welche Auswirkungen das Helms-Amendment in letzter Konsequenz haben würde, machte der Kongreßabgeordnete Dante Fascell in der Haushaltsdebatte 1979 deutlich: „It is a hard way to get at the problem but it is totally effective if you are trying to get the United States out of the United Nations. If you are trying to destroy the United Nations, that is what the amendment would do".[107]

Da derart radikale Konsequenzen nicht im Interesse der Kongreßmehrheit waren, wurden das Helms-Amendment aus den Beitragszusagen 1979 gestrichen und die Zahlungen an die Vereinten Nationen zunächst bedingungslos wiederaufgenommen.

Die kritische Auseinandersetzung des US-Kongresses mit den Vereinten Nationen setzte sich jedoch auch in den 80er Jahren fort und verschärfte sich während der Präsidentschaft Ronald Reagans (siehe dazu Kapitel VI.1).

Die heftige amerikanische Diskussion der 70er Jahre über Kosten und Nutzen der Vereinten Nationen für die USA brachte eine lange Reihe von Studien hervor, die sich mit der Reform des VN-Systems und der neuen Rolle der USA innerhalb der Weltorganisation auseinandersetzten. Auf einige dieser Studien soll im folgenden näher eingegangen werden (vgl. auch Schaubild 4 auf S. 101).

Während der 60er Jahre waren von Seiten amerikanischer Wissenschaftler und Politiker nur wenige Impulse zur Reform des VN-Systems ausgegangen. Als eine Erklärung dafür kann gelten, was Richard N. Gardner 1970 in einem Aufsatz zum Thema „VN-Reform" schrieb: „The trauma of Vietnam and the preoccupation with domestic problems has reduced the role of the world organization in official and public opinion".[108]

Der 25. Geburtstag bildete 1970 den äußeren Anlaß für eine verstärkte Beschäftigung mit den Vereinten Nationen. Nach der daraus resultierenden ersten Welle von Aufsätzen und Studien setzte sich die Auseinandersetzung über VN-Reformen die gesamten 70er Jahre hindurch fort. Das Spektrum der Autoren reicht dabei von einzelnen Wissenschaftlern, wie Richard N. Gardner[109] und Fred Bergsten[110], über (mehr oder weniger) regierungsunabhängige Organisationen, etwa die UNA-USA oder die „Commission to Study the Organization of Peace", bis hin zu staatlichen Institutionen, wie dem „General Accounting Office" (GAO)[111], Kongreßausschüssen und dem US-Präsidenten selbst.

Im folgenden sollen die wichtigsten amerikanischen Reformstudien dieser Jahre in chronologischer Reihenfolge vorgestellt werden.

2.1 Der 20. Bericht der „Commission to Study the Organization of Peace"

Die „Commission to Study the Oganization of Peace" trat seit den 40er Jahren immer wieder mit Initiativen zur Reform des VN-Systems an die Öffentlichkeit.[112] Ihr 20. Bericht erschien 1970 anläßlich des VN-Jubiläums unter dem Titel „The United Nations: The Next Twenty-Five Years".

Der Bericht, der unter der Leitung von Louis B. Sohn[113] angefertigt wurde, stand ganz in der idealistisch-normativen Tradition seiner Vorgänger. In einem detaillierten, 106 Schritte umfassenden Programm forderte er eine grundsätzliche Stärkung und Kompetenzerweiterung der VN-Organe auf rechtlichem, politischem, wirtschaftlichem und finanziellem Gebiet. Die diagnostizierte Schwäche der Vereinten Nationen hat nach Meinung der Kommission ihre Ursachen in der fehlenden Machtausstattung des Systems. Dementsprechend wurde die Übertragung exekutiver und legislativer Gewalt von den Nationalstaaten auf die Organe der Vereinten Nationen verlangt. Dies bedeutete im Umkehrschluß eine notwendige Einschränkung der nationalen Souveränität.[114]

Die meisten der in dem Bericht enthaltenen Vorschläge beruhten auf dieser Voraussetzung, so etwa die Empfehlung, eine ständige, im Krisenfall sofort einsatzbereite VN-Truppe („fire-brigade") aufzustellen, die ausschließlich den Vereinten Nationen unterstehen sollte.[115]

Ebenso wie an den idealistischen Reformstudien der 40er und 50er Jahre ist auch an diesem Bericht grundsätzlich zu kritisieren, daß die Verwirklichung seiner Vorschläge von der Bereitschaft der nationalen Entscheidungsträger zum Machtverzicht abhängig gemacht wird. Es ist daher kaum verwunderlich, daß die Vorschläge der Commission to Study the Organization of Peace bis heute keine Chance auf Realisierung hatten.

Neben dem eigentlichen Kommissionsbericht enthielt der 20. Bericht eine Reihe von Aufsätzen einzelner Wissenschaftler, die sich mit verschiedenen Teilaspekten einer VN-Reform auseinandersetzten. Im Kontext der bisher dargestellten Reformstudien ist dabei ein Aufsatz von Ernst B. Haas besonders beachtenswert.[116] Er enthielt unter anderem einen umfassenden Entwurf zur strukturellen und institutionellen Umgestaltung des Wirtschafts- und Sozialbereichs der Vereinten Nationen.[117]

Haas' Vorschläge erschienen ein Jahr nach der Kapazitäts-Studie von Robert Jackson und wiesen in ihrer grundsätzlichen Tendenz gewisse Parallelen zu dieser auf. Ebenso wie Jackson sah Haas als Ziel der Reformen die verbesserte Koordinierung der VN-Entwicklungsarbeit an. Sie sollte bei beiden durch Zentralisation der Planungs- und Entscheidungsprozesse unter gleichzeitiger weitgehender Beibehaltung der funktionalen Organisationsstruktur des VN-Entwicklungssystems erreicht werden. ECOSOC und UNDP erfuhren auch bei Haas eine Aufwertung, die entwicklungsbezogenen Sonderorganisationen müßten dagegen Einbußen in ihrer Autonomie in Kauf nehmen.

Während der Jackson-Bericht jedoch als „Auftragsarbeit" des UNDP vergleichsweise pragmatisch auf die baldige Durchführbarkeit seiner Vorschläge bedacht war, schien für Haas als unabhängigem Wissenschaftler die tatsächliche Realisierbarkeit seines Reformentwurfs nur von sekundärer Bedeutung zu sein. Seine Vorschläge gingen in ihrer Radikalität wesentlich weiter als die des Jackson-Berichts.

Haas setzte mit seiner Forderung nach besserer Koordinierung bereits auf der nationalen Ebene an. Er stellte eine häufig unkoordinierte Beteiligung der jeweiligen Regierung an den verschiedenen VN-Organen und Sonderorganisationen fest und forderte daraus folgernd, daß die offizielle Haltung eines Landes im Wirtschafts- und Sozialbereich der Vereinten Nationen durch einen einzigen Sprecher artikuliert werden sollte. Dieser sollte sein Land im neuorganisierten ECOSOC, dem „UN Welfare Council", vertreten.[118]

Der UN Welfare Council sollte als eine Art Aufsichtsrat agieren und keine Exekutiv-Funktion haben. Haas beschrieb seine Aufgaben so: „Its purpose is to review, at high-level, negotiations and policies elaborated at lower levels, and thus be able to socialize governments into the habits of coordinating trade, aid, money and development planning. The raison d'être of the council is the socialization function".[119]

An die Stelle der verschiedenen Planungsinstitutionen des VN-Wirtschafts- und Sozialbereichs sollte ein UN Social Planning Board treten. Es sollte sich aus regierungsunabhängigen Experten rekrutieren und sowohl den Welfare Council als auch die UNCTAD beraten.

Die UNCTAD war in dem Konzept von Haas als zentrales Entscheidungsorgan des neuen VN-Entwicklungssystems vorgesehen. In ihr sollten die Richtlinien der gesamten VN-Handels- und Entwicklungspolitik bestimmt werden.[120] Die UNCTAD sollte einerseits dem UN Welfare Council rechenschaftspflichtig sein, andererseits die Führung sämtlicher entwicklungsbezogener Institutionen des VN-Systems übernehmen. Insbesondere sollten ihr die Weltbank mit IFC und IDA, der IWF (als zukünftige Weltzentralbank)[121] sowie das UNDP direkt unterstellt werden. Das UNDP wiederum sollte als ausführendes Organ der UNCTAD auf dem Gebiet der Technischen Hilfe und der Vor-Investitionen fungieren und dazu verschiedene Sonderorganisationen bzw. VN-Organe, nämlich FAO, ILO, UNESCO, UNIDO und WHO, für sich dienstbar machen. Diese Organisationen sollten (ebenso wie das UNDP) sowohl ihre Haushaltsautonomie als auch ihre Exekutivorgane verlieren, und damit den Direktiven der UNCTAD und der organisatorischen Leitung des UNDP vollständig untergeordnet werden.

Die Abschaffung des Prinzips der souveränen Autonomie der VN-Sonderorganisationen stellte in dem Konzept von Haas nach seinen eigenen Worten eine der beiden erforderlichen „major institutional innovations"[122] dar. Die zweite Forderung war die Einführung bzw. Beibehaltung des Konsensus-Prinzips als allgemeine Entscheidungsfindungsregel sowohl für den UN Welfare Council als auch für die UNCTAD, in der nach diesem Prinzip bereits seit ihrer Gründung verfahren wird.

Zweifellos hätte die Realisierung von Haas' Reformvorschlägen eine deutliche Vereinfachung in der Organisationsstruktur des VN-Wirtschafts- und Sozialbereichs bedeutet. Es ist möglich, daß dies auch zu der angestrebten Verbesserung der Koordinierung führen könnte. Haas ließ allerdings in seinen Ausführungen zwei entscheidende Einflußfaktoren unberücksichtigt: Er abstrahierte sowohl von der spezifischen historischen Entwicklung der Vereinten Nationen als auch von den gegebenen Macht- und Interessenstrukturen im internationalen System. So realistisch seine Feststellung war, „... that the world will not necessarily be shaped entirely in the American image – at least not without lots of future Vietnams[...]"[123], so illusorisch war seine Folgerung, die USA sollten die Unterordnung von IWF und Weltbank unter die Führungsrolle der UNCTAD zulassen und damit implizit ihre Vormachtstellung in diesen Organisationen aufgeben. Sein Vorschlag, daß die Entscheidungen der „neuen" UNCTAD nur im Konsensus-Verfahren gefällt werden sollten, würde zwar den beabsichtigten Minderheitenschutz gewährleisten, in Anbetracht der beträchtlichen Interessenheterogenität der Mitgliedstaaten jedoch zur Entscheidungsunfähigkeit der Organisation führen.

Auch Haas' Vorschlag, der UNCTAD sämtliche entwicklungsbezogenen VN-Organisationen zu unterstellen und ihnen damit ihre Autonomie zu nehmen, erschien wenig realitätstauglich. Zudem wäre es zweifelhaft, ob die Unterordnung und Gleichschaltung von in ihrer Entwicklung, Struktur und inhaltlicher Ausrichtung derart unterschiedlichen Organisationen, wie etwa ILO und UNESCO, unter ein zentrales Lenkungsorgan tatsächlich zu einer Verbesserung der VN-Entwicklungsarbeit führen würde.

Zusammenfassend sollte der Reformentwurf von Ernst B. Haas, der seit Ende der 50er Jahre maßgeblich an der Entwicklung der neofunktionalistischen Variante der Theorie regionaler Integration beteiligt war, als das angesehen werden, was er in der Tat wohl beabsichtigte: Durch ein am Schreibtisch entworfenes Gedankenkonstrukt eines Theoretikers eine alternative Vision sichtbar zu machen.

2.2 Der Katzenbach-Bericht der UNA-USA

Wesentlich realitätsnäher als der Bericht der „Commission to Study the Organization of Peace" war eine Studie, die ebenfalls aus Anlaß des VN-Jubiläums von einem „National Policy Panel" der amerikanischen VN-Gesellschaft (UNA-USA) veröffentlicht wurde. Aufgabe des Panels, dem neben amerikanischen Wissenschaftlern und VN-Funktionären auch mehrere hochrangige Wirtschaftsvertreter angehörten, sollte es sein, „... to make a searching and dispassionate examination of the United Nations in its twenty-fifth year, and to consider whether the UN system can become an effective center for international decision-making in the 1970s".[124] Den Vorsitz des Panels hatte Nicholas Katzenbach, Vizepräsident von IBM und ehemaliger Under-Secretary of State. Der Bericht erschien im September 1971 unter dem Titel „The United

Nations in the 1970s" mit dem programmatischen Untertitel „A Strategy for a Unique Era in the Affairs of Nations".

Als Konsequenz aus dem amerikanischen Vietnam-Debakel plädierten die Autoren zunächst dafür, das nationale Interesse der USA im außenpolitischen Bereich zukünftig verstärkt über die Mitarbeit in multilateralen Institutionen zu verwirklichen.[125] Da diese - und insbesondere die Vereinten Nationen – jedoch von „rigidities", „inefficiencies" und „hesitancies"[126] geprägt wären, hielten sie grundlegende Reformen für notwendig. Die dazu in diesem Bericht formulierten Vorschläge hatten also letztendlich den Zweck, das nationale Interesse der USA im außenpolitischen Bereich wirksamer verwirklichen zu können.

Die zahlreichen Reformvorschläge bezogen sich hauptsächlich auf die zukünftige politische Rolle der Vereinten Nationen und auf ihre Aufgaben im wirtschaftlichen und sozialen Bereich. Empfohlen wurden sowohl administrative als auch strukturelle und institutionelle Reformen, wobei jedoch Vorschläge, die Änderungen der VN-Charta erforderten, bewußt vermieden wurden[127] – eine Haltung, in der sich dieser Bericht deutlich von der Studie der „Commission to Study the Organization of Peace" unterscheidet.

Konkret enthielt der Katzenbach-Bericht unter anderem folgende Empfehlungen: Innerhalb der Generalversammlung sollten „coalitions for peaceful settlement" gebildet werden.[128] Diese sollten aus Staaten bestehen, die bereit wären, Entscheidungen der Generalversammlung als verbindlich anzuerkennen, sofern sie von einer besonderen Mehrheit (etwa drei Viertel oder vier Fünftel der Mitgliedstaaten) oder einer besonderen Gruppe von Mitgliedern unterstützt würden. Dadurch würde die Generalversammlung bei bestimmten Themen („certain selected issues")[129] eine quasi-legislative Funktion erhalten. Die entscheidende Frage, welches diese „certain selected issues" sind, in denen blockübergreifende Koalitionen möglich sein sollten, die bis dahin offensichtlich nicht möglich waren, wurde von der Studie allerdings offengelassen. Da Drei-Viertel- oder Vier-Fünftel-Mehrheiten in der Generalversammlung ohne die westlichen Staaten nicht möglich sind, bedeutete dieser Vorschlag, der von Cyrus Vance als „The Panel's principal recommendation" und als „one of the basically new ideas..."[130] bezeichnet wurde, daß verbindliche Entscheidungen in der Generalversammlung nicht ohne die Zustimmung der westlichen Staaten – und damit auch der USA - möglich sein sollten.

Neben diesem Vorschlag, der eher eine Reform auf der politischen, „kognitiven" Ebene bedeutete, machte der Katzenbach-Bericht in bezug auf die Generalversammlung auch konkretere Vorschläge für administrative und strukturelle Reformen. So empfahl er, die Hauptausschüsse in ihrer Arbeit durch vorgeschaltete Unterausschüsse mit geringerer Mitgliederzahl (zwischen 25 und 35 Staaten) zu entlasten.[131] Gleichzeitig sollten – ebenso wie in der Generalversammlung – Abstimmungen in den Hauptausschüssen von der Zustimmung einer Zwei-Drittel-Mehrheit der Mitglieder („present and voting") abhängig gemacht werden. Dadurch sollte die Flut von Resolutionen und Tagesordnungspunkten in der Generalversammlung eingedämmt werden. Gleichzeitig bedeutete eine erforderliche Zwei-Drittel-Mehrheit allerdings auch, daß die USA und ihre Verbündeten ihnen mißliebige Anträge mit größerer Wahrscheinlichkeit bereits in den Ausschüssen blockieren könnten.

Hinsichtlich des Wirtschafts- und Sozialbereichs der Vereinten Nationen forderte der Bericht, ebenso wie zahlreiche andere Reformstudien, eine „Wiederbelebung" des ECOSOC. Insbesondere schlossen sich die Autoren der häufig formulierten Forderung an, den ECOSOC in eine ganzjährig tagende Einrichtung umzuwandeln.[132] Gleichzeitig sollte sein Einfluß auf die Sonderorganisationen und deren ordentliche Haushalte verstärkt werden.

Zur besseren Koordinierung der weltweiten Entwicklungsarbeit schlug das Panel schließlich die Errichtung eines „International Development Council" vor.[133] In ihm sollten neben den Leitern von Weltbank, IWF, UNDP, UNCTAD, GATT und den regionalen Entwicklungsbanken auch die sechs größten „Geberländer" (USA, Großbritannien, Frankreich, Bundesrepublik Deutschland, Japan und die UdSSR) sowie sieben Entwicklungsländer vertreten sein. Das Gremium sollte unter dem Vorsitz des Under-Secretary-General for Economic and Social Affairs mindestens einmal jährlich zusammentreffen. In seiner Zusammensetzung und seiner Funktion ähnelte es den VN-internen Koordinierungsgremien ACC und IACB. Ob dieser „International Development Council" seine Koordinierungsaufgaben besser erfüllt hätte als diese beiden oft kritisierten Gremien, kann nicht beantwortet werden, da das Modell nicht in die Realität umgesetzt wurde. Bemerkenswert bleibt trotzdem, daß hier von amerikanischen Autoren, die nicht dem Lager der „Idealisten" angehören, vorgeschlagen wurde, über den US-Vertreter in dem geplanten Entwicklungsrat offensichtlich auch die bilaterale Entwicklungshilfe der USA in die von den Vereinten Nationen geleitete

Koordinierung miteinzubeziehen. Dies ist ein weiteres Beispiel für die von dem Panel vorgeschlagene Trendwende vom Bilateralismus zum Multilateralismus in der amerikanischen Außenpolitik.

Insgesamt stand der Katzenbach-Bericht mit seiner Forderung nach Reform und Stärkung der Vereinten Nationen, wenn auch mit der Begründung, daß dies im nationalen Interesse der USA läge, in deutlichem Gegensatz zu den zunehmenden VN-kritischen Strömungen in diesem Land. Wie gering sein Einfluß auf die US-Politik letztendlich war, zeigte sich am Beispiel der VN-Finanzierung. Während die UNA-USA-Experten vor dem Hintergrund der permanenten „Finanzkrise" der Vereinten Nationen eine Erhöhung der finanziellen Unterstützung forderten[134], hielt der US-Kongreß Zahlungen an VN-Organisationen zurück und kürzte bald darauf (1973) eigenmächtig den Beitragssatz für den ordentlichen Haushalt der Vereinten Nationen.

Vor diesem Hintergrund kann der Katzenbach-Report als ein wenig erfolgreicher Versuch der amerikanischen VN-Lobby interpretiert werden, die Vereinten Nationen im Sinne der USA zu reformieren, um dadurch den Kritikern im eigenen Land die Grundlagen für deren Angriffe zu entziehen.

2.3 Der Bericht der Lodge-Commission

Mit dem „Report of the President's Commission for the Observance of the Twenty-Fifth Anniversary of the United Nations" erschien 1971 in den USA ein weiterer Bericht aus Anlaß des VN-Jubiläums. Im Unterschied zu den beiden bisher behandelten Berichten, die auf die Initiative regierungsunabhängiger Institutionen zurückgingen, wurde diese VN-Studie vom damaligen US-Präsidenten, Richard Nixon, persönlich in Auftrag gegeben.

Die Kommission, nach ihrem Vorsitzenden, Henry Cabot Lodge, kurz Lodge-Commission genannt, bestand aus 50 Mitgliedern, die ein ungewöhnlich breites Spektrum der US-amerikanischen Öffentlichkeit repräsentierten. Neben Wissenschaftlern und Vertretern der Wirtschaft gehörten ihr auch Mitarbeiter gemeinnütziger Organisationen sowie Kongreßabgeordnete und Senatoren (darunter William Fulbright) an. Zusätzlich zur Arbeit in der Kommission wurden sechs öffentliche Anhörungen abgehalten, deren Zweck es war, „[...] to obtain a better understanding of opinion at the grass roots [...]".[135]

Die Aufgabe der Kommission faßte Lodge folgendermaßen zusammen: „Briefly stated, the aim of the Commission was to recommend measures to increase the effectiveness of the United Nations and of U.S. participation therein".[136] Nach welchen Kriterien die Effektivität der Vereinten Nationen allerdings bewertet werden sollte, bleibt in diesem Bericht ähnlich unklar wie in vielen anderen.[137]

Ausdrückliches Ziel der vorgeschlagenen Reformmaßnahmen ist jedenfalls die Stärkung der Vereinten Nationen.[138] Zur dazu notwendigen Beseitigung der „serious defects"[139] empfahl die Kommission jedoch keine grundlegenden konstitutionellen und institutionellen Reformen. Ihre Vorschläge beschränkten sich auf die administrative und strukturelle Ebene sowie auf die Formulierung inhaltlicher Schwerpunkte. Auffällig ist dabei, daß zwar zum Beispiel das Vorgehen gegen Flugzeugentführungen und die Bekämpfung des illegalen Drogenhandels Themen des Berichts waren, der ECOSOC dagegen überhaupt nicht erwähnt wurde. Diese Schwerpunktsetzung war wahrscheinlich ein Ergebnis der stärkeren Berücksichtigung der öffentlichen Meinung in diesem Bericht.

Die Empfehlungen, welche die Lodge-Commission hinsichtlich des Wirtschafts- und Sozialbereichs der Vereinten Nationen machte, beschränkten sich in erster Linie auf die finanzielle Unterstützung des UNDP und der Weltbank-Gruppe. Ähnlich wie der Katzenbach-Bericht forderte ihr Bericht, einen größeren Anteil der öffentlichen US-Entwicklungshilfe durch diese multilateralen Kanäle fließen zu lassen, und auch die bilateralen Mittel zunehmend in die multilateralen Programme von UNDP, Weltbank-Gruppe und regionalen Entwicklungsbanken zu integrieren.[140]

Zusätzlich empfahl die Kommission zur besseren Koordinierung der weltweiten Entwicklungszusammenarbeit die Errichtung eines „International Development Council"[141] – ein Vorschlag, der im Katzenbach-Bericht der UNA-USA in nahezu identischer Form enthalten ist.

Auch die Maßnahmen, welche die Lodge-Commission zur organisatorischen und strukturellen Reform der Vereinten Nationen, insbesondere von Generalversammlung und Sicherheitsrat, vorsah, wiesen in Inhalt und Zielsetzung Parallelen zum Katzenbach-Bericht der UNA-USA auf.

So wurde zum Beispiel eine Reform der sieben Hauptausschüsse der Generalversammlung (vgl. Abbildung 4 in Kapitel IX) vorgeschlagen, mit der die Zahl der beteiligten Staaten deutlich reduziert werden sollte. Lediglich im Ersten Ausschuß („Political and Security Committee") und Zweiten Ausschuß („Economic and Financial Committee") sollten weiterhin alle Mitgliedstaaten vertreten sein, während sich die übrigen Ausschüsse, also auch der für Haushaltsfragen entscheidende Fünfte Ausschuß („Administrative and Budgetary Committee"), nur noch aus denjenigen Staaten zusammensetzen sollten, „[...] who signify their desire to serve [,..]".[142]

Gleichzeitig sollte das „Special Political Committee", wie auch vom Katzenbach-Bericht vorgeschlagen, in ein „Committee for Science, Technology and Environment" umgewandelt werden.

Weitere Vorschläge der Kommission bezogen sich auf die Abstimmungsverfahren in der Generalversammlung[143] und die Auswahl der nicht-ständigen Mitglieder des Sicherheitsrats.[144]

Um sicherzustellen, daß Resolutionen „... more adequately reflect the views of the international community as a whole"[145], sollten in den Hauptausschüssen die erforderlichen Mehrheiten nach bestimmten Abstimmungsarten quantitativ und qualitativ differenziert werden. In der Generalversammlung sollte die Formel „members present and voting" anders als bisher auch die Stimmenthaltungen mit einbeziehen, so daß die Verabschiedung einer Resolution die Mehrheit (bzw. Zwei-Drittel-Mehrheit) aller abgegebenen Stimmen erforderte. Dadurch sollte verhindert werden, daß Resolutionen bei Stimmenthaltung einer größeren Zahl von Mitgliedstaaten auch von einer Minderheit angenommen werden können.

Bei der Besetzung der nichtständigen Sitze des Sicherheitsrats forderte die Kommission, größere Staaten, wie Japan und die Bundesrepublik Deutschland, stärker zu berücksichtigen.

All diese Vorschläge zielten in ihrer Wirkung darauf ab, die Machtverhältnisse innerhalb der Vereinten Nationen den „realen" Machtverhältnissen des internationalen Systems anzupassen. Mit anderen Worten: Das Gewicht der USA und ihrer westlichen Verbündeten sollte gegenüber der Stimmenmehrheit der Dritten Welt erhöht werden.

Es ist kaum verwunderlich, daß auch im Bericht der Lodge-Commission das Motiv des nationalen Interesses – teilweise explizit, teilweise zwischen den Zeilen – die Formulierungen der Reformvorschläge bestimmte. Bemerkenswert ist dabei die dennoch grundsätzlich positive und in ihrer Kritik konstruktive Haltung der Kommission zum VN-System. Aufgrund ihrer vergleichsweise repräsentativen Zusammensetzung kann dies als Zeichen für eine damals noch weitgehend positive Einstellung der US-Bevölkerung zu den Vereinten Nationen angesehen werden. Durch das Ausbleiben der geforderten Reformen und die Zuspitzung des Nord-Süd-Konflikts innerhalb des VN-Systems sollte sich dies jedoch im Laufe der folgenden Jahre rasch ändern.

2.4 Die Studie des Atlantic Council

1977, etwa zwei Jahre nach der Zionismus-Resolution der Generalversammlung und im Jahr des Austritts der USA aus der ILO, also zu einer Zeit verschärfter Auseinandersetzungen zwischen den USA und den Vereinten Nationen (bzw. der Mehrheit ihrer Mitglieder), veröffentlichte der „Atlantic Council of the United States" eine Studie, die sich mit der zukünftigen amerikanischen Rolle im VN-System auseinandersetzte. Ihr Titel lautete „The Future of the UN: A Strategy for Like-Minded Nations".

Die Studie wurde von einer Arbeitsgruppe unter Leitung des ehemaligen VN-Botschafters, Charles W. Yost, erstellt. Neben Yost selbst gehörten der Gruppe Experten an, die auch 1971 an der Ausarbeitung des Katzenbach-Berichts beteiligt waren.[146] Die Studie kann daher als eine Art Folgestudie des 71er Berichts angesehen werden.

Sie stellte in erster Linie die Antwort führender amerikanischer VN-Experten auf die Entwicklungen im VN-System und die aus Kongreß und Öffentlichkeit vorgebrachten Angriffe gegen die Vereinten Nationen dar. Dabei diagnostizierte die Studie eine „continuing crisis in the United Nations"[147] und führte zur Erklärung dieser Krise verschiedene Kritikpunkte an. An erster Stelle nannte sie den „Mißbrauch" der Generalversammlung durch eine „numerische Staatenmehrheit", die ihre Position kompromißlos gegen die Interessen der Amerikaner durchsetzte.[148] Weiterhin kritisierten die Autoren die „Politisierung" zahlreicher Sonderorganisationen: „... recent activities by militant voting blocs within technical agencies such as the International Labor Organization, UN

Educational, Scientific, and Cultural Organization, and World Health Organization have created an atmosphere of politicization that is threatening their integrity and usefulness".[149] Diese beiden Hauptkritikpunkte wurden von den Autoren allerdings sogleich relativiert, indem sie (zu Recht) darauf hinwiesen, daß die USA und ihre Verbündeten jahrelang ihre numerische Mehrheit gegen die Interessen der Minderheit ausgenutzt hatten[150], und daß es auch die USA waren, welche die Sonderorganisationen zuerst „politisierten": „It is ironic that it was the United States that in an earlier period advanced the principle that General Assembly decisions (specifically on Chinese representation) be automatically applied to specialized agencies".[151]

Trotz ihrer deutlichen Kritik an den Vereinten Nationen wies die Arbeitsgruppe sowohl Forderungen nach einem Austritt aus den VN als auch nach finanziellen Sanktionen, etwa in Form von Beitragskürzungen, entschieden zurück.[152]

Sie plädierte vielmehr für einen „neuen Pragmatismus"[153] in der Haltung der politischen Entscheidungsträger der USA gegenüber der Weltorganisation. In diesem Sinn unterbreitete die Studie in erster Linie konkrete Politik-Empfehlungen an die Adresse der US-Regierung, daneben aber auch einige Vorschläge für Reformen im VN-System, durch die auch die nationalen Interessen der USA besser zur Geltung gebracht werden sollten.

Als Konsequenz aus der Minderheitenposition der westlichen Staaten innerhalb der VN-Organe, speziell der Generalversammlung, empfahl die Arbeitsgruppe eine Schwerpunktverlagerung auf VN-interne oder -externe Organisationen mit einer nach regionalen oder thematischen Kriterien begrenzten Mitgliedschaft. Ihre Begründung: „... where action on economic, financial, or technical policy is required, smaller bodies are obviously more effective".[154] In den Fällen, in denen die USA innerhalb einer Institution wie der Generalversammlung für bestimmte Maßnahmen nicht die Unterstützung der Mehrheit erhalten, sollten sie Ad-hoc-Koalitionen von Gleichgesinnten („Ad Hoc Coalitions of the Like-Minded")[155] initiieren, die gegen die Mehrheit zur Anerkennung und Ausführung der Maßnahmen bereit wären. Dieser Vorschlag kann als eine der Realität angepaßte Variation der vom Katzenbach-Bericht empfohlenen „Coalitions for Peaceful Settlement" angesehen werden.

Die Generalversammlung sollte nach Ansicht der Arbeitsgruppe ihre Funktion als Diskussionsforum mit gleichem Stimmrecht für alle behalten, Entscheidungen jedoch zunehmend im Konsensus-Verfahren treffen, wie dies beispielsweise bei der UNCTAD der Fall war. Die Empfehlungen des Lodge- und des Katzenbach-Berichts zur organisatorischen Reform der Generalversammlung und ihrer Hauptausschüsse („Streamlining the General Assembly")[156] sollten wieder aufgegriffen werden.[157]

Während in den bestehenden Organisationen eine Reform des Abstimmungsverfahrens („one-state, one-vote") als nicht durchsetzbar angesehen wurde, forderte die Arbeitsgruppe, in neuzuschaffenden VN-Organisationen Formen eines gewichteten Stimmrechts als „governing principle" einzuführen.[158]

Der Sicherheitsrat sollte verstärkt zur friedlichen Beilegung von Streitigkeiten in Anspruch genommen werden. Er sollte um einige „Mittelmächte" (Bundesrepublik Deutschland, Japan, Indien und möglicherweise Nigeria und Brasilien) als ständige Mitglieder ohne Vetorecht erweitert werden.[159]

Der Generalsekretär sollte nach Meinung der Arbeitsgruppe zwar eine starke, unabhängige Position haben, seine Amtszeit sollte jedoch auf fünf Jahre begrenzt werden. Dadurch würde, so die Begründung, seine Unabhängigkeit vergrößert werden.[160]

Diese Aneinanderreihung von Reformvorschlägen kann kaum als umfassende Strategie für die Zukunft der Vereinten Nationen angesehen werden, wie der Titel der Studie andeuten mag. Vielmehr wollte die Studie auf die unterschiedlichsten Kritikpunkte Antworten geben. Das häufige Verweisen auf die Interessen der USA an den Vereinten Nationen wirkt in diesem Zusammenhang eher als Rechtfertigungsversuch an die Adresse der immer zahlreicher werdenden VN-Kritiker. Mit dem Amtsantritt Jimmy Carters als US-Präsident im Januar 1977 erhielten die VN-Befürworter, wie sich bald zeigte, einen bedeutenden Fürsprecher.

2.5 Die Reformvorschläge der Carter-Administration

Als Ausdruck der wachsenden Unzufriedenheit des US-Kongresses mit den Vereinten Nationen forderten die Abgeordneten und Senatoren 1977 im „Foreign

Relations Authorization Act": „The United States should make a major effort toward reforming and restructuring the United Nations system so that it might become more effective in resolving global problems".[161] Zu diesem Zweck beauftragten sie Präsident Carter, dem Kongreß seine Vorstellungen für eine Reform der Vereinten Nationen zu unterbreiten. Als Antwort erschien im März 1978 „The President's Report on Reform and Restructuring of the U.N. System".[162] Mit diesem Bericht beteiligte sich erstmals in der VN-Geschichte ein amerikanischer Präsident persönlich mit umfassenden Vorschlägen an der Reformdiskussion, obwohl der President's Report lediglich die Zusammenfassung eines Berichts seines Außenministers Vance („The Secretary's Report to the President on Reform and Restructuring of the U.N. System")[163] darstellte.

Carters Reformvorschläge waren in fünf Abschnitte mit folgenden Überschriften gegliedert:
- Frieden, Sicherheit und internationales Recht
- Entscheidungsprozesse in den Vereinten Nationen
- Menschenrechte
- Finanzierung der Vereinten Nationen
- Erreichen größerer Effizienz im VN-System.

Thematisch und inhaltlich wies der Bericht eine ganze Reihe von Übereinstimmungen mit den vorausgegangenen Berichten der Lodge- und der Katzenbach-Kommission sowie des Atlantic Council auf.

So schlug Carter unter anderem vor, die Rolle des Sicherheitsrats bei der friedlichen Beilegung von Streitigkeiten zu stärken. Dies sollte zum Beispiel durch jährliche „private" Treffen auf Außenminister-Ebene im Rahmen des Sicherheitsrats geschehen.[164] Im Bericht des Außenministers wurde zusätzlich vorgeschlagen, Japan als ständiges Mitglied in den Sicherheitsrat aufzunehmen.[165]

Daneben sollten die Möglichkeiten der Vereinten Nationen bei der Friedenserhaltung verbessert werden. Unter anderem sollte zu diesem Zweck ein „Special Peacekeeping Fund" in der Größenordnung von 100 Mio US-Dollar eingerichtet werden.[166]

Da auch Carter die Einführung eines gewichteten Stimmrechts in der Generalversammlung für nicht durchsetzbar hielt, schlug er – ähnlich wie etwa die Experten des Atlantic-Council-Berichts – die häufigere Anwendung des Konsens-Verfahrens bei Abstimmungen vor.[167] Der Bericht des Außenministers empfahl ergänzend dazu, bei bestimmten Fragen auf kleinere Foren mit begrenzter Mitgliedschaft auszuweichen.[168]

Zur besseren Koordinierung der VN-Aktivitäten im Menschenrechtsbereich schlug der US-Präsident unter anderem vor, die Stelle eines „UN High Commissioner for Human Rights" einzurichten[169] – eine Idee, die erstmals bereits 1965 von Vertretern Costa Ricas eingebracht worden war und von der Lodge-Commission 1971 wieder aufgegriffen wurde.[170] Ergänzend zu diesem Themenkomplex machte der Außenminister in seinem Bericht den Vorschlag, den Treuhandrat, der nach der Unabhängigkeit der meisten Treuhandgebiete seine ursprüngliche Funktion weitgehend verloren hatte, in einen „Human Rights Council" umzuwandeln.[171] Dies würde eine deutliche Aufwertung der Menschenrechtsthematik bedeuten, sollte jedoch wegen der dafür erforderlichen Charta-Änderung als langfristiges Ziel betrachtet werden.

Vor dem Hintergrund der andauernden Finanzprobleme der Vereinten Nationen – zum Zeitpunkt der Ausarbeitung des Präsidenten-Berichts überstieg das Defizit im VN-Haushalt 120 Mio US-Dollar[172] – erklärte sich Präsident Carter bereit, der Ausarbeitung einer Studie zuzustimmen, in der die Möglichkeiten autonomer Einnahmen für das VN-System geprüft werden sollten. Der Bericht des Außenministers nannte erläuternd vier mögliche Bereiche autonomer Einnahmequellen:[173]

- Einnahmen aus Dienstleistungen der VN, etwa aus dem Verkauf von Briefmarken, Publikationen und Souvenirs, oder ihrer Sonderorganisationen, z.B. für die Ausstellung von Gesundheitspässen oder die Lizenz-Vergabe von Sende-Frequenzen für Rundfunk-Stationen.
- Gebühren, Zölle und Steuern, z.B. für die Nutzung internationaler Wasserwege, die Ausstellung von Pässen und Visa oder für den internationalen Güterverkehr, bis hin zur Besteuerung des Bruttosozialprodukts eines Landes.
- Freiwillige Beiträge von Privatleuten und Institutionen.
- Einnahmen aus der Erschließung neuer Ressourcen unter der Schirmherrschaft der VN in Bereichen wie Antarktis, Meeresboden oder Weltraum.

Carter betonte allerdings, daß auch derartige Einnahmen der Kontrolle der nationalen Regierungen unterstehen müßten.

Zum Erreichen einer größeren Effizienz im VN-System unterbreitete Carter schließlich Reformvorschläge für den Wirtschafts- und Sozialbereich sowie für den Bereich der Entwicklungsarbeit in den Vereinten Nationen. Hinsichtlich des Wirtschafts- und Sozialbereichs beschränkte er sich allerdings auf die Beschlüsse der wenige Monate zuvor verabschiedeten „Restructuring Resolution" der Generalversammlung.[174] Carter betonte: „Our efforts will concentrate on full implementation of this program in the months ahead."[175] Im Bereich der Technischen Hilfe sollte UNDP weiterhin die zentrale VN-Institution sein. Eine radikale Reform mit dem Ziel, die gesamte Technische Hilfe des VN-Systems auf einen Fonds mit einem Leitungsorgan zu konzentrieren, wie dies in verschiedenen Reformstudien gefordert wurde, lehnte die Carter-Administration als „neither wise nor practical" ab.[176] Der überwiegende Teil der Technischen Hilfe sollte wie bis dahin aus freiwilligen Beiträgen finanziert werden, die jedoch auf eine sicherere, langfristige Grundlage gestellt werden sollten. Daneben billigte Carter den Sonderorganisationen wie WHO und FAO allerdings auch die Möglichkeit zu, in einem eng begrenzten Rahmen Technische Hilfe aus ihrem ordentlichen Haushalt zu finanzieren.[177]

Dieser letzte Punkt machte die Diskrepanz zwischen der Haltung der Carter-Administration und der Politik des US-Kongresses besonders deutlich. Nur wenige Monate nach der Veröffentlichung des Präsidenten-Berichts untersagte der Kongreß mit dem bereits erwähnten Helms-Amendment grundsätzlich die Finanzierung Technischer Hilfe über die regulären Beitragszahlungen der USA und provozierte damit eine erneute Verschärfung der „Finanzkrise" des VN-Systems. Diese Politik stieß auf die scharfe Ablehnung der Carter-Administration. Charles William Maynes, damals als Assistant Secretary of State zuständig für Internationale Organisationen, schrieb: „The Congress of the United States has not simply followed the example of the Soviet Union – as bad as the example is – and refused to pay for a portion of the United Nations budget with which it disagreed. It has gone beyond this by insisting on attaching conditions to the rest of the U.S. contributions – a step no other member state has ever taken. It is potentially the most damaging blow any member state has directed against the United Nations".[178]

Insgesamt wiesen Carters Vorschläge zur Reform des VN-Systems kaum neue Gedanken auf. Diese Einschätzung vertraten auch Mitarbeiter des Congressional Research Service in einer Analyse des Präsidenten-Berichts: „The President's report proposes few major innovative reforms".[179] Daneben kritisierten sie: „[...] many of his proposals do not go far enough or are based on false premises and unrealistic assumptions".[180]

Besondere Bedeutung ist dem Bericht des Präsidenten auch weniger aus inhaltlichen, sondern vielmehr aus politischen Gründen beizumessen. Carters Vorschläge spiegelten eine grundsätzlich positive Haltung zur Rolle der Vereinten Nationen wider – eine politische Haltung, die ein deutliches Gegengewicht zu der VN-feindlichen Atmosphäre in den USA der 70er Jahre bildete. Hinsichtlich des politischen Ranges sind die Vorschläge durchaus vergleichbar mit der etwa zehn Jahre später entstandenen VN-Initiative Michail Gorbatschows.[181]

Da Jimmy Carter nicht einmal drei Jahre nach seinem VN-Report das Präsidentenamt an Ronald Reagan abgeben mußte, konnte seine Haltung zum VN-System jedoch nicht zu einem grundsätzlichen Wandel in der US-Politik gegenüber den Vereinten Nationen führen.

3. Die VN-internen Reformstudien

Der Welle VN-interner Reformstudien in den 60er Jahren folgten in der ersten Hälfte der 70er Jahre zahlreiche tatsächliche Veränderungen in verschiedenen Bereichen der Vereinten Nationen. Erwähnt wurden bereits die Einführung des Zwei-Jahres-Haushalts für die Vereinten Nationen seit 1974 und die damit einhergehende Verabschiedung des ersten mittelfristigen Vier-Jahres-Plans (1974-1977), die Umstellung in der Entwicklungsarbeit des UNDP von der Projektorientierung hin zu Länderprogrammen sowie die Verdoppelung der Mitgliederzahl des ECOSOC 1971 von 27 auf 54 Staaten.

Diese wie eine Reihe weiterer Maßnahmen reichten jedoch nicht aus, um die Funktionsweise des VN-Systems und die Wirksamkeit seiner Arbeit spürbar zu verbessern. Die Kritik an den Vereinten Nationen sowohl der Entwicklungsländer als auch der Industrieländer, hauptsächlich der USA, wurde zunehmend lauter.[182]

Vor diesem Hintergrund setzten sich auch in den 70er Jahren innerhalb der Vereinten Nationen die Bemühungen fort, Entwürfe für administrative und strukturelle Reformen zu entwickeln. Die wichtigsten lassen sich nach ihren Autoren in drei Bereiche gliedern:
- Die Reformstudien der Joint Inspection Unit
- Die UNITAR-Studie von Martin Hill
- Die Berichte der „Group of Experts" und des „Ad Hoc Committee on the Restructuring of the Economic and Social Sectors of the United Nations System" und die darauf aufbauende „Restructuring-Resolution" der Generalversammlung.

Daneben entstanden weitere Studien, in denen konkrete Vorschläge für organisatorische Verbesserungen in der Arbeit der Generalversammlung gemacht wurden. Der mit über 200 Seiten umfangreichste Bericht zu diesem Thema wurde 1971 von einem Sonderausschuß unter dem Titel „Report of the Special Committee on the Rationalization of the Procedures and Organization of the General Assembly"[183] vorgelegt.

Darüberhinaus wurden – hauptsächlich auf Initiative der blockfreien Staaten – vereinzelte Vorstöße zu weitergehenden Reformen innerhalb der Vereinten Nationen unternommen. So wurde beispielsweise 1974 von der Generalversammlung ein Ad-hoc-Ausschuß eingerichtet, der eine Überprüfung der VN-Charta vornehmen sollte.[184] Er wurde ein Jahr später in einen ständigen Sonderausschuß, das „Special Committee on the Charter of the United Nations and on the Strengthening of the Role of the Organization", umgewandelt.[185]

3.1 Die Reformstudien der Joint Inspection Unit

Nachdem die Generalversammlung in ihrer Resolution 2150 (XXI) vom 4. November 1966 dem Vorschlag des „Committee of 14", eine „Joint Inspection Unit" (JIU) zu etablieren, zugestimmt hatte, nahm diese 1968 zunächst für einen Probezeitraum von vier Jahren die Arbeit auf. Seit 1972 ist die JIU mit ihren acht Inspektoren eine feste Institution innerhalb des VN-Systems. Bis Ende 1993 wurden von ihr rund 280 Reports und Notes zu den unterschiedlichsten VN-spezifischen Themen veröffentlicht. Eine Analyse der darin enthaltenen Vorschläge für administrative und strukturelle Reformen sowohl innerhalb der Vereinten Nationen als auch ihrer Sonderorganisationen (mit Ausnahme von IWF,

IFAD und Weltbank-Gruppe) würde den Rahmen dieser Arbeit sprengen. Es seien daher nur einige wenige Berichte erwähnt, die in den 70er Jahren besondere Beachtung fanden.

Bereits Ende 1969 erschien, „thanks to the pioneering work of Maurice Bertrand"[186], der erste Bericht der JIU, der sich mit Programm-Planung und Budgetierung beschäftigte. Er hatte den Titel „Report on Programming and Budgets in the United Nations Family of Organizations".[187] Elmandjra schrieb über diesen „remarkable report": „The merit of the 'Bertrand Report' does not reside just in its sound analysis of the technical and substantive problems of programming and of the difficulties which must be overcome to improve programme co-ordination. Its virtue lies in the fact that it examines the budgetary process from the point of view of programme requirements in contrast to the prevailing approach in most of the UN studies which examine the programming process in terms of the budgetary constraints and administrative demands".[188]

1971 erschien ein zweiter Bertrand-Bericht.[189] Er setzte sich mit der Reform der VN-Personalpolitik auseinander. In diesem „Report on Personnel Problems in the United Nations"[190] übte Bertrand deutliche Kritik an den Einstellungsverfahren der VN sowie an der Ausbildung und der Qualifikation ihres Personals. Seine detaillierten Reformvorschläge wurden zwar 1974 formal von der Generalversammlung übernommen, führten jedoch nicht zu den beabsichtigten Veränderungen.[191] Die JIU und insbesondere Maurice Bertrand griffen dieses Thema bis in die 80er Jahre hinein wiederholt auf.

Ebenfalls von Maurice Bertrand stammte ein Bericht, der sich 1974 mit der mittelfristigen Planung im VN-System auseinandersetzte. Dieser „Report on Medium-Term Planning in the United Nations System"[192] stellte fest, daß die Vereinten Nationen in der Entwicklung eines Planungssystems hinter die großen Sonderorganisationen zurückgefallen seien.[193] In den darauffolgenden Jahren bekräftigte die JIU wiederholt ihre Forderung an die Vereinten Nationen nach Einführung eines umfassenden Systems von Programmplanung und Evaluierung.[194]

Die wohl bisher größte Wirkung eines JIU-Reports hatte eine Studie, die 1985 von Maurice Bertrand unter dem Titel „Some Reflections on Reform of the

United Nations"[195] verfaßt wurde. Auf diesen Bertrand-Bericht wird in Abschnitt 2.2.1 des folgenden Kapitels gesondert eingegangen.

3.2 Die UNITAR-Studie von Martin Hill

Als eine weitere Quelle für Veröffentlichungen zur Reform des VN-Systems erwies sich seit den 70er Jahren das Ausbildungs- und Forschungsinstitut der Vereinten Nationen UNITAR.

Besondere Beachtung fand dabei eine Studie, die 1974 von Martin Hill, einem ehemaligen „Assistant Secretary-General for Inter-Agency Affairs", im Rahmen eines UNITAR-Forschungsprogramms vorgelegt wurde. Diese Studie mit dem Titel „Towards Greater Order, Coherence and Co-ordination in the United Nations System"[196] diente dem ECOSOC als ein Diskussionspapier zur Vorbereitung der Siebenten Sondersitzung der VN-Generalversammlung im Jahre 1975.

Die Hill-Studie bestand aus zwei Teilen. Der erste nahm eine Bestandsaufnahme der bisherigen Koordinierungsbemühungen und -probleme innerhalb des VN-Systems vor und beschäftigte sich mit der spezifischen Rolle verschiedener VN-Organe (Generalversammlung, Sekretariat, ECOSOC, ACC, usw.) in diesem Bereich. Der zweite Teil enthielt Schlußfolgerungen und Empfehlungen zur Verbesserung der Koordinierung.

Im Gegensatz zu vielen anderen Studien gingen Hills Reformvorschläge nicht von einer grundsätzlichen Kritik am bestehenden System aus. Er nahm vielmehr die Vereinten Nationen gegen die in seinen Augen teilweise weder faire noch gerechtfertigte Kritik[197] in Schutz , indem er argumentierte: „Some duplication and overlapping of activities, some disputation about competences, some untidiness and discrepancies in administrative arrangements, some failure to co-operate, some conceptual differences in regard to objectives, all of which are common phenomena in national administrations, are unavoidable in a dynamic, growing and pioneering international system".[198]

Hill sah also durchaus Schwächen im VN-System, die er jedoch relativierte. Signifikante strukturelle oder institutionelle Reformen lehnte er ab: „In the present paper, the functionally decentralized pattern of international organization is accepted as a basis [...]".[199] Seine Reformvorschläge orientierten sich an den existierenden Koordinierungsmechanismen des VN-Systems. Die Schaffung neuer Mechanismen oder Institutionen wurde von ihm nur als letzte Notwendigkeit angesehen.

Renninger ordnete Hills Reformstudie unter dem Begriff „Muddling-through-Ansatz" ein. Er charakterisierte diesen Ansatz folgendermaßen: „The muddling through approach assumes not only that the basic structure is sound and viable but that only minimal adjustment or tinkering is required for the system to operate satisfactorily.[...] Muddling through in the United Nations is based on the theory that only incremental changes are politically feasible and furthermore that these incremental changes, while individually having only a negligible or marginal impact, when taken together cumulatively will be sufficient to allow the system to remain on track".[200]

Im Mittelpunkt von Hills Empfehlungen standen der ECOSOC, die Rolle des Generalsekretärs, das ACC und die Stellung des UNDP im VN-System, insbesondere im Verhältnis zum „Department of Economic and Social Affairs" (ESA). Nach eigenen Angaben übernahm er dabei mehrere Empfehlungen sowohl vom zweiten Bericht des „Committee of 14" als auch vom Schlußbericht des ECPC, die er beide, obwohl damals bereits acht bzw. fünf Jahre alt, als „still highly relevant"[201] bezeichnete.

Hill stellte die „Wiederbelebung" des ECOSOC, speziell hinsichtlich seiner VN-übergreifenden politischen Koordinierungsfunktion, in den Mittelpunkt seiner Empfehlungen: „... no opportunity should be lost to reinforce the Council's role in co-ordination and over-all planning, under the authority of the General Assembly, vis-à-vis the other intergovernmental councils and boards in charge of sectors of the economic and social activities of the United Nations".[202] Einige Ausschüsse des ECOSOC, wie etwa der Ausschuß für Entwicklungsplanung (CDP), sollten dabei zukünftig eine größere Rolle spielen.[203]

Grundsätzlich empfahl die Studie eine weitestmögliche Vereinfachung in der Struktur sowohl des ECOSOC als auch der Generalversammlung (vgl. Abbildungen 4 und 5 in Kapitel IX).

Der Generalsekretär und sein Sekretariat sollten ebenso wie das ACC vom ECOSOC häufiger zur Beratung und zur Übernahme von Koordinierungsaufgaben herangezogen werden. Gleichzeitig sollte die Stellung des Generalsekretärs innerhalb des ACC, das Hill als „the mouthpiece of the specialized agencies"[204] bezeichnete, aufgewertet werden.

Weiterhin sollte das UNDP stärker in das Koordinierungsnetz des ACC eingebunden werden. Gleichzeitig sollte die Zusammenarbeit zwischen UNDP und dem Department of Economic and Social Affairs (ESA) des VN-Sekretariats ausgebaut werden.[205] Die beiden Institutionen sollten zwar ihre Eigenständigkeit behalten, jedoch gemeinsam einem Generaldirektor für wirtschaftliche und soziale Angelegenheiten unterstellt werden[206] – ein Vorschlag, der bereits aus verschiedenen vorausgegangenen Reform-Studien bekannt war.

Die Stärke von Hills VN-Studie lag weniger in diesen Reform-Vorschlägen – sie enthielten keine wesentlichen neuen Gedanken – als vielmehr in ihrem bewußt realitätsnahen Ansatz. Hill entwarf keine großartigen Reformen für ein neues System, sondern sprach sich vielmehr für gewisse Ausbesserungen am bestehenden VN-System aus. Dabei betonte er auch die Notwendigkeit einer breiten Unterstützung durch die nationalen Regierungen[207] – eine Selbstverständlichkeit, die in den meisten Reformstudien jedoch unberücksichtigt blieb.

Hills Strategie des „muddling through" spiegelte in der Tat am ehesten die reale Entwicklung der Vereinten Nationen in den vergangenen Jahrzehnten wider. Gleichzeitig zeigte diese Entwicklung jedoch auch, daß Krisen nur selten mit „Durchwursteln" gelöst werden können, sie werden vielmehr lediglich verwaltet. Somit war die Stärke von Hills Studie, nämlich ihre Realitätsnähe, gleichzeitig auch ihre größte Schwäche; denn grundsätzliche Lösungsvorschläge für die bestehenden Probleme des VN-Systems bot sie nicht an.

3.3 Die Restructuring Exercise (1975-1977)

Mitte der 70er Jahre erreichten die Nord-Süd-Auseinandersetzungen mit der Forderung der Entwicklungsländer nach einer gerechteren Neuen Welt-Wirtschafts-Ordnung einen Höhepunkt. Im Mai 1974 verabschiedete die Generalversammlung zum Abschluß ihrer Sechsten Sondersitzung die Erklärung und das Aktionsprogramm zur Errichtung einer „Neuen Weltwirtschafts-ordnung".[208] Einige Monate später nahm sie – gegen die Stimmen der USA und anderer westlicher Industrieländer – die Charta der wirtschaftlichen Rechte und Pflichten der Staaten an.[209]

Parallel dazu wurden von der Gruppe der 77 (G-77), zu der sich die Staaten der Dritten Welt innerhalb des VN-Systems bereits 1964 zusammengeschlossen hatten, die Forderungen nach einer Neugliederung der Vereinten Nationen, insbesondere ihres Wirtschafts- und Sozialbereichs, immer lauter. Eine gerechtere Wirtschaftsordnung erforderte nach ihrem Verständnis auch veränderte institutionelle Rahmenbedingungen.

Auch unter den westlichen Regierungen war, wenn auch aus anderen Motiven, die Unzufriedenheit mit dem bestehenden VN-System gewachsen. Hauptkritikpunkte waren hier die unaufhörliche Ausdehnung („proliferation") und gleichzeitige Zerstückelung („fragmentation") des Systems und seine fehlende Koordinierung sowie die zunehmende „Politisierung" der Organisationen.[210]

So herrschte zu dieser Zeit ein breiter, wenn auch unterschiedlich motivierter Konsens unter den Mitgliedstaaten, daß eine Neustrukturierung der Vereinten Nationen notwendig sei. Als Folge wurde dieses Thema offiziell auf die Tagesordnung der Siebenten Sondersitzung der Generalversammlung gesetzt, die sich mit Entwicklung und internationaler wirtschaftlicher Zusammenarbeit befassen sollte.[211]

Als Vorbereitung auf diese Sitzung sollte eine vom Generalsekretär zu berufende Expertengruppe eine Studie mit Vorschlägen für strukturelle Veränderungen im VN-System erarbeiten.[212] Der Gruppe[213] gehörten 25 Politiker, Diplomaten und einige Wissenschaftler, darunter als US-amerikanischer Vertreter Richard N. Gardner, an.[214]

Im Mai 1975 legte die „Group of Experts on Structure of the United Nations System" – so ihr offizieller Name – ihren Report unter dem Titel „A New United Nations Structure for Global Economic Co-operation"[215] vor.

Der Bericht stellte den bis dahin umfassendsten VN-internen Entwurf zur Reform der Vereinten Nationen dar. In seine Umstrukturierungsvorschläge sind alle im Wirtschafts- und Sozialbereich agierenden VN-Organe einbezogen, das heißt in erster Linie der ECOSOC, die Generalversammlung und das VN-Sekretariat, daneben auch alle VN-Entwicklungsinstitutionen.

Die „Wiederbelebung" des ECOSOC wurde von der Expertengruppe als eine zentrale Voraussetzung dafür angesehen, daß das VN-System wirksam zur Lösung der internationalen wirtschaftlichen Probleme beitragen kann.[216] Empfohlen wurden dazu sowohl Reformen in der Struktur als auch in der Arbeitsorganisation des ECOSOC (vgl. Abbildung 5 in Kapitel IX).

Die Mehrzahl seiner im Laufe der Jahre entstandenen Kommissionen und Ausschüsse sollte aufgelöst, ihre Funktionen vom ECOSOC direkt übernommen werden. Dadurch sollten Arbeitsüberschneidungen zumindest innerhalb dieses Organs vermieden werden.[217]

Anstelle von jährlich zwei Sitzungsperioden sollte der ECOSOC das ganze Jahr hindurch kürzere, sachorientierte Sitzungen abhalten[218] – ein Vorschlag, der in ähnlicher Form seit den Anfangsjahren der Organisation immer wieder auftauchte. Eine dieser Sitzungen sollte auf Ministerebene stattfinden. Dag Hammarskjöld hatte bereits 1960 eine Zusammenkunft des ECOSOC auf Ministerebene initiiert, es blieb damals jedoch bei diesem einmaligen Experiment.[219]

Einige Mitglieder der Expertengruppe schlugen zusätzlich vor, den gesamten Themenkomplex 'Menschenrechte' aus dem ECOSOC auszugliedern und den nahezu funktionslos gewordenen Treuhandrat in einen „Council on Human Rights" umzuwandeln.[220] Dieser Gedanke wurde drei Jahre später vom US-Präsidenten, Jimmy Carter, in seinem Bericht zur VN-Reform wieder aufgegriffen.[221]

Zwischen ECOSOC und Generalversammlung sollte nach Ansicht der Experten eine klarere Aufgabenverteilung als bisher erfolgen. Während die Generalversammlung für die Formulierung und Diskussion der allgemeinen politischen Strategien zuständig sein sollte, sollte es Aufgabe des ECOSOC sein, diese Strategien in die Praxis umzusetzen.[222] Gleichzeitig sollte der ECOSOC als vorbereitendes Organ des neuen Entwicklungsausschusses der Generalversammlung fungieren.

Dieser Entwicklungsausschuß, das „Committee on Development and International Economic Co-operation", sollte aus dem Zweiten Ausschuß der Generalversammlung, der für Wirtschafts- und Finanzfragen zuständig ist, hervorgehen und von Fall zu Fall auch entwicklungsbezogene Themen des Dritten Ausschusses übernehmen.[223] Dieser wiederum sollte in „Committee on Social Problems, Human Rights and Humanitarian Activities" umbenannt werden. Die Experten versprachen sich von dieser Umstrukturierung „[...] a more integrated approach to the consideration of problems affecting development and international economic co-operation".[224] Gleichzeitig kamen diese Vorschläge der Forderung der G-77 entgegen, die Entwicklungsproblematik expliziter in der Arbeit der Generalversammlung zu berücksichtigen.

Unter Hinweis auf die zunehmende Bedeutung der Themen Entwicklung und internationale wirtschaftliche Zusammenarbeit machte die Expertengruppe auch Vorschläge für weitreichende Reformen in der Struktur des VN-Sekretariats und im operativen Bereich der Vereinten Nationen.

Für das Sekretariat schlugen die Experten die Einrichtung des Postens eines „Director-General for Development and International Economic Co-operation" vor.[225] Der neue Generaldirektor sollte als zweiter Mann neben dem Generalsekretär beziehungsweise als „primus inter pares"[226] auf der Ebene der Leiter der VN-Sonderorganisationen eingestuft werden. Seine Aufgabe sollte hauptsächlich in der Leitung des „Department of Economic and Social Affairs" (ESA) im VN-Sekretariat sowie sämtlicher Entwicklungsfonds der Vereinten Nationen (mit Ausnahme von UNICEF) bestehen. Darüber hinaus sollte er für die Koordinierung der gesamten Entwicklungsarbeit des VN-Systems verantwortlich sein, ohne jedoch dadurch die Autonomie der Sonderorganisationen einzuschränken. Die Idee für einen solchen Posten war nicht neu. Bereits 1964 hatte Richard N. Gardner, damals als US-Delegierter bei UNCTAD I, vorgeschlagen, die Institution eines solchen Generaldirektors einzuführen.[227] In den Jahren darauf war diese Idee in verschiedenen Reformstudien, so zum Beispiel auch im Jackson-Report[228], wieder aufgetaucht.

Der Generaldirektor sollte nach dem Entwurf der Expertengruppe in seiner Arbeit von zwei Stellvertretern unterstützt werden. Einer sollte den Bereich „Forschung und Politik" leiten, in den unter anderem das ESA integriert werden sollte, der andere als Administrator der neu zu schaffenden „United Nations Development Authority" (UNDA) fungieren.[229]

Die UNDA sollte errichtet werden, um der institutionellen Zerstückelung des VN-Entwicklungssystems entgegenzuwirken. Unter ihrem Dach sollten nahezu sämtliche Entwicklungsfonds, aus denen Technische Hilfe und Vor-Investitionen finanziert werden, eine gemeinsame Leitung und Verwaltung erhalten.[230] Allein UNICEF sollte unabhängig, d.h. außerhalb dieses organisatorischen Rahmens fortbestehen. Die Fonds, wie etwa UNDP, UNEP, WFP und UNFPA, sollten ihre Identität behalten, ihre Führungsorgane jedoch durch ein einziges Gremium, den „Operations Board" der UNDA, ersetzt werden. Dieser „Operations Board", der sich zu gleichen Teilen aus Vertretern der „Geber"- und „Nehmer"-Länder zusammensetzen sollte, würde somit das zentrale Leitungsorgan im umstrukturierten VN-Entwicklungsapparat darstellen. Mit dem Konzept der UNDA setzte sich die „Group of Experts" von den Reformvorschlägen ab, die – wie etwa der Jackson-Bericht – im UNDP die zentrale Koordinierungs- und Finanzierungsinstitution der Vereinten Nationen für den Bereich von Technischer Hilfe und Vor-Investitionen sahen.

Auch wenn zahlreiche Empfehlungen der 25 Experten bereits aus anderen Reformstudien bekannt waren[231], so wurde ihr Bericht doch als bedeutsamer Schritt auf dem Weg zu einer Reform des VN-Systems angesehen. Generalsekretär Waldheim sprach am Tag der Entgegennahme des Berichts von einem „historischen Moment im Leben der Vereinten Nationen".[232]

Gleichzeitig stießen die Vorschläge der Experten jedoch von verschiedenen Seiten auf deutliche Kritik und Ablehnung. Die G-77 sah hinter den Vorschlägen zur Wiederbelebung des ECOSOC eine Schwächung der von ihr favorisierten UNCTAD.[233] Die Staaten der Europäischen Gemeinschaft standen der Ernennung eines Generaldirektors für Entwicklung und internationale wirtschaftliche Zusammenarbeit, der aus einem Land der Dritten Welt stammen sollte, solange der VN-Generalsekretär aus einem Industrieland stammte, zunächst ablehnend gegenüber, da bis dahin der Wirtschafts- und Sozialbereich der UNO traditionell von einem französischsprachigen Westeuropäer geleitet wurde.[234] Auch aus dem VN-Verwaltungsapparat selbst kam Widerstand gegen die Pläne zur Ernennung eines Generaldirektors und zur Schaffung einer UN Development Authority, da viele dadurch eine Beschränkung ihrer

Machtpositionen und Zuständigkeitsbereiche befürchteten.[235] Insgesamt wurde der Bericht als „politically unacceptable document"[236] angesehen.

Zuweilen wurde auch über diese von Partikularinteressen bestimmten Einwände hinausgehende grundsätzlichere Kritik an dem Bericht laut. Otto Matzke schrieb beispielsweise: „Einer der Haupteinwände gegen die Reformvorschläge ging von Anfang an dahin, daß sie mehr auf eine Umschichtung der Bürokratie hinauslaufen würden als auf eine organisatorische Straffung und Vereinfachung, geschweige denn eine funktionelle Verbesserung".[237]

Der Bericht der „Group of Experts" wurde der Generalversammlung zu ihrer Siebenten Sondersitzung vorgelegt, konnte dort jedoch aus Zeitmangel nicht behandelt werden. Statt dessen beschloß die Generalversammlung die Errichtung eines „Ad Hoc Committee", das sich mit der Neugliederung des Wirtschafts- und Sozialbereichs der Vereinten Nationen befassen sollte.[238] Der Bericht der Expertengruppe diente diesem Ausschuß als Diskussionsgrundlage. Den Vorsitz des Ausschusses, an dessen Arbeit Vertreter aus 122 Mitgliedstaaten beteiligt waren, hatte Kenneth K.S. Dadzie aus Ghana inne.

Nach äußerst kontroversen, mehr als zwei Jahre dauernden Verhandlungen wurde im Dezember 1977 der „Report of the Ad Hoc Committee on the Restructuring of the Economic and Social Sectors of the United Nations System"[239] fertiggestellt.

Dieser Bericht stellte einen Kompromiß zwischen den verschiedenen Interessenblöcken (G-77, westliche Industrieländer, östliche Industrieländer) dar.[240] Er spiegelte das Höchstmaß an Reformbereitschaft wider, das zum damaligen Zeitpunkt möglich war. Die Schlußfolgerungen und Empfehlungen des Ad-hoc-Ausschusses wiesen zwar zahlreiche Parallelen zum Bericht der „Group of Experts" auf, viele ihrer Vorschläge fehlten jedoch oder wurden im diplomatischen Verhandlungsprozeß verwässert.[241] In den meisten Punkten blieb der Bericht eher vage und unverbindlich.

So wurden beispielsweise die Vorschläge des Expertenberichts zur Reorganisation und Umbenennung des Zweiten und Dritten Ausschusses der Generalversammlung vom Ausschuß ebensowenig übernommen wie der Entwurf einer „UN Development Authority". Die Mitgliedstaaten konnten sich lediglich auf die Empfehlung einigen, daß die Generalversammlung die Bildung eines einzigen Verwaltungsgremiums für den VN-Entwicklungsbereich „in Erwägung ziehen" sollte.[242] Dieses Gremium sollte die bestehenden Verwaltungsorgane der einzelnen Entwicklungsfonds ersetzen. Von dieser Empfehlung ausdrücklich ausgenommen wurden neben UNICEF auch UNEP und das WFP.

Im Grundsatz übernommen wurden vom „Ad Hoc Committee" dagegen die Empfehlungen des Expertenberichts zur Restrukturierung des ECOSOC.[243] Der ECOSOC sollte als zentrales Forum zur Diskussion internationaler wirtschaftlicher und sozialer Fragen dienen, die Durchführung der von der Generalversammlung festgelegten allgemeinen Strategien überwachen und bewerten, die Koordinierung des gesamten Wirtschafts- und Sozialbereichs der Vereinten Nationen gewährleisten sowie ihre operativen Aktivitäten umfassenden Grundsatzüberprüfungen unterziehen.[244] Er sollte seine Arbeit auf der Basis eines Zweijahresplans organisieren und kürzere, sachorientierte Sitzungen über das ganze Jahr verteilt abhalten.[245] Der Bericht enthielt auch die Empfehlung, regelmäßig Sitzungen auf Ministerebene stattfinden zu lassen; dies wurde jedoch sogleich durch den Zusatz „... or other sufficiently high level ..."[246] relativiert.

Der Ad-hoc-Ausschuß forderte weiterhin, Ausschüsse und Hilfsgremien des ECOSOC soweit wie möglich aufzulösen und ihre Funktionen dem ECOSOC direkt zu übertragen. Im Gegensatz zur „Group of Experts" legte er sich jedoch nicht fest, welche Gremien konkret abgeschafft werden sollten.[247]

Als wichtigste Empfehlung zur Neugliederung des VN-Sekretariats wurde der Vorschlag übernommen, einen Generaldirektor für Entwicklung und internationale wirtschaftliche Zusammenarbeit zu ernennen. Weil sich die Mitglieder des Ad-hoc-Ausschusses bis zuletzt nicht über den Dienstrang des neuen Beamten einigen konnten, wurde die Entscheidung darüber dem Generalsekretär überlassen. Dieser war letztlich auch für die genauere Definition des Kompetenzbereichs des Generaldirektors zuständig, da die entsprechenden Ausführungen des Berichts sehr allgemein gehalten waren.[248]

Der Bericht des „Ad Hoc Committee" enthielt zahlreiche weitere, allerdings zum Teil wenig konkrete Reformvorschläge, etwa zu den Themenbereichen „Planung, Programmerstellung, Haushaltsaufstellung und Bewertung"[249] und „interinstitutionelle Koordinierung".[250] Erwähnt sei in diesem Zusammenhang die Empfehlung, die Mitgliederzahl des ACABQ, „... particularly for the interests of the developing countries ..."[251], von damals 13 auf mindestens 16 zu erhöhen. Dieser Vorschlag wurde allerdings sowohl von der UdSSR und ihren Verbündeten als auch von den USA ausdrücklich abgelehnt.[252]

Der Bericht des „Ad Hoc Committee" wurde von den beteiligten Staaten unterschiedlich aufgenommen. Vertreter der Europäischen Gemeinschaft, Japans und der USA äußerten sich trotz mancher Vorbehalte vergleichsweise positiv.[253]

Die Ostblockstaaten stimmten den Ergebnissen des Berichts zwar grundsätzlich zu, nannten gleichzeitig aber eine Reihe von Kritikpunkten. Zum neuen Posten eines Generaldirektors bemerkten sie beispielsweise: „The delegations of the socialist countries are not convinced that the implementation of the proposal to establish a post of director-general for development and international economic co-operation will in itself lead to greater effectiveness in the work of the United Nations Secretariat in that field".[254]

Die Staaten der Dritten Welt beurteilten die Ergebnisse zum Teil kritisch. Indien und Ägypten äußerten in eigenen Stellungnahmen „general reservations"[255] gegenüber dem Bericht. Der indische Delegierte nannte die Ergebnisse „... irrelevant in the context of the new international economic order".[256] Die Einschätzung des Vertreters von Jamaica als Sprecher der G-77 fiel zwar moderater aus („... we can be not too disappointed with the results we have achieved in the context of this phase of the exercise"[257]), aber auch er schränkte seine Zustimmung an einigen Stellen entscheidend ein. Besondere Bedeutung hatten seine Ausführungen zu Reform-Maßnahmen des ECOSOC: „... the Group of Seventy-seven will not be in a position to agree to any specific measures which may be worked out by the Council in this respect at the appropriate time unless, and I repeat unless, the Council is in a position to agree, before approval of the implementation of such measures, to the required compensatory increase in the membership of the Council itself".[258]

Die Zustimmung zu Reformen des ECOSOC, insbesondere einer Reduzierung seiner Ausschüsse und Hilfsgremien, wurde also von einer Erhöhung seiner Mitgliederzahl abhängig gemacht. Da gleichzeitig die sozialistischen Staaten jegliche Charta-Änderung und damit auch ausdrücklich eine Änderung der Mitgliederzahl des ECOSOC strikt ablehnten[259], war ein Scheitern der Reformpläne des „Ad Hoc Committee" in diesem Bereich bereits vorgezeichnet.

Trotz der Vorbehalte gegen den Bericht nahm die Generalversammlung seine „Schlußfolgerungen und Empfehlungen" in ihrer „Restructuring Resolution" am 20. Dezember 1977 im Konsensus-Verfahren an.[260] Der Bericht des Ad-hoc-Ausschusses wird in der Resolution als „wertvoller erster Beitrag" im Neugliederungsprozeß des VN-Systems gewertet – eine Formulierung, die seine Bedeutung zugleich würdigte und relativierte.

Zweifellos stellte die Restructuring Resolution den bis dahin wichtigsten Beitrag der Generalversammlung zur VN-Reform dar. Meltzer urteilte zusammenfassend: „After two years of arduous negotiations, the UN had accepted the most ambitious internal reorganization plans since its inception".[261] Die Umsetzung dieser Pläne in die Praxis erwies sich allerdings als äußerst schwierig.

Bedeutendstes praktisches Ergebnis der Resolution war die Ernennung eines Generaldirektors für Entwicklung und internationale wirtschaftliche Zusammenarbeit. Bereits im Frühjahr 1978 wurde Kenneth K.S. Dadzie, der als Vorsitzender des „Ad Hoc Committee" an der Ausarbeitung der Reformvorschläge selbst federführend beteiligt war, in dieses neue Amt berufen. Die Wirkungsmöglichkeiten des Generaldirektors erwiesen sich jedoch sehr bald als beschränkt. Aus diesem Grund brachte die G-77 noch während der 33. Sitzung der Generalversammlung 1978 eine Resolution ein, in der die Stärkung der politischen und administrativen Befugnisse des Generaldirektors gefordert wurde.[262] In der Folgezeit wurden dem Generaldirektor zwar zusätzliche Verantwortlichkeiten übertragen, einen maßgeblichen Einfluß auf das VN-Entwicklungssystem konnte er jedoch nicht erlangen. Meltzer stellte einige Jahre später fest: „Although the restructuring guidelines contained the basis for developing significant Director-General authority, the capacities and influence of this new post were unveiled more as potentialities than as enumerated powers".[263]

Auch die Bemühungen um eine Reform des ECOSOC waren wenig erfolgreich. Sie endeten aufgrund der bereits erwähnten Differenzen über eine Erhöhung der Mitgliederzahl sehr bald in einer Sackgasse. Nach zwei Jahren fruchtloser Verhandlungen legten zwei führende Mitglieder der G-77, Argentinien und Jamaica, 1979 der Generalversammlung direkt einen Resolutionsentwurf vor, in dem vorgeschlagen wurde, einerseits die Mitgliedschaft im ECOSOC auf alle VN-Mitgliedstaaten auszudehnen, andererseits im Gegenzug einen Großteil der

Ausschüsse und Hilfsgremien abzuschaffen.[264] Dieser Entwurf fand jedoch ebensowenig die Zustimmung der Generalversammlung wie seine revidierte Fassung im Jahr darauf. Der ECOSOC blieb weiterhin unverändert erhalten.

Insgesamt waren die praktischen Auswirkungen der Restructuring Exercise der 70er Jahre gering. Weitergehende Reformen wurden letztlich durch die Interessengegensätze der verschiedenen politischen Blöcke innerhalb der Vereinten Nationen verhindert. Ein VN-Beamter faßte das Ergebnis kritisch zusammen: „The UN restructuring exercise has turned into a major disappointment. A real initiative to revive the UN has been lost, as the process has become increasingly routinized, spurned or left suspended".[265]

Schaubild 4: Reform-Vorschläge in den 70er Jahren

Reformebene Autoren	administrative und organisatorische Ebene	strukturelle Ebene	institutionelle Ebene	konstitutionelle und „kognitive" Ebene
VN-Mitarbeiter, Ausschüsse, Experten-Gruppen	• JIU-Reform-Studien (1969, 1971, 1974) • UNITAR-Studie (1974)	• Restructuring Exercise (1975-1977)		
Nationale Politiker, Beamte, Kommissionen	• Lodge-Commission (1971) • Carter-Administration (1978)	• Lodge-Commission (1971) • Carter-Administration (1978)	• Lodge-Commission (1971)	
Private Institutionen, Berater, Wissenschaftler, Publizisten	• Jackson-Bericht (1969) • Pearson-Bericht (1969) • Dag-Hammarskjöld-Bericht (1975) • Katzenbach-Bericht (1971) • Atlantic Council (1977)	• Jackson-Bericht (1969) • Dag-Hammarskjöld-Bericht (1975) • Brandt-Bericht (1979) • Katzenbach-Bericht (1971) • Atlantic Council (1977)	• Jackson-Bericht (1969) • Dag-Hammarskjöld-Bericht (1975) • Brandt-Bericht (1979) • Katzenbach-Bericht (1971)	• RIO-Bericht (1976) • 20. Bericht der Commission to Study the Organization of Peace (1970) • Haas-Studie (1970) • Katzenbach-Bericht (1971)

Anmerkungen

1. Vgl. Weltbank (1980), 130.
2. Der Pearson-Bericht stellte fest, daß es in den Entwicklungsländern bereits gegen Ende der 50er Jahre und im Laufe der 60er Jahre wiederholt zu „Verschuldungskrisen" gekommen ist (vgl. Pearson, 98).
3. Pearson, 22.
4. Pearson, 23.
5. Pearson, 22.
6. Jackson, Bd. 1, III.
7. Jackson, Bd. 1, III.
8. Jackson, Bd. 2, 424
9. Vgl. Jackson, Bd. 1, 33.
10. Vgl. Timmler, 231.
11. Zur genauen Zusammensetzung der beiden Gruppen vgl. Jackson, Bd. 2, 437f.
12. Jackson, Bd. 1, II.
13. Vgl. Jackson, Bd. 1, 10.
14. Die folgenden Ausführungen sind eine sinngemäße Zusammenfassung von Jackson, Bd. 1, 22f. Sie orientieren sich dabei zum Teil an der deutschen Übersetzung bei Timmler, 234.
15. Vgl. dazu Jackson, Bd. 1, 25ff und Bd. 2, 143ff.; vgl. auch Sahlmann (1991) sowie Kulessa (1991) und Stoll (1991).
16. Vgl. Jackson, Bd. 1, 20.
17. Vgl. Jackson, Bd. 1, 34.
18. Jackson, Bd. 1, 34.
19. Zur gesamten von Jackson vorgeschlagenen Organisationsstruktur des VN-Entwicklungssystems siehe Jackson, Bd. 2, Abbildung 7.4.
20. Vgl. Jackson, Bd. 2, 306ff.
21. Vgl. Jackson, Bd. 2, 333.
22. Vgl. Jackson, Bd. 2, 335.
23. Vgl. Jackson, Bd. 2, 328.
24. Vgl. Jackson, Bd. 2, 333.
25. Vgl. Jackson, Bd. 2, 331.
26. Vgl. Jackson, Bd. 2, 331.
27. Jackson, Bd. 2, 332.
28. Vgl. Jackson, Bd. 2, 333.
29. Donini, 9.
30. Vgl. zu den Ausführungen dieses Absatzes Kurth, 87f.
31. Vgl. dazu den Aufsatz von Seib, der den Jackson-Report und seine Folgen 1974 rückblickend analysierte.
32. Vgl. dazu GA Res. 2688 (XXV) vom 11.12.1970 („Konsensus-Resolution"). Mit ihr wurde die Projekt-Koordinierung dem UNDP übertragen und das Amt des Resident Representative geschaffen.
33. Siehe dazu Abschnitt 3.3 in diesem Kapitel.
34. Vgl. Donini, 10.
35. Vgl. Donini, 10. Die Sonderorganisationen haben zum großen Teil eigene Repräsentanten in den einzelnen Ländern, deren Zahl sich - parallel zum UNDP-Netzwerk - in den 70er Jahren deutlich erhöhen sollte.
36. Jackson, Bd. 1, 24.

37 So der Vorgänger McNamaras, George Woods, von dem 1967 die Initiative für eine solche Bestandsaufnahme der Entwicklungspolitik ausging (zitiert nach Pearson, 17).
38 Die Zitate in dieser Arbeit beziehen sich auf die deutsche Übersetzung.
39 Cox (1972), 198.
40 Vgl. Pearson, 261.
41 Vgl. Pearson, 265ff.
42 Vgl. die Kritik von Billerbeck, 145ff.
43 Pearson, 262.
44 Pearson, 263.
45 Vgl. Pearson, 263.
46 Vgl. Pearson, 264.
47 Vgl. Pearson, 241.
48 Im folgenden zitiert nach der deutschen Fassung als Dag-Hammarskjöld-Bericht (DHB).
49 Vgl. dazu die Liste im DHB, 122-123.
50 Die Papiere sind neben anderen abgedruckt in Nerfin (Hrsg.)(1977).
51 DHB, 3.
52 Vgl. DHB, 16 f.; vgl. auch Internationales Arbeitsamt.
53 DHB, 2.
54 DHB, 6.
55 Vgl. DHB, 104.
56 Vgl. zum folgenden DHB, 106 ff.
57 Robert Jackson war übrigens auch einer der zahlreichen Berater des Dag-Hammarskjöld-Projekts.
58 Vgl. DHB, 111.
59 Vgl. DHB, 115.
60 DHB, 116.
61 DHB, 117.
62 Vgl. DHB, 117.
63 Der Bericht spricht in diesem Zusammenhang von der „[...] Illusion einer väterlich-fürsorglichen Partnerschaft ohne Tränen (das wahre Gesicht des Pearson-Reports [...])[...]" (DHB, 67).
64 DHB, 118.
65 Im folgenden wird die deutsche Ausgabe des Berichts zitiert (vgl. Tinbergen (1977). Zitiertitel: RIO-Bericht).
66 RIO-Bericht, 53.
67 RIO-Bericht, 53.
68 Auf den Bericht der Gruppe der 25 wird im Abschnitt 3.3 ausführlich eingegangen.
69 Vgl. zum folgenden RIO-Bericht, 202ff.
70 RIO-Bericht, 203.
71 RIO-Bericht, 203.
72 RIO-Bericht, 203.
73 RIO-Bericht, 204.
74 DHB, 119.
75 Im folgenden wird aus der deutschen Ausgabe zitiert (vgl. Brandt (Hrsg.)(1980). Zitiertitel: Brandt-Bericht).
76 Pratt, 629.
77 Brandt-Bericht, 321.
78 Brandt-Bericht, 331.
79 Vgl. Brandt-Bericht, 314. Zum Vorschlag der Gruppe der 25 siehe Abschnitt 3.3.

80 Vgl. Brandt-Bericht, 323.
81 Vgl. Brandt-Bericht, 330f.
82 Brandt-Bericht, 326.
83 Vgl. Brandt-Bericht, 325f.
84 Vgl. Brandt-Bericht, 315ff.
85 Die deutschsprachige Ausgabe erschien im März 1983 (vgl. Brandt (Hrsg.)(1983)).
86 Vgl. dazu Daniel Patrick Moynihan (1975), 31-44.
87 Zitiert nach Stoessinger (1977), 211. Stevenson war von 1961 bis 1965 Botschafter der USA bei den Vereinten Nationen.
88 Vgl. Stoessinger (1977), 16f.
89 Stoessinger (1977), 27.
90 Stoessinger (1977), 45.
91 Vgl. dazu die Ausführungen bei Franck, 195ff.
92 GA Res. 3281 (XXIX) vom 12.12. 1974.
93 Zitiert nach Meagher, 111.
94 GA Res. 3379 (XXX) vom 10.11.1975. Vgl. dazu z.B. Franck, 205ff und die ausführlichen, tagebuchähnlichen Aufzeichnungen von Moynihan (1980), 187ff.
95 Vgl. dazu Moynihan (1980).
96 Zitiert nach Stoessinger (1977), 17.
97 Diese Tendenz verstärkte sich in den 80er Jahren: Zwischen 1980 und 1988 machten die UdSSR viermal, die USA dagegen 46mal von ihrem Vetorecht Gebrauch (vgl. dazu die Tabelle bei Hüfner (1991c), 78).
98 Zitiert nach Franck, 259.
99 So erwähnt im sogenannten Ribicoff-Report, 7 (vgl. United States Senate, Committee on Government Operations (1977). Hier zitiert als "Ribicoff-Report").
100 Stoessinger (1977), 143.
101 Zitiert nach Stoessinger (1977), 143.
102 Vgl. Ribicoff-Report, 9.
103 Vgl. dazu die ausführliche Darstellung bei Galenson, 111-139. Die USA traten der ILO 1980 wieder bei.
104 1976 entschied die FAO erstmals, Gelder aus dem ordentlichen Haushalt für Technische Hilfe zu verwenden. Im selben Jahr beschloß die WHO, den Haushaltsanteil für Technische Hilfe bis 1980 auf 60 Prozent zu erhöhen (vgl. Ribicoff-Report, 11ff).
105 Vgl. dazu Meagher, 112ff.
106 Zitiert nach Meagher, 113.
107 Zitiert nach Meagher, 113.
108 Gardner (1970), 672.
109 Eine Reihe von Reformvorschlägen finden sich in Gardner (1970). 1972 fungierte Gardner als Herausgeber einer UNITAR-Studie zur Zukunft des VN-Sekretariats (Richard N. Gardner (Hrsg.)(1972): The Future of the United Nations Secretariat. New York: UNITAR).
110 Siehe zum Beispiel Bergsten (1976). Im selben Jahr wirkte Bergsten an einem Report der Trilateral Commission zur Reform internationaler Institutionen mit (vgl. Bergsten et al. (1976)).
111 Das GAO, die oberste Rechnungsbehörde der USA, veröffentlichte seit 1969 zahlreiche Studien zu VN-Themen. Schwerpunkte waren dabei zum einen die Rolle der USA in verschiedenen VN-Organisationen (u.a. WHO, FAO, ILO, UNICEF, WFP), zum anderen die Verbesserung von Finanzmanagement, Rechnungsprüfung und Evaluation innerhalb

des VN-Systems. Allein zwischen 1969 und 1979 erschienen 19 Studien (eine Liste dieser Studien findet sich in: United States General Accounting Office (1979), 40f).
112 Vgl. ihren 10. Bericht Strengthening the United Nations von 1957, auf den in Kapitel III.2.2 ausführlich eingegangen wurde.
113 Sohn trat (gemeinsam mit Grenville Clark) bereits 1958 mit der Studie World Peace Through World Law in Erscheinung. Sie wurde in Kapitel III.2.3 vorgestellt.
114 Vgl. dazu Commission to Study the Organization of Peace (1970), 10f.
115 Vgl. Commission to Study the Organization of Peace (1970), 33.
116 Vgl. Haas (1970).
117 Vgl. zum folgenden Haas (1970), 198ff.
118 Vgl. Haas (1970), 200.
119 Haas (1970), 202.
120 Vgl. Haas (1970), 203.
121 Vgl. Haas (1970), 204.
122 Haas (1970), 199.
123 Haas (1970), 203.
124 United Nations Association of the USA (UNA-USA)(1971), 6.
125 Vgl. UNA-USA (1971), 10.
126 UNA-USA (1971), 9f.
127 Vgl. UNA-USA (1971), 13.
128 Vgl. UNA-USA (1971), 33ff.
129 UNA-USA (1971), 34.
130 UNA-USA (1971), 6.
131 Vgl. UNA-USA (1971), 31.
132 Vgl. UNA-USA (1971), 54.
133 Vgl. UNA-USA (1971), 64f.
134 Vgl. dazu UNA-USA (1971), 66ff.
135 United States, The President's Commission for the Observance of the Twenty-Fifth Anniversary of the United Nations, III. (Im folgenden zitiert als 'Lodge-Commission').
136 Lodge-Commission, III.
137 Zum Problem der Effizienzmessung Internationaler Organisationen vgl. Hüfner (1987).
138 Vgl. Lodge-Commission, 3.
139 Lodge-Commission, 2.
140 Vgl. Lodge-Commission, 16ff.
141 Vgl. Lodge-Commission, 19.
142 Lodge-Commission, 40.
143 Vgl. dazu Lodge-Commission, 41ff.
144 Vgl. dazu Lodge-Commission, 43f.
145 Lodge-Commission, 42.
146 Lincoln Bloomfield, Harlan Cleveland, Richard N. Gardner, Elmore Jackson und David Kay.
147 Atlantic Council of the United States, 7. (Im folgenden zitiert als „Atlantic Council")
148 Vgl. Atlantic Council, 9.
149 Atlantic Council, 43.
150 Vgl. Atlantic Council, 9.
151 Atlantic Council, 43.
152 Vgl. Atlantic Council, 6.
153 Atlantic Council, XXI.
154 Atlantic Council, 36.

155 Atlantic Council, 48ff.
156 Lodge-Commission, 39.
157 Vgl. Atlantic Council, 46.
158 Vgl. Atlantic Council, 47.
159 Vgl. Atlantic Council, 38.
160 Vgl. Atlantic Council, 39f.
161 Zitiert nach United States, Congressional Research Service (1979), 7.
162 Im folgenden zitiert als United States President (1978).
163 Im folgenden zitiert als United States Department of State (1978).
164 Vgl. United States President (1978), 7.
165 Vgl. United States Department of State (1978), 15.
166 Vgl. United States President (1978), 8.
167 Vgl. United States President (1978), 9.
168 Vgl. United States Department of State (1978), 27.
169 Vgl. United States President (1978), 9.
170 Vgl. Lodge-Commission, 22. Dieser Vorschlag wurde schließlich auf der 48. Generalversammlung (UN Doc. A/Res/48/41 vom 20.12.1993) in die Tat umgesetzt.
171 Vgl. United States Department of State (1978), 33.
172 Vgl. United States President (1978), 9.
173 Vgl. United States Department of State (1978), 36f.
174 Vgl. Abschnitt 3.3 in diesem Kapitel.
175 United States President (1978), 10. Genaueres dazu in United States Department of State (1978), 38ff.
176 United States Department of State (1978), 42.
177 Vgl. United States President (1978), 10 und United States Department of State (1978), 44f.
178 Maynes, 1.
179 United States, Congressional Research Service (1979), 1.
180 United States, Congressional Research Service (1979), VI.
181 Vgl. dazu Abschnitt 2.3 im folgenden Kapitel VI.
182 Vgl. dazu die Abschnitte 2. und 3.3 in diesem Kapitel.
183 UN Doc. A/8426 von 1971.
184 GA Res. 3349 (XXIX) vom 17.12.1974.
185 GA Res. 3499 (XXX) vom 15.12.1975. Die Wirkungen dieses institutionalisierten Reformausschusses der Generalversammlung blieben bisher allerdings gering. Seine Aufgabe bestand hauptsächlich darin, Vorschläge zu prüfen, die von Regierungen der Mitgliedsstaaten zur Stärkung des VN-Systems unterbreitet wurden.
186 So Donini, 7.
187 UN Doc. A/7822, vom 3.12.1969 (JIU/REP/69/7).
188 Elmandjra (1973), 179.
189 Vgl. hierzu den Aufsatz zur Reform des VN-Sekretariats von Finger/Mungo, die sich unter anderem auf diesen Bericht beziehen.
190 UN Doc. A/8454 vom 5.10.1971 (JIU/REP/71/7).
191 Vgl. Donini, 8.
192 UN Doc. A/9646, Annex vom 13.6.1974 (JIU/REP/74/1).
193 Vgl. JIU/REP/88/1, Annex, 2.
194 So zum Beispiel in den Berichten Report on Evaluation in the UN System (JIU/REP/77/1), Report on Programming and Evaluation in the United Nations (JIU/REP/78/1) und Medium-Term Planning in the United Nations (JIU/REP/79/5).

195 UN Doc. A/40/988 vom 6.12.1985 (JIU/REP/85/9).
196 UN Doc. E/5491 vom 30.4.1974 (UNITAR/RR/20). Diese Studie wurde vier Jahre später in einer überarbeiteten Fassung als Buch veröffentlicht (vgl. Hill (1978)).
197 Vgl. Hill (1974), 2.
198 Hill (1974), 1.
199 Hill (1974), 78.
200 Renninger (1987), 98f.
201 Hill (1974), 77.
202 Hill (1974), 103.
203 Vgl. Hill, 87.
204 Hill (1974), 92.
205 Vgl. Hill (1974), 103ff.
206 Vgl. Hill (1974), 104.
207 Vgl. Hill, 81.
208 GA Res. 3201 (S-VI) und 3202 (S-VI) vom 1.5.1974.
209 GA Res. 3281 (XXIX) vom 12.12.1974.
210 Vgl. z.B. Donini, 11 oder Meltzer, 996f.
211 Vgl. GA Res. 3343 (XXIX) vom 17.12.1974.
212 GA Res. 3343 (XXIX), para.5.
213 Sie wurde daher gelegentlich auch als Gruppe der 25 bezeichnet.
214 Beraten wurde die Gruppe unter anderem von Martin Hill, Robert Jackson, Philippe de Seynes, Gunnar Myrdal und Raúl Prebisch (vgl. UN Doc. E/AC.62/9, VIII).
215 UN Doc. E/AC.62/9 vom 28.5.1975.
216 Vgl. UN Doc. E/AC.62/9, 13.
217 Vgl. UN Doc. E/AC.62/9, 17. Lediglich die regionalen Kommissionen, ferner das CDP sowie die Statistical Commission, die Commission on Narcotic Drugs, die Commission on Transnational Corporations und die Commission on Human Rights sollten bestehen bleiben.
218 Vgl. UN Doc. E/AC.62/9, 14.
219 Vgl. Renninger (1981), 6; ferner Hüfner (1982), 8.
220 Vgl. UN Doc. E/AC.62/9, 19.
221 Vgl. Abschnitt 2.1.5 in diesem Kapitel
222 Vgl. UN Doc. E/AC.62/9, 12f.
223 Vgl. UN Doc. E/AC.62/9, 12.
224 UN Doc. E/AC.62/9, 12.
225 Vgl. UN Doc. E/AC.62/9, 22f.
226 UN Doc. E/AC.62/9, 22.
227 Vgl. Krishnamurti, 634f.
228 Vgl. Jackson, Bd.2, 333.
229 Vgl. UN Doc. E/AC.62/9, 20 (Abbildung 2) und 25.
230 Vgl.UN Doc. E/AC.62/9, 40ff.
231 So auch die Einschätzung von Meltzer (1978), 999.
232 Zitiert nach Meltzer (1978), 998.
233 Vgl. Meltzer (1978), 999.
234 Vgl. dazu Krishnamurti, 635.
235 Vgl. Meltzer (1978), 999.
236 Meltzer (1978), 999.
237 Matzke, 11.
238 GA Res. 3362 (S-VII) vom 16.9.1975.

239 UN Doc. A/32/34 vom 13.1.1978.
240 Den Kompromißcharakter des Berichts bzw. der daraus resultierenden Resolution betonte auch Ingo von Ruckteschell in seinem Aufsatz über die Neugliederung der VN (vgl. Ruckteschell, 73).
241 Donini drückte dies folgendermaßen aus: „... the recommendations of the Group of Experts were significantly diluted when they were tested against the political wisdom of the Ad Hoc Committee and the General Assembly,..." (Donini, 11).
242 Vgl. UN Doc. A/32/34, 18.
243 Vgl. dazu auch Renninger (1981), 14f.
244 Vgl. UN Doc. A/32/34, 12.
245 Vgl. UN Doc. A/32/34, 13.
246 UN Doc. A/32/34, 13.
247 UN Doc. A/32/34, 13f.
248 Vgl. UN Doc. A/32/34, 25f.
249 Vgl. UN Doc. A/32/34, 19f.
250 Vgl. UN Doc. A/32/34, 21f.
251 UN Doc. A/32/34, 20.
252 Vgl. UN Doc. A/32/34, 46 und 50.
253 Vgl. UN Doc. A/32/34, 40 und 47ff.
254 UN Doc. A/32/34, 46.
255 So der indische Delegierte (s. UN Doc. A/32/34, 47). Ägypten äußerte sich ähnlich (vgl. UN Doc. A/32/34/ Corr.1).
256 UN Doc. A/32/34, 47.
257 UN Doc. A/32/34, 42.
258 UN Doc. A/32/34, 42f.
259 Vgl. UN Doc. A/32/34, 45.
260 GA Res. 32/197 („Restructuring of the Economic and Social Sectors of the United Nations System") vom 20.12.1977.
261 Meltzer (1978), 1009.
262 Vgl. Krishnamurti, 636. Die Forderungen wurden in der Resolution GA Res. 33/202, die eine Art Nachfolge-Resolution der Restructuring Resolution darstellte, aufgenommen.
263 Meltzer (1983), 251.
264 Vgl. Renninger (1981), 16f.
265 Zitiert nach Meltzer (1983), 258.

VI. Die 80er Jahre – Die Zuspitzung der Krise

1. Die US-amerikanischen Angriffe gegen das VN-System und die zweite Finanzkrise

Der Amtsantritt Ronald Reagans im Januar 1981 markierte den Beginn einer neuen Phase in der US-Außenpolitik – eine Phase, die durch eine tendenzielle Abkehr vom Multilateralismus und eine Reorientierung auf Handlungsformen traditioneller Machtpolitik gekennzeichnet war: „ 'Global unilateralists' celebrate the U.S. ability to pursue policies on its own, outside of international organizations and unhampered by demands or complaints from abroad".[1] Die Invasion Grenadas durch US-Truppen im Oktober 1983, die militärische Unterstützung der Contras in Nicaragua und die Verminung nicaraguanischer Häfen im Frühjahr 1984, die militärischen Aktionen im Libanon (1984) und gegen Libyen (1986) und nicht zuletzt die drastische Erhöhung der amerikanischen Rüstungsausgaben belegten den machtpolitischen, unilateralen Charakter dieser Außenpolitik.

Für das VN-System bedeutete die national-konservative Wende in den USA eine verschärfte Weiterführung der Auseinandersetzungen der 70er Jahre. War die amerikanische Kritik an den Vereinten Nationen und einigen ihrer Sonderorganisationen damals jedoch hauptsächlich von Teilen des Kongresses und der amerikanischen Öffentlichkeit artikuliert worden, während die Exekutive eine relativ neutrale oder – in der Amtszeit Jimmy Carters – eher positive Haltung zum VN-System eingenommen hatte, so war das Spektrum der Kritiker in den 80er Jahren wesentlich breiter. Robert C. Johansen, damals Wissenschaftler am New Yorker World Policy Institute, stellte fest: „An anti-U.N. mood now runs through virtually the entire policy-making community, Democratic and Republican, and to a large extent the journalistic and scholarly communities as well".[2] Es lassen sich insbesondere drei Gruppen von Akteuren identifizieren, die in den 80er Jahren die amerikanische Anti-VN-Politik bestimmten: Vertreter der Administration, des Kongresses sowie der Heritage Foundation.

„Most importantly, the election of Ronald Reagan opened the United States foreign policy shop to the politically conservative extreme Right".[3] Zahlreiche Vertreter dieser Alten und Neuen Rechten gelangten nach 1981 in Schlüsselpositionen im Büro für Internationale Organisationen des State

Department und in der US-Mission bei den Vereinten Nationen in New York. Mit Jeane Kirkpatrick ernannte Reagan eine Politologin zur Ständigen Vertreterin der USA bei den Vereinten Nationen, die das VN-System als Bühne eines neuen Klassenkampfs ansah, dessen von vielen angestrebtes Ziel in ihren Augen ein globaler Sozialismus mit der internationalen Bürokratie als neuer herrschender Klasse sein sollte.[4] Mit Charles Lichenstein erhielt Kirkpatrick einen Stellvertreter, der von Burton Yale Pines als „a veteran warrior in the conservative revolution"[5] gelobt wurde.

Die „konservative Revolution" führte Anfang der 80er Jahre auch zu einer deutlichen Rechts-Verschiebung in Senat und Repräsentantenhaus. Dadurch wurde die traditionell VN-kritische Haltung des Kongresses weiter verstärkt. Exponierte Verfechter einer harten Haltung gegenüber den Vereinten Nationen waren die Senatoren Jesse Helms, Robert Kasten und Nancy Kassebaum. Auch Daniel Patrick Moynihan, einer der Wortführer der amerikanischen Anti-VN-Kampagne der 70er Jahre, war in den 80er Jahren für die Demokraten Mitglied des Senats.

Zu einem „think tank" für national-konservative VN-Kritiker entwickelte sich in den 80er Jahren die Heritage Foundation. Unter der Leitung ihres Vize-Präsidenten, Burton Yale Pines, betrieb sie ein intensives und – wie sich zeigte – erfolgreiches Anti-VN-Lobbying in US-Administration und -Kongreß. Im Rahmen ihres United Nations Assessment Project erschienen allein bis 1986 rund 75 Studien und sogenannte Backgrounder zu den verschiedensten VN-spezifischen Themen, in denen durchgängig nachzuweisen versucht wurde, daß die Aktivitäten der VN-Organisationen gegen die nationalen Interessen der USA gerichtet waren.[6] Als Tenor all dieser Pamphlete kann Pines' vielzitierte Aussage dienen, wonach „... a world without a U.N. would be a better world".[7]

Die amerikanischen Angriffe gegen das VN-System blieben allerdings nicht auf die rhetorische Ebene beschränkt, sie hatten vielmehr konkrete politische und finanzielle Auswirkungen, welche die Vereinten Nationen in die schwerste Krise seit ihrer Gründung führten.

Bereits 1981 stimmten die USA in der Generalversammlung erstmals in der VN-Geschichte gegen den ordentlichen Haushalt in seiner Gesamtheit.[8] Er betrug für den Zwei-Jahres-Zeitraum 1982-83 rund 1,5 Mrd. US-Dollar (zum Vergleich:

Der US-Anteil am VN-Haushalt[9] entsprach weniger als einem Promille der amerikanischen Militärausgaben des Vergleichszeitraums[10]). Es soll allerdings nicht unerwähnt bleiben, daß neben den USA 14 weitere Staaten 1981 gegen die Höhe des VN-Haushalts stimmten, unter ihnen die UdSSR und die Bundesrepublik Deutschland.

Während das amerikanische Nein zum VN-Haushalt allein noch keine negativen Folgen für die Finanzlage der Vereinten Nationen hatte, war bald auch eine veränderte Zahlungsmoral der Reagan-Administration festzustellen. Gemäß den Finanzrichtlinien der Vereinten Nationen sollen die ordentlichen Beitragszahlungen zum ordentlichen VN-Haushalt binnen 30 Tagen nach der schriftlichen Aufforderung des Generalsekretärs, die in der Regel am Jahresanfang erfolgt, vollständig getätigt werden.[11] Jedoch wurde nach dem Amtsantritt Reagans die Regelung eingeführt, die US-Beiträge an VN-Organisationen erst im letzten Quartal des Jahres zu zahlen – eine Praxis, die spürbar negative Auswirkungen auf die Zahlungsfähigkeit der Organisationen hatte.

Die finanzielle Situation der Vereinten Nationen hatte sich allerdings bereits in den Jahren zuvor derart verschlechtert, daß der scheidende Generalsekretär, Kurt Waldheim, 1981 warnte: „... the financial difficulties had assumend alarming proportions, and it is no longer possible to defer arriving at some solution to those difficulties".[12] Die Generalversammlung reagierte darauf im Dezember 1981 mit der Aufstockung des Betriebsmittelfonds (working capital fund) von 40 auf 100 Mio US-Dollar, so daß dessen Anteil am ordentlichen VN-Haushalt 1982/83 kurzfristig von 5,2 auf 13,3 Prozent stieg.[13]

1982 zeigte die politische Wende in den USA erste konkrete Wirkungen auf die Höhe der amerikanischen Beitragszahlungen. In diesem Jahr entschied der US-Kongreß, seine Beitragszahlungen um 25 Prozent des Betrags zu reduzieren, der von den Vereinten Nationen und ihren Sonderorganisationen für Programme zur Unterstützung der PLO veranschlagt wurde.[14] Wenig später verweigerte die Reagan-Administration die Zahlung von jährlich etwa einer Mio US-Dollar für die anteiligen Kosten der Vorbereitungskommission zur Umsetzung der VN-Seerechtskonvention.[15] Diese Beitragseinbehaltungen waren vom Betrag her zwar unbedeutend, sie hatten jedoch eine politische Signalwirkung. In der Folgezeit kam es zu einer ganzen Reihe weiterer Beitragsaussetzungen und

-kürzungen, von denen auch die Sonderorganisationen betroffen waren. 1983 entschied der US-Kongreß, die aggregierten Beiträge an die Vereinten Nationen selbst sowie an UNESCO, ILO, FAO und WHO für 1984 und 1985 auf dem Stand des Jahres 1983 einzufrieren.[16]

Einen ersten Höhepunkt erreichten die amerikanischen Maßnahmen gegen das VN-System am 28. Dezember 1983 mit der Ankündigung des Austritts der USA aus der UNESCO zum 1. Januar 1985. Die offizielle Begründung für den Austritt, dem eine breite Anti-UNESCO-Kampagne in der amerikanischen Öffentlichkeit vorausgegangen war[17], kann in drei Punkten zusammengefaßt werden[18]:
(1) Anti-westliche Politisierung von Programmen und Personal der UNESCO;
(2) Förderung 'dirigistischer Theorien' durch die UNESCO, womit hauptsächlich die Unterstützung einer Neuen Welt-Informations- und Kommunikations-Ordnung gemeint war; sowie
(3) 'zügellose' Erhöhung des Haushalts und Mißmanagement, insbesondere durch den UNESCO-Generaldirektor M'Bow.[19]

Diese Vorwürfe, die bereits in ihrer Diktion die national-konservative Gedankenwelt ihrer Autoren widerspiegelten, wurden in ähnlicher Form auch gegen andere Sonderorganisationen erhoben.

Dem Austritt aus der UNESCO folgten weitere amerikanische Austrittsdrohungen, unter anderem gegenüber dem IFAD und der FAO. Diese Drohungen wurden jedoch nicht in die Tat umgesetzt.

1984 und 1985 verschärften sich die finanziellen Probleme der Vereinten Nationen weiter. Ihr kurzfristiges Defizit war bis Ende 1985 auf 407,6 Mio US-Dollar angestiegen, die Summe der ausstehenden Beitragszahlungen zum ordentlichen Haushalt lag Ende 1985 bei 85,5 Mio US-Dollar und machte damit rund 35 Prozent der 1985 insgesamt ausstehenden Beiträge aus. In den Monaten November und Dezember 1985 und im Januar 1986 reichten die liquiden Mittel der Vereinten Nationen nicht aus, um alle Auszahlungen ordnungsgemäß vornehmen zu können[20], die Vereinten Nationen standen kurz vor der Zahlungsunfähigkeit.

In dieser Situation sorgte der US-Kongreß mit einer Reihe von Gesetzen und Amendments einzelner Abgeordneter für eine weitere Zuspitzung der Krise. Folgenreichste Maßnahmen waren die Annahme des Kassebaum-Amendments und des „Balanced Budget and Emergency Deficit Control Act of 1985", besser bekannt als Gramm-Rudman-Hollings-Gesetz.[21]

Die republikanische Senatorin, Nancy Kassebaum, hatte bereits 1983 in einem Zusatzantrag (Amendment) zum „Foreign Relations Authorization Act" für den Zeitraum 1984 bis 1987 eine Kürzung der amerikanischen Beiträge an VN, UNESCO, FAO, ILO und WHO in Höhe von insgesamt annähernd 500 Mio US-Dollar gefordert.[22] Dieser Antrag wurde vom Senat zwar mit Zwei-Drittel-Mehrheit gebilligt[23], scheiterte aber im Repräsentantenhaus. Im Jahr darauf hatte ein weiteres Kassebaum-Amendment mehr Erfolg. Mit ihm wurde eine vierprozentige Kürzung der US-Beiträge an internationale Organisationen beschlossen.[24] 1985 kam es schließlich zur Verabschiedung des eigentlich als Kassebaum-Amendment bekannt gewordenen Zusatzgesetzes. In ihm wurde festgelegt, daß ab 1986 der US-amerikanische Beitragssatz zu den Haushalten der Vereinten Nationen und ihrer Sonderorganisationen von 25 auf 20 Prozent reduziert werden sollte, solange die Mitgliedstaaten kein ihrer Beitragshöhe entsprechendes Mitspracherecht bei Haushaltsentscheidungen erhielten.[25] Mit dieser Bestimmung erreichten die Maßnahmen des US-Kongresses gegen das VN-System eine qualitativ neue Stufe. Waren bisher lediglich einzelne Programme und Institutionen von den USA finanziell unter Druck gesetzt worden, so zielte dieses Kassebaum-Amendment pauschal auf die Haushalte sämtlicher VN-Organisationen ab. Die Maßnahme erinnerte zunächst an die einseitige Reduzierung des amerikanischen Beitragssatzes durch den US-Kongreß im Jahr 1972[26] von damals 31,52 auf 25 Prozent. Im Vergleich dazu unterschied sich der Beschluß von 1985 in seinen Auswirkungen in zwei wesentlichen Punkten: Erstens konnte 1973 durch den VN-Beitritt der beiden deutschen Staaten die drohende Beitragslücke problemlos geschlossen werden, was in den 80er Jahren nicht möglich war; zweitens geschah die Beitragskürzung in den 70er Jahren bedingungslos, während das Kassebaum-Amendment eine Aufhebung der Kürzung bei Einführung eines gewichteten Stimmrechts für Haushaltsentscheidungen in der Generalversammlung vorsah. Damit sollte ein deutlicher politischer Reformdruck auf die Vereinten Nationen ausgeübt werden.

Neben dem Kassebaum-Amendment sorgten 1985 weitere Amendments für eine zusätzliche Reduzierung der amerikanischen VN-Beiträge des folgenden Jahres. Das Sundquist-Amendment wandte sich dabei gegen die Praxis der UdSSR, einen Teil des Gehalts ihrer VN-Beamten einzuziehen, mit dem Swindall-Amendment kürzten die Kongreßmitglieder die Haushaltsbewilligungen um den anteiligen US-Beitrag für das UN Department of Public Information, das in ihren Augen gegen die Interessen der USA arbeitete.[27]

Im Gegensatz zu diesen Amendments, die zunächst auf eine Haushaltsperiode, d.h. auf zwei Jahre, beschränkt blieben, war das Gramm-Rudman-Hollings-Gesetz (GRH-Gesetz) auf einen längeren Zeitraum ausgerichtet. Es wurde im Dezember 1985 verabschiedet, um das auf über 200 Mrd US-Dollar angewachsene amerikanische Haushaltsdefizit zu reduzieren. Zu diesem Zweck wurden in dem Gesetz im Rahmen eines Stufenplans bis 1991 (später verlängert bis 1993) jährlich abnehmende Obergrenzen für die Höhe des Defizits (deficit targets) festgelegt. Werden diese Obergrenzen von Kongreß und Administration nicht eingehalten, sollte es zu automatischen Kürzungen aller diskretionären Staatsausgaben kommen. Zu den diskretionären Ausgaben wurden auch die Beiträge an Internationale Organisationen gezählt. Das Gesetz hatte damit zur Folge, daß bis 1993 abgesehen von den politisch motivierten Kürzungen schon allein aus budgetären Gründen die amerikanischen Beiträge zum VN-System nicht in voller Höhe gezahlt wurden.

All diese legislativen Maßnahmen des Kongresses zusammengenommen hatten zur Folge, daß die USA 1986 lediglich 100 Mio US-Dollar, und damit weniger als die Hälfte der amerikanischen Beitragsverpflichtungen dieses Jahres in Höhe von rund 210 Mio US-Dollar, an die Vereinten Nationen zahlten; der Anteil der Beitragsschulden der USA an den insgesamt ausstehenden Pflichtbeiträgen stieg von 57,0 Prozent (1986) auf 79,2 Prozent (1989).[28]

Es bleibt festzuhalten, daß diese eigenmächtigen Beitragskürzungen der USA (wie auch jedes anderen Mitgliedslandes) einen Verstoß gegen Artikel 17 der VN-Charta darstellten – ein Verstoß, der jedoch aufgrund der fehlenden Exekutivgewalt der Vereinten Nationen keinerlei Konsequenzen für die USA hatte.

Die fortgesetzten finanziellen Schwierigkeiten der Vereinten Nationen in der zweiten Hälfte der 80er Jahre (vgl. auch Abbildung 7 in Kapitel IX) und die Gefahr einer längerfristigen Reduzierung ihrer Finanzmittel durch die Beitragskürzungen der USA lösten zahlreiche Reform-Aktivitäten innerhalb der Organisation aus. Auf diese VN-internen Bemühungen um Reformen in den 80er Jahren soll im folgenden näher eingegangen werden.

2. Die Reform-Auseinandersetzung in den 80er Jahren

2.1 Die VN-internen Bemühungen um administrative und strukturelle Reformen

Nachdem sich eine grundlegende Umstrukturierung der Vereinten Nationen, wie sie von der „Group of Experts" und der Restructuring Resolution in den 70er Jahren gefordert worden war, als politisch nicht durchsetzbar erwiesen hatte, beschränkten sich die VN-internen Reformbemühungen in den 80er Jahren zunächst auf Veränderungen im administrativen Bereich.

Einige neue Impulse gingen dabei vom Generalsekretär, Pérez de Cuéllar, aus, der das Amt am 1. Januar 1982 übernommen hatte. Noch im selben Jahr errichtete er innerhalb des Sekretariats ein „Programme Planning and Budgeting Board" sowie eine kleine „Central Monitoring Unit". Diese Maßnahmen führten jedoch nicht zu einer Verbesserung der VN-internen Programmplanung und Evaluierung.[29]

Bereits 1980 war von der Generalversammlung ein Ausschuß aus Regierungsexperten eingesetzt worden, der eine Evaluierung der Sekretariats-Struktur im administrativen, finanziellen und personellen Bereich vornehmen sollte.[30] Zwei Jahre später erschien der Abschlußbericht dieses Ausschusses unter dem Titel „Report of the Committee of Governmental Experts to Evaluate the Present Structure of the Secretariat in the Administrative, Finance and Personnel Areas".[31] Der von den 17 Experten im Laufe von 28 Sitzungen erarbeitete knapp siebenseitige Bericht enthielt einige 'Anregungen' zur Arbeit des Sekretariats, aber keine konkreten Empfehlungen. Die Experten beließen es bei dem Hinweis auf die Verantwortlichkeit des Generalsekretärs und der Generalversammlung für Veränderungen in der Struktur des Sekretariats.[32] Ein ehemaliger VN-Beamter stellte 1989 zu diesem Evaluierungsversuch zusammenfassend fest: „Lacking the crisis atmosphere of the current exercise and ending far more inconclusively than the report of the Group of 18, the episode is now almost forgotten".[33]

2.1.1 Der Bericht der G-18

Spätestens 1985 hatte sich diese „Krisen-Atmosphäre" in den Vereinten Nationen eingestellt. Das kurzfristige Defizit und die ausstehenden Beitragszahlungen hatten bis zum Jahresende, wie bereits erwähnt, eine neue Rekordhöhe erreicht. Die Forderungen nach Haushaltseinsparungen und Reformen wurden von Seiten der USA, aber auch anderer großer Beitragszahler immer lauter.

Im September 1985 schlug der japanische Außenminister vor der Generalversammlung die Einsetzung einer „group of eminent persons for a more efficient United Nations"[34] vor. Diese Initiative stieß zunächst auf die Ablehnung zahlreicher Delegierter aus den Reihen der G-77, die fürchteten, daß es über eine solche Gruppe innerhalb der Vereinten Nationen zur Diskussion um die Einführung eines gewichteten Stimmrechts – wie sie kurz zuvor im Kassebaum-Amendment gefordert worden war – käme.[35]

Im Dezember 1985 einigte sich die Generalversammlung schließlich auf die Bildung einer 'Gruppe hochrangiger zwischenstaatlicher Experten', deren Auftrag es sein sollte, „eine eingehende Überprüfung der administrativen und finanziellen Angelegenheiten der Vereinten Nationen durchzuführen, mit dem Ziel, Maßnahmen zur weiteren Steigerung ihrer administrativen und finanziellen Effizienz zu ermitteln, die geeignet sind, dazu beizutragen, daß die Organisation sich wirksamer mit politischen, wirtschaftlichen und sozialen Fragen auseinandersetzen kann; ... ".[36]

Die erwarteten Vorschläge zur (längerfristigen) Überwindung der finanziellen Schwierigkeiten blieben damit von vornherein auf die Ebene administrativer Reformen beschränkt. Das Tabu-Thema „gewichtetes Stimmrecht" sollte in der Arbeit der Experten ebensowenig berücksichtigt werden wie die kurzfristigen finanziellen Schwierigkeiten der Vereinten Nationen.

Die Expertengruppe setzte sich aus 18 Mitgliedern zusammen (daher Gruppe der 18 bzw. G-18), unter ihnen Maurice Bertrand als Vertreter Frankreichs. Bertrand hatte kurz zuvor als scheidender Inspektor der JIU in einem aufsehenerregenden Bericht umfangreiche strukturelle und institutionelle Reformen im VN-System gefordert.[37] Alle übrigen Mitglieder der G-18 waren Botschafter.[38]

Einen gewissen Einfluß auf das Arbeitsergebnis der G-18 hatte eine Studie, die George Davidson, ein ehemaliger Under-Secretary-General for Administration and Finance, aufgrund persönlicher Initiativen von Sadruddin Aga Khan und Maurice Strong ausgearbeitet hatte.[39] Diese Studie, die hauptsächlich Vorschläge für mögliche Einsparungen im VN-Haushalt enthielt, wurde im August 1986 im Rahmen einer Konferenz diskutiert, an der auch Mitglieder der G-18 teilnahmen.[40]

Der Bericht der G-18 erschien ebenfalls im August 1986 unter dem Titel „Report of the Group of High-Level Intergovernmental Experts to Review the Efficiency of the Administrative and Financial Functioning of the United Nations".[41] In ihm wurde ungewohnt scharfe Kritik am Zustand des Verwaltungsapparates der Vereinten Nationen geübt. Die Experten stellten unter anderem fest: „Die Qualität der geleisteten Arbeit muß verbessert werden. Das Personal ist, insbesondere in den höheren Rängen, nicht ausreichend qualifiziert, und die Arbeitsmethoden sind ineffizient. Die heutige Struktur ist zu komplex, fragmentiert und kopflastig".[42]

Als Konsequenz daraus enthielt der Bericht zur Verbesserung der „administrativen und finanziellen Effizienz" der Vereinten Nationen insgesamt 71 Empfehlungen für die folgenden Themenbereiche:
- Zwischenstaatlicher Apparat;
- Struktur des Sekretariats;
- Personal;
- Überwachung, Evaluierung und Inspektion;
- Planung und Haushaltsverfahren sowie
- Durchführung dieser Reform-Empfehlungen.

Am folgenreichsten waren die Vorschläge der G-18 zum Personalabbau: Innerhalb von drei Jahren, also bis Ende 1989, sollten die Stellen im VN-Sekretariat um 15 Prozent, auf der Führungsebene (Under-Secretary-General und Assistant Secretary-General) sogar um 25 Prozent reduziert werden.[43] Zu den übrigen Vorschlägen schrieb Bertrand: „Die 67 weiteren Empfehlungen [,.,] stellten größtenteils nur die Wiederholung früherer Empfehlungen dar – auch wenn wahr ist, daß sie schon in der Vergangenheit nie befolgt wurden: Reduzierung der Zahl der Konferenzen, bessere Koordination, Einsparungen bei den Reisekosten, Einstellung von Nachwuchspersonal auf dem Wege der Ausschreibung, Laufbahnbestimmungen usw".[44]

Hinsichtlich einer Reihe zentraler Themenbereiche, die über die administrative Ebene hinausgehende Reformvorschläge erfordert hätten, beschränkten sich die Experten auf die Empfehlung, weitere Studien durchzuführen. Dies galt insbesondere für den gesamten Wirtschafts- und Sozialbereich der Vereinten Nationen.[45]

An verschiedenen Stellen des Berichts der G-18 ist der besondere Einfluß des US-Vertreters auf die Formulierung der Reformvorschläge spürbar, so etwa in den Empfehlungen, daß mindestens 50 Prozent der im Sekretariat arbeitenden Staatsangehörigen eines Mitgliedstaates auf der Grundlage von Dauerarbeitsverträgen beschäftigt sein sollten.[46] Diese Forderung - eine der wenigen, welche die Experten nicht im Konsens verabschiedeten - war in erster Linie gegen die Praxis der osteuropäischen Staaten gerichtet, ihre Beamten zeitlich befristet zum VN-Sekretariat zu delegieren.[47]

Auch in der zentralen Frage des zukünftigen Verfahrens zur Haushaltsaufstellung konnte unter den 18 Experten kein Konsens erreicht werden. Der Bericht enthielt daher drei Lösungsalternativen[48]:

(1) Die erste, von den westlichen Vertretern und den Experten aus Indien und Brasilien unterstützte Variante zielte hauptsächlich auf eine Ausweitung des Aufgabenbereichs des CPC im Budgetierungsverfahren ab.[49]
(2) Die von der Mehrheit der Vertreter der Dritten Welt vorgeschlagene Alternative favorisierte letztlich die Beibehaltung des gegenwärtigen Zustandes und forderte lediglich eine genauere Abgrenzung der Kompetenzen von CPC und ACABQ.[50]
(3) Der dritte und radikalste Entwurf stammte von den Experten aus Argentinien und der UdSSR. Sie schlugen vor, das gesamte Verfahren von Programmplanung und Budgetierung auf ein einziges Gremium zu übertragen[51], d.h. CPC und ACABQ zu fusionieren. Diesem neuen Gremium sollte unter anderem die Festlegung der Obergrenze des Haushaltsvolumens obliegen. Es sollte seine Entscheidungen im Konsens-Verfahren fällen.[52]

Insgesamt sind zu dem Bericht der G-18 folgende kritische Anmerkungen zu machen. Bertrand, obwohl selbst Mitunterzeichner des Berichts, übte an ihm nachträglich scharfe Kritik: „Viele seiner Empfehlungen erschienen mir entweder unnütz und zu allgemein gehalten oder unzureichend, andere wieder gefährlich für die Zukunft der Vereinten Nationen".[53]

Grundsätzlich ist zu fragen, von welchem Effizienz-Begriff die Experten ausgingen, wenn sie die „Steigerung der administrativen und finanziellen Effizienz" als zentrales Ziel ihrer Empfehlungen ansahen. Insbesondere ging aus ihrem Bericht nicht hervor, nach welchen Meßkriterien eine Erhöhung der 'Effizienz' der Vereinten Nationen festgestellt werden sollte – ein Kritikpunkt, der schon auf zahlreiche frühere Reformstudien zutraf, an dieser Stelle jedoch wegen der expliziten Betonung des Effizienz-Begriffs besonders angebracht war.[54] Abgesehen davon war es fragwürdig, ob die vorgeschlagenen Reformmaßnahmen tatsächlich geeignet waren, eine Erhöhung der Effizienz der Vereinten Nationen zu erreichen. Dies galt zum Beispiel für die Empfehlungen einer pauschalen Personalreduzierung und einer Einschränkung der Sozialleistungen (Beihilfen, Urlaub) für VN-Beamte. Ein pauschaler Personalabbau allein gewährleistet nicht, daß tatsächlich die unproduktivsten Stellen bzw. Stellen-Besetzungen gekürzt werden,[55] er kann im Gegenteil vielmehr sogar zu einer Einschränkung in der Handlungsfähigkeit des VN-Sekretariats führen. Ein Abbau der Sozialleistungen bedeutet nur relativ geringe Einsparungen im VN-Haushalt, kann aber zu einem Sinken der Arbeitsmoral des Personals führen und steigert damit sicherlich nicht die 'administrative Effizienz'.[56]

Über diese konkreten Punkte hinaus ist der Bericht der G-18 auch in seinem grundsätzlichen Ansatz zu kritisieren: Der Bericht stellte einmal mehr den Versuch dar, die originär politische Krise der Vereinten Nationen durch administrative Maßnahmen lösen zu wollen – ein Versuch, der, wie die Erfahrungen der 60er Jahre zeigten, nicht zur Beseitigung der Krise, sondern höchstens zu ihrer vorübergehenden Eindämmung führen konnte.

Dennoch nahm die Generalversammlung – unter dem Damokles-Schwert der amerikanischen Zahlungsverweigerungen – im Dezember 1986 die Empfehlungen der Gruppe der 18 mit nur wenigen Einschränkungen an.[57]

In der zentralen Frage des zukünftigen Haushaltsplanungsprozesses einigten sich die Delegierten auf einen Kompromiß, der den Hauptbeitragszahlern – und damit auch den USA – ein größeres Gewicht bei der Haushaltsfestlegung einräumte, ohne daß dazu ein gewichtetes Stimmrecht eingeführt wurde. Der Aufgabenbereich des CPC wurde, wie es auch der Vorschlag der westlichen Mitglieder der G-18 vorsah, wesentlich erweitert. Ihm sollte zukünftig unter anderem auch die Festlegung der Haushaltsobergrenze obliegen, die er als 'Empfehlung' der Generalversammlung über ihren Fünften Ausschuß mitteilen sollte. Der VN-Haushalt sollte damit nicht wie bisher „von unten" aus der Summation einzelner Teilhaushalte im Bottom-up-Verfahren zusammengesetzt werden, sondern in seiner Höhe „von oben" festgelegt und dann auf die einzelnen VN-Bereiche nach zu bestimmenden Prioritäten verteilt werden (Top-down-Verfahren). Dadurch sollte ein unkontrollierter Anstieg des Haushaltsvolumens vermieden werden.

Zusätzlich entschied die Generalversammlung auf Druck ihrer Hauptbeitragszahler, innerhalb des ordentlichen Haushalts einen Reservefonds („Contingency Fund") einzurichten, aus dem in einem Haushaltszyklus auftretende Zusatzausgaben finanziert werden sollten. Bis dahin war es übliche Praxis der Generalversammlung, den einmal festgesetzten Haushaltsrahmen durch Nachtragshaushalte auszuweiten.

Besondere Bedeutung hat innerhalb der Resolution der Generalversammlung ein Passus, in dem betont wurde, daß das CPC seine Entscheidungen im Konsensus-Verfahren fällen sollte. Dies bedeutete, daß die USA (wie auch alle übrigen Mitglieder des Ausschusses) de facto ein Vetorecht in Haushaltsfragen erhielten. Da das CPC allerdings offiziell lediglich Empfehlungen an die Generalversammlung bzw. ihren Fünften Ausschuß (vgl. Abbildung 4 in Kapitel IX) abgibt, hängt die Funktionsfähigkeit dieses Arrangements letztlich vom Goodwill aller beteiligten Staaten ab. Angesichts der andauernden bzw. sich verschärfenden Finanzkrise hat sich bis 1995 an diesem Verfahren nichts geändert, so daß die Generalversammlung ihre Haushaltsautonomie faktisch aufgegeben hat.

Die US-Administration reagierte auf den Bericht der G-18 und die darauf basierende Resolution mit Genugtuung. Vernon Walters, der Nachfolger von Jeane Kirkpatrick im Amt des amerikanischen VN-Botschafters, verkündete vor der Generalversammlung voller Optimismus: „The agreed recommendations of the G-18 would eliminate a great deal of the waste, mismanagement, and irresponsibility which now drain so much of the UN's limited resources and erode donor confidence in the institution".[58] Präsident Reagan nannte die Resolution der Generalversammlung „... an historic step to adopt sweeping reforms of [the U.N.'s] organizations and methods of operation".[59]

Senat und Repräsentantenhaus reagierten auf die Reformbeschlüsse Ende 1987 mit einer Revision des Kassebaum-Amendments. Die Zahlungen an die Vereinten Nationen sollten nach der neuen Fassung nicht mehr grundsätzlich auf einen Beitragssatz von 20 Prozent beschränkt bleiben, zukünftig allerdings in drei Stufen erfolgen[60]: 40 Prozent des genehmigten Beitrags (der nicht mit dem von der Generalversammlung festgelegten Beitrag übereinstimmen muß) können vom US-Präsidenten am 1. Oktober eines Jahres an die Vereinten Nationen überwiesen werden, weitere 40 Prozent nach Abschluß der Sitzungsperiode der Generalversammlung, sofern der Präsident dann Fortschritte bei der Verwirklichung der Reformen bestätigen kann, und die restlichen 20 Prozent 30 Tage danach, wenn auch der Kongreß Fortschritte im Reformprozeß anerkennt. Ob Reformfortschritte im Sinne der USA erzielt wurden, wurde dabei von drei Kriterien abhängig gemacht, die direkt auf die G-18-Empfehlungen Bezug nahmen:[61]

(1) Die Haushaltsentscheidungen des CPC wurden im Konsens-Verfahren gefällt und von der Generalversammlung respektiert;
(2) bei der Begrenzung des Anteils von Zeitarbeitsverträgen auf 50 Prozent der Sekretariats-Stellen wurden Fortschritte erzielt;
(3) die Beschlüsse zum Personalabbau wurden umgesetzt.

Daß in diesen drei Punkten, wie auch in zahlreichen anderen Bereichen, in Folge des Berichts der G-18 und der Reformresolution 41/213 Veränderungen eintraten, ist offensichtlich.[62]

Nachdem bereits 1987 der Zweijahreshaushalt 1988-89, noch nach dem alten Haushaltsverfahren, bei nur einer Gegenstimme[63] verabschiedet worden war, wurde im Dezember 1988 erstmals in der VN-Geschichte eine Haushaltsresolution von der Generalversammlung im Konsens-Verfahren angenommen.[64]

Über die Vielzahl von kleinen Veränderungen sowohl in der Struktur des Sekretariats als auch in den Bereichen Verwaltung und Management geben „progress reports" des Generalsekretärs Auskunft, die seit 1987 jährlich veröffentlicht werden.[65]

Die geforderten Stellenstreichungen setzten ebenfalls 1987 ein. „Dies geschah jedoch vornehmlich aufgrund altersbedingten Ausscheidens, aufgrund von Rücktritten und Todesfällen sowie durch einen Einstellungsstop."[66] Zudem beabsichtigte der Generalsekretär bis Ende 1989 lediglich Personalkürzungen von rund 13 Prozent.[67] Diese Quote wurde von der Generalversammlung Ende 1988 auf Empfehlung des CPC auf 12,1 Prozent herabgesetzt.[68]

Auch in der bis dahin umstrittenen Frage der Zeitarbeitsverträge, insbesondere für sowjetische VN-Beamte, war eine Veränderung in Sicht. Im Mai 1988 kündigte der stellvertretende Außenminister der UdSSR, Petrovsky, an, daß zukünftig die kompetentesten sowjetischen VN-Beamten Dauerarbeitsverträge erhalten könnten[69] – auch dies war eine Auswirkung der neuen Politik Gorbatschows.

Trotz all dieser Reformmaßnahmen waren US-Administration und Kongreß auch weiterhin nicht bereit, die Beitragszahlungen zum ordentlichen Haushalt der Vereinten Nationen in voller Höhe wieder aufzunehmen – eine Tatsache, die Verärgerung und Frustration nicht nur unter den Vertretern der G-77 hervorrief, sondern zunehmend auch unter den westlichen Verbündeten der USA.[70]

1987 genehmigte der US-Kongreß lediglich Beitragszahlungen in Höhe von 144 Mio US-Dollar[71] anstelle der eigentlich zu zahlenden 213 Mio US-Dollar.[72] Tatsächlich gezahlt wurden davon bis zum Jahresende nur 100 Mio US-Dollar. Die restlichen 44 Mio US-Dollar gab Präsident Reagan erst im September 1988 frei[73], nur wenige Wochen bevor die Vereinten Nationen erneut zahlungsunfähig geworden wären.[74]

Der bewilligte Beitrag für 1988 betrug wiederum nur 144 Mio US-Dollar[75], von denen gemäß dem revidierten Kassebaum-Amendment 80 Prozent bis zum Jahresende gezahlt wurden.[76] Insgesamt summierten sich damit die ausstehenden Beitragszahlungen der USA am 31. Dezember 1988 auf knapp 308 Mio US-Dollar. Dies entsprach einem Anteil von rund 78 Prozent aller ausstehenden Beiträge zum ordentlichen VN-Haushalt.[77]

Aufgrund der Fortschritte der Vereinten Nationen im Reformprozeß und ihren Erfolgen bei der Lösung von Konflikten (Afghanistan, Iran/Irak, Namibia) zeichnete sich seit Ende 1988 eine Wende in der Beitragspolitik der US-Administration ab. Für 1989 beantragten Präsident Reagan beziehungsweise sein Nachfolger George Bush Beitragszahlungen zum ordentlichen VN-Haushalt in Höhe von 205,5 Mio US-Dollar (und damit nur 10,7 Mio weniger als der offizielle Pflichtbeitrag der USA für dieses Jahr ausmachte).[78] Zusätzlich enthielt der Haushaltsantrag der neuen US-Administration erstmals auch einen Posten von rund 21 Mio US- Dollar zur Tilgung von Beitragsrückständen gegenüber dem ordentlichen VN-Haushalt.[79]

Die unverändert desolate amerikanische Haushaltssituation, die restriktive Gesetzeslage, insbesondere in Form des GRH-Gesetzes, sowie die weiterhin fehlende politische Unterstützung der Vereinten Nationen im US-Kongreß bedeuteten jedoch, daß die USA auch in den folgenden Jahren ihren Beitragspflichten nur teilweise und mit erheblichen Verzögerungen nachkamen.

VN-Generalsekretär Pérez de Cuéllar warnte auch 1989: „Member states must realize that the financial situation of the U.N. could rapidly and dramatically deteriorate should any additional demands be placed upon these depleted reserves to meet the cash requirements for existing or new peace-keeping operations, or the negative impact of acute currency fluctuations or inflation".[80]

2.1.2 Der erneute Versuch einer Reform des ECOSOC

Empfehlung 8 des Berichts der G-18 sah die Einsetzung eines zwischenstaatlichen Gremiums vor, dessen Aufgabe es sein sollte, eine gründliche Studie über die Struktur des Wirtschafts- und Sozialbereichs der Vereinten Nationen durchzuführen.[81] Zweck der Studie sollte es unter anderem sein, Maßnahmen zur Vereinfachung dieser Struktur zu entwickeln, die Aufgabenbereiche und Kompetenzen der einzelnen Organe in diesem Bereich genau zu definieren und deren Koordinierung zu verbessern. Nach dem Mißerfolg der „Restructuring Exercise" sollte damit erneut der Versuch einer umfassenden Reform im Wirtschafts- und Sozialbereich der Vereinten Nationen, und damit in erster Linie des ECOSOC, unternommen werden.

Im Februar 1987 setzte der ECOSOC im Auftrag der Generalversammlung eine Sonderkommission ein, die mit der Durchführung der Studie beauftragt wurde.[82]

Der Kommission gehörten Vertreter aus 104 Staaten an. Nach fünfzehnmonatigen Verhandlungen wurde am 1. Juni 1988 das Arbeitsergebnis der Sonderkommission veröffentlicht. Es hat den offiziellen Titel „Report of the Special Commission of the Economic and Social Council on the In-depth Study of the United Nations Intergovernmental Structure and Functions in the Economic and Social Fields".[83]

De facto handelte es sich bei diesem 142seitigen Bericht jedoch nicht um die erwartete Reform-Studie, sondern lediglich um eine Aneinanderreihung informeller Papiere und Abschluß-Statements verschiedener Delegationen und des Vorsitzenden der Kommission.[84] Die Delegierten waren weder in der Lage, sich auf einen gemeinsamen Abschlußbericht zu einigen, noch konnten sie einen Minimalkonsens über konkrete Reformvorschläge erzielen. Insofern dokumentierte ihr Bericht lediglich das erneute Scheitern der Bemühungen um eine Reform des Wirtschafts- und Sozialbereichs der Vereinten Nationen.

Der bundesdeutsche Delegierte stellte als Sprecher der EG-Staaten in seinem Abschluß-Statement fest: „[...] at this moment the time does not seem to be ripe for an agreement on a far-reaching reform of the United Nations in the economic and social fields".[85] Als Gründe für das Scheitern nannte der Vorsitzende der Kommission unter anderem „politische Überlegungen" sowie ein „Gefühl der Frustration" insbesondere wegen der finanziellen Unsicherheit der Vereinten Nationen[86] – eine kritische Anspielung auf die amerikanischen Zahlungsverweigerungen.

Vor dem Hintergrund des Mißerfolges der Sonderkommission war es umso erstaunlicher, daß bereits zwei Monate später der ECOSOC unter dem Titel „Revitalization of the Economic and Social Council"[87] eine Resolution verabschiedete, in der eine Reihe von Reformmaßnahmen beschlossen wurden. Dabei handelte es sich allerdings zum einen um relativ unverbindliche Absichtserklärungen - etwa, daß das Büro des Generaldirektors für Entwicklung und internationale wirtschaftliche Zusammenarbeit gestärkt werden sollte, zum anderen um Beschlüsse über sehr spezielle administrative und organisatorische Reformen, die sich zum Beispiel auf die Arbeitsmethoden des ECOSOC bezogen. Weiterreichende Entscheidungen über konkrete strukturelle, institutionelle und konstitutionelle Reformen enthielt auch diese Resolution nicht.

Zentrale Streitpunkte, wie u.a. die von Vertretern der G-77 häufig geforderte Umwandlung des ECOSOC in ein Plenarorgan, blieben damit weiterhin ungeklärt.

Trotz (oder gerade wegen) der offensichtlichen Unfähigkeit beziehungsweise Unwilligkeit der Vereinten Nationen und ihrer Mitgliedstaaten, über die administrative Ebene hinausgehende Reformen zu verwirklichen, entstanden im Laufe der 80er Jahre mehrere Studien zumeist unabhängiger Autoren und Institutionen, in denen weitergehende Vorschläge und Modelle für eine reformierte VN-Organisation entwickelt wurden. Die wichtigsten Studien sollen im folgenden vorgestellt werden.

2.2 Die Entwürfe für weiterreichende VN-Reformen

Mitte der 80er Jahre kam es zu einem sprunghaften Anstieg in der Zahl von Aufsätzen und Studien, die sich mit Reformen der Vereinten Nationen auseinandersetzten. Den äußeren Anlaß für eine grundsätzlichere Beschäftigung mit diesem Thema bot zunächst der 40. Geburtstag der Weltorganisation 1985. Gleichzeitig waren die Krisentendenzen der 80er Jahre – sowohl innerhalb („Finanzkrise") als auch außerhalb des VN-Systems (Wirtschaftskrisen, Verschuldungskrise, Umweltkrise, usw.) – und die offensichtliche Unfähigkeit der Vereinten Nationen, zur Lösung dieser Krisen entscheidend beizutragen, Gründe für eine intensivere Auseinandersetzung zahlreicher Autoren mit der Struktur der Vereinten Nationen und ihrer Rolle im internationalen System.

Im Gegensatz zu VN-internen Reformstudien besaß für die meisten dieser Autoren das Kriterium der tatsächlichen politischen Durchsetzbarkeit ihrer Ideen keinen bestimmenden Einfluß auf die Formulierung der Reformvorschläge. Ihre Vorschläge blieben daher nicht auf die Ebene administrativer und struktureller Reformen begrenzt, sondern zielten auch auf weiterreichende institutionelle und konstitutionelle Reformen ab (vgl. Schaubild 5 auf S. 148).[88]

All diesen Studien lag implizit die Einsicht zugrunde, die Bertrand als Kritik am Ansatz der G-18 formulierte, nämlich „... daß eine weitreichende politische Krise mit Methoden, die nicht die ihr tatsächlich zugrunde liegenden Ursachen aufspüren, nicht gelöst werden kann".[89]

2.2.1 Der Bertrand-Bericht

Die meistbeachtete Reformstudie, die anläßlich des 40. Geburtstags der Vereinten Nationen 1985 veröffentlicht wurde, stammt von dem Franzosen Maurice Bertrand. Diese Studie mit dem Titel „Some Reflections on Reform of the United Nations"[90] stellte gleichsam Bertrands Vermächtnis am Ende seiner 17jährigen Tätigkeit als Inspektor der Joint Inspection Unit (JIU) dar. Offiziell als Bericht der JIU herausgegeben, ging diese Studie weit über den zumeist recht spezifischen Untersuchungsrahmen der üblichen JIU-Studien hinaus. Bertrand stellte in ihr vielmehr umfassende Überlegungen zum Zustand des VN-Systems[91] an und entwickelte Vorschläge für radikale Reformmaßnahmen.

Bertrand ging in seinem Bericht inhaltlich in drei Schritten vor: In einem ersten Schritt identifizierte er die Unzulänglichkeiten („shortcomings") des bestehenden VN-Systems (Kapitel II), in einem zweiten Schritt analysierte er die Rolle der Weltorganisation und ihre Hauptziele sowie die bestehenden Strukturen zur Erreichung dieser Ziele (Kapitel III und IV), in einem dritten Schritt unterbreitete er schließlich seine Vorschläge für umfassende Reformen im VN-System, die letztlich zu einer 'Weltorganisation der dritten Generation'[92] führen sollen (Kapitel V).

Als Unzulänglichkeiten des Systems kritisierte Bertrand insbesondere folgende Punkte:[93]

(1) Den Mangel an Koordinierung und die fehlende Festlegung von Prioritäten aufgrund der außerordentlichen und unnötigen Komplexität des Systems.
(2) Die extreme Fragmentierung im Bereich der operativen Tätigkeiten des VN-Systems.
(3) Die Inanspruchnahme eines übermäßigen Arbeitsanteils der Delegationen und Sekretariate für administrative und organisatorische Probleme: „The way in which the mill operates becomes much more important than the quality of the flour it produces".[94]
(4) Das bisherige Scheitern der Bemühungen um Verbesserungen sowohl im Bereich systemweiter Koordinierung als auch im Bereich von Planung, Programmierung, Monitoring und Evaluierung:

„This mass of efforts, changes in structure, work on methodology and recommendations, precise though they were and formulated in an imperative way by the General Assembly, have in no way improved co-ordination. 'Joint planning' has remained wishful thinking; development strategies applied by each organization have continued to diverge; and 'country programming' and 'field co-ordination' have never been anything more than meaningless terms."[95]

(5) Die mittelmäßige Qualität des Outputs, sei es in Form von Publikationen und Dokumenten, sei es in Form von Projekten.
(6) Die schlechte Qualifikation von Teilen des VN-Personals.

Selbst wenn diese diagnostizierten Unzulänglichkeiten behoben werden könnten, so ist nach Bertrand keineswegs sicher, daß das VN-System seine Aufgaben danach besser erfüllen kann. Dazu seien vielmehr grundsätzlichere Veränderungen in der Struktur des Systems notwendig.[96] Grundlage aller gemeinsamen Aktivitäten im Rahmen der Vereinten Nationen ist für Bertrand der Konsens der Mitgliedstaaten. Er betonte: „The normal function of a World Organization is thus essentially to work with extreme tenacity for a better consensus or a different type of consensus in order to enable some progress to be made in the direction of the distant goals laid down in the Charters and Constitutions".[97]

Konsens herrschte im bestehenden VN-System jedoch lediglich im Bereich der humanitären Aktivitäten und der eher technischen Tätigkeiten, wie der Sammlung und Verteilung von Informationen, der funktionalen Zusammenarbeit und der technischen Standardisierung in den Bereichen Transport, Telekommunikation, Meteorologie, Statistik und im Gesundheitsbereich. Diese Aktivitäten machten jedoch nur etwa 20 Prozent der gesamten VN-Ausgaben aus.[98] In den übrigen drei von Bertrand als Haupttätigkeitsfelder der Weltorganisation definierten Bereichen herrschte unter den Mitgliedstaaten nur ein geringer Konsens, nämlich in den Bereichen:[99]
- Frieden und Sicherheit,
- Entwicklung,
- Forum für Diskussion, Forschung und Verhandlungen.

Bertrand kam zu dem Schluß, daß in diesen drei Bereichen die bestehenden VN-Strukturen kaum den angestrebten Zielen angepaßt seien. Er führte dies auf drei grundsätzliche Irrtümer zurück:[100]

Irrtum 1: Die Bewahrung des Friedens kann in der modernen Welt durch eine Institution gewährleistet werden.

Irrtum 2: Die Entwicklung der ärmeren Zonen der Welt kann durch einen sektoralen und damit nicht-integrierten Ansatz erreicht werden.

Irrtum 3: Verhandlungen zur Verbesserung oder Veränderung weltweiter Übereinstimmungen können geführt werden, ohne daß zuvor von allen Teilnehmern akzeptierte Verhandlungsstrukturen definiert wurden.

Im Bereich „Frieden und Sicherheit", das heißt im politischen Bereich der Vereinten Nationen, sah Bertrand vor dem Hintergrund des Ost-West-Konfliktes keine Möglichkeiten für direkte reformerische Veränderungen, etwa innerhalb des Sicherheitsrates.[101] Er vertrat vielmehr die These, daß nur indirekt durch die Entwicklung wirtschaftlicher und sozialer Zusammenarbeit auch Erfolge im politischen Bereich erreicht werden können. Damit stand Bertrand in der Tradition der funktionalistischen Theorien Internationaler Organisationen, wenngleich er einen sektoralen Funktionalismus, wie er sich in der Struktur des VN-Systems widerspiegelt, kategorisch ablehnte.[102]

Ziel seiner Reformvorschläge war die Schaffung einer ökonomischen Weltorganisation, der „economic United Nations"[103], in der rein politische Probleme zwar nicht ausgeklammert werden sollten, an erster Stelle jedoch die Lösung ökonomischer Probleme stünde. Zu diesem Zweck sah Bertrands Reformentwurf eine vollständige Umgestaltung im Wirtschafts- und Sozialbereich des VN-Systems sowohl auf der operativen Ebene als auch auf der zwischenstaatlichen Ebene und der Ebene der Sekretariate vor.

Im operativen Bereich sollte die sektorale Struktur des VN- Systems durch eine regionale Struktur ersetzt werden. Dazu sollten all diejenigen VN-Institutionen, die im Entwicklungsbereich tätig sind, in ihrer bisherigen Form aufgelöst und 'vor Ort' zu „regional development agencies or enterprises"[104] zusammengefaßt werden: „In other words, the headquarters of the bodies concerned must be located in the regional or subregional capitals, and all the organizations decentralized today by sectors (whether situated at headquarters or in the regions) must be centralized and transferred to each region, as part of a single, interdisciplinary development agency or enterprise responsible at once for health, agriculture, industry, education, etc".[105]

Die Sekretariate der betroffenen Sonderorganisationen sollten zwar erhalten bleiben, ihr Aufgabengebiet und ihr Personal jedoch deutlich reduziert werden. Sie sollten zukünftig als „centres for reflection and co-ordination"[106] fungieren und in 'direktem Kontakt' zum reorganisierten zentralen VN-Sekretariat stehen.

Das zentrale Sekretariat sollte interdisziplinär arbeiten und mit einem großen Team hochqualifizierter Wissenschaftler ausgestattet sein.[107] Seine Aufgaben sollten hauptsächlich in den Bereichen Planung, Forschung und Koordinierung liegen.

Für die administrative und politische Führungsebene der neuen „economic United Nations" schlug Bertrand, inspiriert vom Modell der Europäischen Gemeinschaft, eine kombinierte „Council-Commission" -Struktur vor.[108] Mitglieder der neuzuschaffenden Kommission sollten die Führungspositionen im zentralen Sekretariat sowie den Sekretariaten der betroffenen Sonderorganisationen übernehmen. Die Kommission sollte sich aus 'unabhängigen Persönlichkeiten' zusammensetzen. Das ACC hätte durch eine derartige Kommission seine Funktionen verloren und sollte aufgelöst werden.

Auf der zwischenstaatlichen Ebene schlug Bertrand die Schaffung eines „Economic Security Council" vor, der als Weltdiskussions- und -verhandlungsforum im wirtschaftlichen und sozialen Bereich dienen sollte. Er sollte in Bedeutung und Ansehen dem bestehenden Sicherheitsrat zumindest gleichgestellt sein.[109] Diesem neuen „Wirtschafts-Sicherheitsrat" sollten zwischen 12 und 37 Mitgliedstaaten angehören, die nach der Höhe des Bruttosozialprodukts und der Bevölkerungsgröße sowie nach einem Regionalschlüssel zu bestimmen wären. Der Rat sollte, ähnlich dem EG-Ministerrat, auf der Ebene von Fachministern tagen. Nach Bertrands Vorstellung könnte er an die Stelle des bisherigen ECOSOC treten. Dazu wäre allerdings eine Revision der Kapitel IX und X der VN-Charta notwendig.[110] Falls dies nicht durchsetzbar wäre, könnten „zur Not" die vorgeschlagenen neuen Organe auch neben den bereits bestehenden errichtet werden.

Bertrand betonte abschließend, daß von den vorgeschlagenen Reform-Maßnahmen weder die Generalversammlung, der Generalsekretär und der Sicherheitsrat noch die kleinen 'funktionalen' Sonderorganisationen berührt werden.[111]

Gerade diese letzte Feststellung wirft eine Reihe von Fragen auf, die Bertrand in seinem Bericht unbeantwortet läßt. Unklar bleibt zum Beispiel, in welchem Verhältnis der Generalsekretär zu der neuen Kommission stehen soll, und welche Kompetenzen der Kommission überhaupt übertragen werden können, wenn die Position des Generalsekretärs von den Reformen unberührt bleibt.

Ebenso unklar erscheint das Verhältnis zwischen der Generalversammlung und einem zukünftigen Economic Security Council. Wäre die Generalversammlung, wie Bertrand bestätigte, von seinen Reformen nicht betroffen, bedeutete dies, daß sie weiterhin auch im Wirtschafts- und Sozialbereich des VN-Systems die höchste Instanz bliebe, und – entsprechend Artikel 60 der VN-Charta – auch der neue Economic Security Council unter ihrer Autorität stünde. Würde dieser dagegen tatsächlich eine dem Sicherheitsrat entsprechende Stellung erhalten, hätte dies umgekehrt für die Generalversammlung eine erhebliche Eingrenzung ihres Verantwortungsbereichs zur Folge. Diese Fragestellung ist auch deswegen von entscheidender Bedeutung, weil nach Bertrands Reformmodell die westlichen Industrieländer aufgrund ihres hohen Bruttosozialprodukts im Economic Security Council überproportional vertreten wären, unter Umständen sogar die Stimmenmehrheit hätten. Eine Kompetenzverlagerung von der Generalversammlung zum Economic Security Council bedeutete damit gleichzeitig innerhalb des VN-Wirtschafts- und Sozialbereichs eine Einflußverlagerung von den Entwicklungsländern auf die westlichen Industrieländer.

Würden Bertrands Reformvorschläge in die Realität umgesetzt, hieße das also nicht, daß die bestehenden VN-Strukturen durch eine Council-Commission-Struktur ersetzt werden würden, vielmehr würden die neuen Strukturen neben den alten (Generalversammlung-Generalsekretär) errichtet werden. Ob dies die von Bertrand kritisierte Komplexität des VN-Systems reduzieren würde, erscheint fraglich.[112]

Eine weitere Schwäche des Bertrand-Berichts liegt in der fehlenden Berücksichtigung der Bretton-Woods-Institutionen des VN-Systems. Es erscheint inkonsistent, daß Bertrand einerseits für eine Auflösung der sektoralen VN-Strukturen und für einen integrierten regionalen Entwicklungsansatz plädierte, andererseits dabei aber die Bereiche des Handels (GATT) sowie der Entwicklungs- und Zahlungsbilanzfinanzierung (Weltbank-Gruppe, IFAD, IWF) bewußt ausklammerte – dies insbesondere vor dem Hintergrund der Verschuldungskrise der 80er Jahre und der dadurch gestiegenen Bedeutung von IWF und Weltbank.[113]

Trotz seiner Schwachpunkte kann der Bertrand-Bericht als eine der wichtigsten Reformstudien der VN-Geschichte angesehen werden. Donini urteilte: „... the 'Bertrand report' represents a kind of demarcation line: the small world of UN system reform attempts will not be the same again. The emphasis has shifted from a predominantly managerial and and administrative perspective to one focussing on structural and systemic change".[114] Bertrand identifizierte in seinem Bericht nicht nur die hinter den vordergründigen Krisenerscheinungen liegende strukturelle und politische Krise des VN-Systems, er unterbreitete auch – im Gegensatz zu anderen Reformstudien wie dem Bericht der G-18 – adäquate strukturelle und politische Lösungsvorschläge. Seine Analyse der Unzulänglichkeiten des bestehenden Systems war für eine VN-interne Studie von ungewöhnlicher Schärfe und entsprach nicht der sonst üblichen diplomatisch unverbindlichen Diktion. Bertrand selbst bemerkte in diesem Zusammenhang: „... the author has been led to formulate critical judgements whose severity may at times be calculated to surprise or even to shock".[115]

Es überraschte kaum, daß der Bericht vor allem innerhalb des VN-Systems zum Teil äußerst kritisch aufgenommen wurde. Ein hoher VN-Beamter wurde beispielsweise mit dem Kommentar zitiert, Bertrand sei „out of touch with the political realities of the institution".[116] Das ACC degradierte den Bertrand-Bericht, obwohl ein offizieller Report der JIU, zum „personalized view of the United Nations system"[117] und enthielt sich entgegen sonst üblicher Praxis eines jeden weiteren Kommentars.

Bertrand stieß mit seinem Bericht jedoch auch auf Zustimmung. Generalsekretär Pérez de Cuéllar, obwohl verärgert über die vorzeitige Veröffentlichung von Teilen des Berichts, bemerkte immerhin: „... the report merits careful and thoughtful examination".[118] Auf Vorschlag Frankreichs wurde Bertrand wenig später zum Mitglied der G-18 ernannt. 1986 berief die VN-Gesellschaft der USA

(UNA-USA) Bertrand zum Berater eines ambitionierten Projekts, das sich ebenfalls mit der Reform des VN-Systems befaßte.[119] Der Abschlußbericht dieses Projekts stellte einen weiteren wichtigen Beitrag in der Reihe umfassender Reformstudien dar.

2.2.2 Der Report der UNA-USA

Anfang 1986, in der Hochphase der „Finanzkrise" der Vereinten Nationen, initiierte die amerikanische VN-Gesellschaft ein Forschungsprojekt, das „United Nations Management & Decision-Making Project", dessen Zweck es war, konstruktive Vorschläge zur zukünftigen Rolle der Weltorganisation zu entwickeln. Das Projekt sollte, wie Bertrand schreibt, ein „Gegengewicht zu den destruktiven und radikal neo-konservativen Arbeiten der Heritage-Foundation"[120] darstellen.

Im Rahmen dieses Forschungsprojekts wurde ein internationales Panel gebildet, das in einem Bericht den Zustand des VN-Systems analysieren und Vorschläge für Veränderungen unterbreiten sollte. Dem Panel gehörten zwar mehrheitlich westliche Vertreter an[121], dennoch repräsentierte es ein breites Meinungsspektrum, das von Nancy Kassebaum und Jeane Kirkpatrick[122] über Helmut Schmidt, Robert S. McNamara, Brian Urquhart, Sadruddin Aga Khan bis hin zum stellvertretenden Ministerpräsidenten Tansanias, Salim A. Salim, und dem ehemaligen Außenminister Ugandas, Olara Otunnu, reichte.

Der Abschlußbericht des Panels wurde im September 1987 unter dem Titel „A Successor Vision: The United Nations of Tomorrow"[123] veröffentlicht. Er gliederte sich – ähnlich dem Bertrand-Bericht – in drei inhaltliche Abschnitte. In einem ersten Teil wurde eine Bestandsaufnahme der Erfolge und Schwächen des bestehenden VN-Systems vorgenommen (Kapitel 2 und 3), ein zweiter Teil enthielt Überlegungen zur möglichen Rolle der Vereinten Nationen und ihren zukünftigen Funktionen (Kapitel 4), in einem dritten Teil (Kapitel 5 und 6) wurden schließlich konkrete Vorschläge für strukturelle und institutionelle Veränderungen unterbreitet, die das System in die Lage versetzen sollen, die zuvor definierten Funktionen zu erfüllen.

Der Bericht nannte drei grundsätzliche Funktionen, die von den Vereinten Nationen in Zukunft verstärkt ausgeübt werden sollten:[124]
(1) Die Vereinten Nationen sollten gemeinsame Interessen ihrer Mitglieder feststellen (Funktion des Global Watch).
(2) Sie sollten diese gemeinsamen Interessen in gemeinsame Standpunkte umsetzen (Funktion des Consensus-Building).
(3) Sie sollten diese gemeinsamen Standpunkte in gemeinsames Handeln umsetzen (Funktion der Consensus-Conversion).

Da nach Ansicht der Mitglieder des Panels die vorhandenen Institutionen zur Ausübung dieser Funktionen wenig geeignet seien, hielten sie eine neue VN-Struktur im Rahmen der bestehenden Charta-Bestimmungen für unerläßlich.[125] Ihre daraus resultierenden Reformvorschläge bezogen sich schwerpunktmäßig auf den Wirtschafts- und Sozialbereich der Vereinten Nationen. Sie zielten dabei sowohl auf institutionelle und strukturelle als auch auf administrative Veränderungen ab.

Im Mittelpunkt der Vorschläge steht die Einführung eines vom EG-Modell inspirierten Ministerrat-Kommission-Konzepts. Bertrands Einfluß auf diese Vorschläge ist offensichtlich, wenngleich sich die vom UNA-USA-Panel entwickelte Version in vielen Punkten von der des Bertrand-Berichts deutlich unterscheidet.

Als „a small political center for high-level consultations on urgent matters of human security and welfare"[126] sollte ein Ministerrat („Ministerial Board") installiert werden, der aus nicht mehr als 25 Mitgliedern bestehen und zunächst dem ECOSOC angegliedert werden sollte (vgl. Abbildung 13 in Kapitel IX).[127] Er sollte die drei oben genannten Funktionen Global Watch, Consensus-Building und Consensus-Conversion in all den Bereichen ausüben, für die der Sicherheitsrat nicht verantwortlich ist. Dabei handelte es sich in erster Linie um die Bereiche Entwicklung und Umwelt. Der Rat sollte sich teils aus ständigen, teils aus wechselnden Mitgliedern zusammensetzen. Kriterien für die Mitgliedschaft sollten Bevölkerungsgröße und wirtschaftliche Größe sowie (für die nichtständigen Mitglieder) ein regionaler Verteilungsschlüssel sein.

Im Gegensatz zu Bertrands Economic Security Council sollte der Ministerrat nicht an die Stelle des ECOSOC treten. Der ECOSOC sollte im Gegenteil gleichzeitig aufgewertet werden.[128] Er sollte den von den Staaten der G-77 seit langem geforderten Status als Plenarorgan erhalten und die Aufgabenbereiche des Zweiten und Dritten Ausschusses der Generalversammlung übernehmen. Diese beiden Ausschüsse sollten im Gegenzug aufgelöst werden. Dadurch würde die Doppelarbeit zwischen ECOSOC und Generalversammlung weitgehend beseitigt werden. Der ECOSOC wäre zentrales Diskussions- und Verhandlungsforum im wirtschaftlichen und sozialen Bereich.

Für die Verwaltungsebene des VN-Systems schlägt das UNA-USA-Panel die Einrichtung einer Kommission vor, die aus den Leitern aller Sonderorganisationen, Nebenorgane und Entwicklungsprogramme des VN-Systems sowie drei bis fünf weiteren Mitgliedern bestehen sollte (vgl. Abbildung 13 in Kapitel IX).[129] Vorsitzender der Kommission sollte der Generaldirektor für Entwicklung und internationale wirtschaftliche Zusammenarbeit sein. In Zusammensetzung und Aufgabenbereich hat die geplante Kommission viel Ähnlichkeit mit dem bestehenden ACC, die beiden Organe unterscheiden sich jedoch in zwei wesentlichen Punkten: Die Mitglieder der Kommission – und damit auch die Leiter der Sonderorganisationen – sollten, mit Ausnahme der Leiter von IWF, Weltbank und GATT, vom Ministerrat direkt berufen werden. Als eine ihrer Aufgaben sollte die Kommission ein konsolidiertes systemweites Programmbudget, wiederum unter Ausschluß von IWF, Weltbank und GATT, entwerfen und der Generalversammlung zur Genehmigung vorlegen. Diese beiden Regelungen würden einen erheblichen Souveränitätsverlust für die Sonderorganisationen und ihre entsprechenden Hauptorgane bedeuten. Die Autoren waren sich der zu erwartenden Schwierigkeiten bei der Durchsetzung dieses Vorschlags durchaus bewußt und schlugen die Errichtung einer derartigen Kommission nur als mittel- oder langfristiges Ziel vor.

Ähnliches galt für einen Vorschlag, der sich auf den operativen Bereich des VN-Systems bezog. In Anlehnung an den Jackson-Bericht und den Bericht der „Group of Experts" von 1975 schlugen die Mitglieder des UNA-USA-Panels vor, den gesamten Bereich der Technischen Hilfe des VN-Systems unter einem organisatorischen Dach zusammenzufassen.[130] Sie bemerkten jedoch zugleich einschränkend, daß eine derartige Maßnahme kurzfristig aus politischen und institutionellen Gründen nicht durchführbar sei. Anstelle dessen empfahlen sie daher zunächst die Errichtung eines „Development Assistance Board" (vgl. Abbildung 13 in Kapitel IX), der aus der Fusion der Verwaltungsräte von UNDP,

UNFPA, UNICEF und des WFP hervorgehen und deren Aufgaben übernehmen sollte.[131]

Gerade an diesem letzten Punkt, aber auch an vielen anderen Stellen des Berichts zeigte sich, daß die Mitglieder des UNA-USA-Panels die politische Durchsetzbarkeit ihrer Vorschläge stärker im Auge behielten als beispielsweise Bertrand in seinem Bericht. Ihre Reformentwürfe für die zwischenstaatlichen Organe des VN-Wirtschafts- und Sozialbereichs stellten dabei einerseits eine Einschränkung, andererseits eine deutliche Konkretisierung und Weiterentwicklung der Vorschläge des Bertrand-Berichts dar, da sie eine Änderung der Charta-Bestimmungen nicht notwendig machten. Mit dem dreiteiligen Konzept „Errichtung eines Ministerrats – Umwandlung des ECOSOC in ein Plenarorgan – Auflösung des Zweiten und Dritten Ausschusses der Generalversammlung" machte der UNA-USA-Bericht nicht nur einen Vorschlag zur Klärung der Zuständigkeiten der einzelnen Organe, was bei Bertrand fehlte, sondern er bot auch einen Kompromiß an, der sowohl von den Industrieländern als auch von den Staaten der Dritten Welt akzeptiert werden könnte. Einerseits würde mit der Errichtung eines Ministerrats der Forderung der Industrieländer nach einem kleineren, „effektiver" arbeitenden Gremium, in dem sie selbst stärker vertreten wären, Rechnung getragen, andererseits würde mit der Universalisierung des ECOSOC gleichzeitig eine seit langem erhobene Forderung der G-77-Staaten erfüllt werden.

Bertrand selbst beurteilte den Bericht des UNA-USA-Panels positiv: „Der realistische und konstruktive Ansatz der Analyse [...] verlieh diesem neuen Beitrag über die Rolle der Vereinten Nationen die Chance, einen tatsächlichen Einfluß auf die künftige Entwicklung der Ideen zu nehmen".[132] Ob der Einfluß dieses Berichts über die „Entwicklung der Ideen" hinaus zu einem Ende der Stagnation und zu tatsächlichen Reformen im Wirtschafts- und Sozialbereich der Vereinten Nationen führen kann, war nach dem Scheitern des jüngsten VN-internen Reformversuchs auf diesem Gebiet jedoch zweifelhaft.[133]

2.2.3 Die Reform-Vorschläge von Johan Galtung
Im November 1986 unterbreitete Johan Galtung, ehemaliger Leiter des Osloer Friedensforschungsinstituts und zum damaligen Zeitpunkt Senior Special Fellow bei UNITAR, eine Liste von Vorschlägen für Reformen im VN-System, die in ihrer Radikalität noch weit über die Vorschläge Bertrands und des UNA-USA-

Panels hinausgingen. Sie sind mit diesen allerdings weder quantitativ noch qualitativ vergleichbar. Galtungs Vorschläge, die er in einem Vortrag unter dem Titel „The United Nations Today: Problems and Some Proposals"[134] anläßlich eines Symposiums zur VN-Krise präsentierte, stellten kein umfassendes, zusammenhängendes Reformkonzept dar, sondern waren lediglich eine Aneinanderreihung acht zusammenhangloser Einzelideen. Konkret machte Galtung folgende Vorschläge:

(1) Änderung der Beitragsstruktur der Vereinten Nationen: Vor dem Hintergrund der von den USA ausgelösten „Finanzkrise" schlug Galtung vor, den Höchstbeitragssatz zu senken, um so die finanzielle Abhängigkeit der Vereinten Nationen von einem Mitgliedstaat zu reduzieren. Die USA sollten zukünftig einen der UdSSR entsprechenden Beitragssatz von etwa 12 Prozent zahlen.[135]

(2) Die Gehälter der VN-Bediensteten sollten um 30 Prozent gekürzt werden. Galtung argumentierte: „By offering high salaries one attracts the type of people who are interested in high salaries".[136] Niedrigere Gehälter würden dagegen Menschen anziehen, die eher durch persönliches Engagement als durch Geld motiviert wären.

(3) Die Vereinten Nationen sollten nicht weiterhin als Abladeplatz („dumping ground")[137] für gescheiterte Politiker dienen.

(4) „Entwaldheimisierung" des VN-Systems. In der Amtszeit Waldheims wurde das VN-System gegenüber Regierungen unterwürfiger als je zuvor. Die Vereinten Nationen sollten aufhören, die Regierungen als heilig anzusehen und sich selbst als 'Gewerkschaft von Regierungen' zu begreifen.[138]

(5) Die Bedeutung der Leiter der Sonderorganisationen sollte verringert werden. Mehr interne Demokratie würde die Moral der Belegschaft dieser Organisationen erhöhen.

(6) Die Vereinten Nationen sollten ihre Zentrale verlegen, da die feindselige Umgebung in den USA einen schädlichen Einfluß auf die Organisation ausübe. Bevorzugter neuer Standort wäre für Galtung Berlin mit einem VN-Hauptquartier, das die Mauer zwischen Ost und West überbrücken sollte. Eine Alternative dazu wäre ein Standort in Südostasien.

(7) Der Sicherheitsrat sollte abgeschafft werden. Galtung sieht ihn als ein unnötiges Relikt einer vergangenen Demokratie-Epoche an, vergleichbar dem britischen House of Lords.

(8) Die Vereinten Nationen sollten kein Regierungsmonopol bleiben. Internationale NGOs und Transnationale Unternehmen sollten ebenfalls die Möglichkeit erhalten, ihre Standpunkte und Interessen in eigenen VN-Kammern zu artikulieren. Dieser Vorschlag erinnert an das Modell eines Drei-Kammer-Systems, wie es in der Reformstudie von Mark Nerfin zur Diskussion gestellt wurde.[139]

Diese acht Vorschläge muten wie eine etwas willkürlich zusammengestellte „shopping list" für VN-Reformer an. Die Begründungen für manche der vorgeschlagenen Maßnahmen erscheinen zudem wenig plausibel. Dies gilt zum Beispiel für die Abschaffung des Sicherheitsrats und die Kürzung der Gehälter – würde eine drastische Kürzung der Gehälter tatsächlich zu einer Motivationssteigerung in der VN-Belegschaft führen? Andere Vorschläge, wie die Änderung der Beitragsstruktur und die Bereitstellung von eigenen VN-Foren für NGOs und Transnationale Unternehmen, stellten dagegen beachtenswerte Ideen zur Anpassung der Vereinten Nationen an die veränderten Strukturen des Internationalen Systems dar. Diese Ideen stammten allerdings nicht von Galtung, sie waren bereits aus vorausgegangenen Studien bekannt. In jedem Fall erfüllte sein Beitrag einen positiven Zweck: Er regte auf provozierende Weise die Auseinandersetzung mit Inhalten an, die in der üblichen Reformdiskussion quasi tabuisiert waren.

2.2.4 Die Reaktivierungs-Vorschläge von Mahdi Elmandjra

Ähnlich provozierend wie die Vorschläge Galtungs war der Beitrag des Marokkaners, Mahdi Elmandjra, zur Diskussion um eine Reform der Vereinten Nationen. Elmandjra stellte seine Vorschläge im September 1986 unter der Überschrift „UN Organizations: Ways to Their Reactivation" vor.

Im Gegensatz zu den meisten anderen Reform-Studien dieser Zeit beruhten Elmandjras Vorschläge auf einer Krisenanalyse, deren Untersuchungsbereich sich nicht ausschließlich auf das VN-System beschränkte. Elmandjra interpretierte die VN-Krise nicht als eine Krise der Organisationen, sondern zuallererst als eine Krise des 'Internationalen Systems'.[140] Daraus zog er die Schlußfolgerung: „The solutions ought to be sought at this level and not in the mechanics of individual organizations which are themselves a by-product of the international environment within which they evolve".[141] Diese Feststellung implizierte, daß interne Reformen des VN-Systems, insbesondere Reformen auf der administrativen und strukturellen Ebene, nicht zu essentiellen Lösungen führen können. Jeder Reformansatz, der auf diese Ebenen beschränkt bliebe, bedeutete für Elmandjra ein „harmless tinkering with organizational charts, procedures and accounting".[142]

Um zu grundsätzlichen Lösungen zu gelangen, genügte es allerdings auch nicht, sich allein mit den Strukturen des Internationalen Systems zu befassen. Elmandjra kam vielmehr zu dem Schluß: „... the real problem is not only with structures of the international system but it is mostly with the mental structures of the decision makers".[143] Daher setzten seine Reformvorschläge zunächst auf der Ebene „kognitiver" Reformen an, das heißt auf der Ebene von Reformen in der Erkenntnis und im Denken der Entscheidungsträger zu Rolle und Funktion und damit bei der theoretischen Konzeption der Vereinten Nationen. Die Ausführungen bezogen sich dabei schwerpunktmäßig auf den Entwicklungsbereich des VN-Systems.

Elmandjra sah das von den Vereinten Nationen verfolgte grundsätzliche Konzept internationaler Zusammenarbeit, das entgegen der ursprünglichen universalen Zielsetzung auf bloße „aid to development"[144] reduziert wurde, als gescheitert an. Nicht die „Entwicklungshilfe"[145] sollte im Mittelpunkt der VN-Programme stehen, sondern eine „wirkliche internationale Zusammenarbeit", die auf einem Austausch von Erfahrungen, Ideen, Informationen und Personen beruht.[146] Alle unter dem Begriff „Entwicklungshilfe" zusammengefaßten VN-Aktivitäten sollten bis 1990 grundsätzlich beendet werden. Einzige Ausnahmen könnten die Katastrophenhilfe und die Tätigkeiten von UNICEF sein.[147] Damit wäre allerdings gleichzeitig die Legitimation zahlreicher VN-Organisationen, wie etwa des UNDP, in Frage gestellt. Eine Beseitigung des herkömmlichen Entwicklungshilfe-Auftrags hätte zwangsläufig auch eine Beseitigung der Institutionen zur Folge, die diesen Auftrag bisher ausgeführt haben.

Diese Konsequenz ergibt sich auch aus Elmandjras Forderung nach einer Beendigung oder drastischen Reduzierung aller VN-Programme, die aus freiwilligen Beiträgen finanziert werden. Der Anteil der freiwilligen Beitragszahlungen sollte vom bestehenden Niveau von über 50 Prozent der Gesamtausgaben des VN-Systems auf höchstens 20 Prozent (bis 1990) beziehungsweise 10 Prozent (bis zum Jahr 2000) reduziert werden. Die VN-Organisationen sollten zukünftig ihre Arbeit im wesentlichen aus Pflichtbeiträgen bestreiten, um, so Elmandjras Begründung, „... to eliminate all traces of charity and mendacity".[148]

Zugleich sollte kein Mitgliedstaat für mehr als 10 Prozent des ordentlichen VN-Haushalts aufkommen – ein bereits aus den Veröffentlichungen anderer Autoren bekannter Vorschlag – aber auch kein Mitgliedstaat für weniger als ein Prozent. Die Staaten, deren Beitragssatz unter einem Prozent lag – nach dem Beitragsschlüssel von 1990 immerhin 143 der 159 VN-Mitgliedstaaten[149] – sollten sich bei Abstimmungen zu Gruppen zusammenschließen. Mit diesem Verfahren würde nach Ansicht Elmandjras kein „gewichtetes", sondern ein „konsolidiertes" Stimmrecht eingeführt werden[150] – eine Differenzierung, die jedoch nicht näher erläutert wurde.

Elmandjras Vorschläge gingen in ihrer grundsätzlichen Infragestellung des herkömmlichen Entwicklungsdenkens weit über alle bisherigen Reformstudien auf diesem Gebiet hinaus. Bemühungen um strukturelle Reformen des Entwicklungsapparats der Vereinten Nationen erschienen aus der Perspektive Elmandjras letztlich sinnlos, da für ihn der Zweck des gesamten Entwicklungsapparats fragwürdig war. Seine Forderungen nach Beendigung der „Entwicklungshilfe" und nach gleichberechtigter Behandlung der Staaten des Südens – „If the programme of an organization is not credible or is of no use to a developed country why should be for a developing one ?"[151] – können sicher nicht als repräsentative Positionen für die Staaten der Dritten Welt angesehen werden. Dennoch war seine Kritik an der Helfermentalität westlicher Entwicklungsideologie, die bisher auch für die Formulierung der VN-Entwicklungsstrategien charakteristisch war, durchaus berechtigt. Welche konkreten institutionellen Konsequenzen sich allerdings aus der geforderten neuen Übereinkunft unter den Mitgliedstaaten über den grundsätzlichen Zweck der VN-Organisationen im Bereich internationaler Zusammenarbeit ergeben könnten, ließ Elmandjra offen.

2.2.5 Die Reform-Studie von Marc Nerfin
Ähnlich grundsätzliche Überlegungen zum VN-System, wie sie von Elmandjra angestellt wurden, fanden sich auch in einem Aufsatz, den Marc Nerfin anläßlich des 40. Geburtstags der Vereinten Nationen 1985 veröffentlichte. Dieser Beitrag mit dem Titel „The Future of the United Nations System"[152] stand vom Grundansatz her in der Folge des zehn Jahre zuvor unter der Leitung Nerfins

ausgearbeiteten Dag-Hammarskjöld-Bericht 1975 („What Now: Another Development").

Nerfin beschränkte sich ebensowenig wie Elmandjra in seinen Betrachtungen auf das VN-System, sondern analysierte vielmehr zunächst den Zustand des politischen, ökonomischen, sozialen und kulturellen Umfelds. Dabei diagnostizierte er wie Elmandjra eine Krise des Internationalen Systems. Nerfin beließ es jedoch nicht bei dieser allgemeinen Feststellung, er entwarf einen differenzierten Krisen-Katalog, wobei er folgende zehn Aspekte der Krise unterschied:[153]

- Die wirtschaftliche und finanzielle Krise;
- die Umweltkrise;
- die soziale Krise;
- die kulturelle Krise;
- die ideologische Krise;
- die politische Krise;
- die Sicherheitskrise;
- die Identitätskrise der Dritten Welt;
- die Krise der Theorien sowie
- die Krise der Entwicklungszusammenarbeit.

Das System der Vereinten Nationen stellte für Nerfin im globalen Bereich das einzig vorhandene Instrument zur Bewältigung dieser Krisen dar. Gleichzeitig stellte Nerfin jedoch eine „Krise der Institutionen"[154] fest, von der auch das VN-System betroffen war. Die Ursachen für diese Krise sah er sowohl im VN-externen wie -internen Bereich. Als externen Grund nannte Nerfin in erster Linie die breite Anti-VN-Kampagne in den USA[155] – darauf wurde im Rahmen dieser Arbeit bereits ausführlich eingegangen. Als interne Krisengründe führte er hauptsächlich bekannte administrative und strukturelle Probleme an, wie zum Beispiel das „Auswuchern von Organisationen, Programmen, Fonds, etc.", die „Zunahme diplomatischer Konferenzen" und die „Ausbreitung bürokratischer Berichterstattungen".[156]

Da die Vereinten Nationen in erster Linie ein „Instrument von Regierungen" und ein „Spiegelbild der Weltpolitik" darstellen,[157] sei eine grundsätzliche Überwindung der Krise von innen kaum machbar. Das „Aggiornamento", das heißt die Anpassung der Institutionen an die veränderten externen Verhältnisse, würde jedoch auch nicht von den Regierungen allein kommen. Veränderungen ergeben sich erst aufgrund von Meinungs- und Bewußtseinsänderungen der Bevölkerung.[158] Mit diesem Gedanken führte Nerfin das Bewußtsein der Bürger als entscheidenden Faktor für Veränderungen des VN-Systems in die Reformdiskussion ein. Als Folgerung daraus postulierte er für Zukunftsüberlegungen der Vereinten Nationen das Motto: „Näher an die Menschen herangehen".[159]

Im Anschluß daran unterbreitete Nerfin bewußt keinen detaillierten Reformplan („Für die Architekten von Institutionen wurde schon genug geschrieben [und nicht in Taten umgesetzt]")[160], er diskutierte lediglich einige Problembereiche in Hinblick auf mögliche Veränderungen des VN-Systems. Dabei behandelte er die Fragen,[161]

(1) welche Funktionen die Vereinten Nationen zukünftig ausüben sollten – sehr allgemein formuliert sah Nerfin ihre Hauptrolle darin, „offen zu sein"[162], vor allem offen für das „vielschichtige Hervortreten der Dritten Welt"[163], für neue Hoffnungen und Bedürfnisse der Völker und für neue Denkmuster;

(2) wie das Entscheidungssystem der Vereinten Nationen verbessert werden könnte – in diesem Zusammenhang stellt er die Fragen, ob das bestehende One-state-one-vote-Prinzip durch ein neues, der globalen Verantwortung der Einzelstaaten angemesseneres Modell ersetzt werden könnte (in manchen Organisationen beispielsweise nach dem Vorbild des IFAD), ohne daß dadurch eine neue Hegemonie bestimmter Staaten entstünde, und ob das – 1993 dann endgültig aufgegebene – Nachkriegs-UNESCO-Modell eines regierungsunabhängigen Exekutivrats nicht erneut eingeführt und eventuell auf andere Organisationen übertragen werden könnte;

(3) wie das VN-System größere finanzielle Autonomie erlangen könnte – Nerfin dachte dabei zum einen an Möglichkeiten automatischer Mittelzuflüsse, zum Beispiel in Form von Steuern auf Militärausgaben, zum anderen an die Kürzung des US-amerikanischen Beitragssatzes von 25 auf beispielsweise 10 Prozent, um dadurch den Einfluß der USA auf die VN-Aktivitäten zu begrenzen;

(4) wie das Sekretariat „wirklich unabhängig"[164] werden könnte – angesprochen wurden hierbei unter anderem veränderte Auswahlverfahren, Einstellungskriterien, „die ausschließlich auf Effizienz, beruflicher Kompetenz, Integrität und persönlichem Engagement basieren ..."[165] sowie die Übertragung von Personalentscheidungen auf unabhängige Ausschüsse;

(5) durch welche institutionellen Reformen die Vereinten Nationen allen gesellschaftlichen Gruppen ein Forum bieten könnten – Nerfin entwickelte hierzu die Idee eines Drei-Kammer-Systems, das sich aus einer Regierungs-Kammer, der jetzigen Generalversammlung, einer Kammer für die internationalen Wirtschaftsunternehmen sowie einer dritten Kammer für das Volk und seine Verbände zusammensetzen sollte.

Dieser letzte Gedanke, auch wenn von Nerfin nicht näher ausgeführt, kann als das zentrale Element seiner Reformideen angesehen werden. Beigbeder sprach in diesem Zusammenhang von „Nerfin's main innovative proposal".[166] Allerdings stammte zumindest die Idee einer „Bürger-Kammer" innerhalb der Vereinten Nationen nicht von Nerfin, sie wurde bereits im Juni 1982 während der zweiten VN-Sondergeneralversammlung über Abrüstungsfragen unter dem Namen „UN Second Assembly" vorgestellt.[167] Seit 1983 wurde der Vorschlag einer Second Assembly von einem internationalen Netzwerk vertreten, zu dem sich verschiedene NGOs, hauptsächlich aus der Bewegung der Welt-Föderalisten, zusammengeschlossen haben. Nerfin sah zwischen deren Plan und seiner Idee allerdings einen grundsätzlichen Unterschied. Während der Plan für eine Second Assembly mit dem ausdrücklichen Ziel konzipiert wurde, in die Realität umgesetzt zu werden, verfolgte Nerfin mit seiner Idee einen weniger ambitionierten Zweck: „For our part, we put forward the idea of a Citizen Chamber not as a blueprint, but rather as a way to show, by contrast, the limits of the present UN system".[168]

Die Stärke von Nerfins Beitrag zur Zukunft des VN-Systems liegt weniger in seinen Reformvorschlägen – die meisten finden sich in ähnlicher Form auch bei anderen Autoren oder sind, wie der zuletzt genannte, gar nicht als konkrete Reformvorschläge gedacht. Was Nerfins Aufsatz vielmehr auszeichnet, ist zum einen seine differenzierte Darstellung der globalen Krisenerscheinungen und ihrer Wirkungen auf das VN-System, zum anderen die Betonung der Kategorie der „Bürger" als wesentliche Akteure im Internationalen System.[169] Zu Recht stellte er fest: „Genau wie Menschen und soziale Bewegungen immer den Regierungen voraus gewesen sind, so in Sachen Entkolonialisierung, Frieden, Menschenrechte, Gleichstellung der Frau, Umwelt und Selbstverteidigung von Verbrauchern, sind die Bürger den Regierungen voraus in ihrem Verständnis der VN".[170] In welchen Formen die Bürger konkret Einfluß auf Veränderungen des VN-Systems nehmen könnten, und wie eine verstärkte Einbeziehung der Bürger und ihrer

Zusammenschlüsse in den Arbeits- und Entscheidungsprozeß der VN-Organisationen aussehen könnte, muß von weiteren Untersuchungen beantwortet werden. Nerfins Beitrag stellte einen ersten wichtigen Denkanstoß in diese Richtung dar.

Die Forderung nach verstärkter institutioneller Einbeziehung von Nicht-Regierungsvertretern in das VN-System wurde zwei Jahre später von Michail Gorbatschow in seinem Vorschlag eines „Weltkonsultativrats" aufgegriffen. Dieser sowie die zahlreichen weiteren Vorschläge Gorbatschows zur Reform des VN-Systems sollen nun näher betrachtet werden.

2.3 Die Reform-Initiative von Michail Gorbatschow

Mit der Wahl von Michail Gorbatschow zum Generalsekretär der KPdSU im Jahr 1985 setzte ein Wandel in der sowjetischen Außenpolitik ein, der sich auch in der Haltung der UdSSR zu den Vereinten Nationen widerspiegelte. Im Zentrum von Gorbatschows „Neuem Denken" stand im außenpolitischen Bereich seitdem die Idee der Schaffung eines „allumfassenden Systems des internationalen Friedens und der Sicherheit" – eine Idee, die von Gorbatschow selbst ehrgeizig als „der erste Entwurf einer möglichen Neuordnung des Lebens in unserem gemeinsamen Haus Erde"[171] bezeichnet wurde. Die Idee wurde erstmals auf dem 27. Parteitag der KPdSU im Frühjahr 1986 offiziell vorgetragen. Während der 41. Tagung der Generalversammlung wurde dieses Thema auf Initiative der UdSSR zum Gegenstand einer Resolution.[172]

Konkrete Erläuterungen seiner Idee sowie eine Reihe von Vorschlägen zur Rolle und zur Aufgabe der Vereinten Nationen bei der Gestaltung eines „allumfassenden Systems des Friedens und der Sicherheit" unterbreitete Gorbatschow in einem Grundsatzartikel, der am 17. September 1987 in Prawda und Iswestija veröffentlicht wurde. Er erschien in deutscher Sprache unter dem Titel „Realität und Garantien für eine sichere Welt".[173]

Gorbatschow begrenzte in diesem Artikel den Begriff der 'Sicherheit' nicht auf den politisch-militärischen Bereich. Sein Sicherheits-Konzept umfaßte gleichermaßen auch ökonomische, ökologische und humanitäre Aspekte (einschließlich der Menschenrechte). Für ihn stellten nicht nur die Kernwaffenarsenale eine Bedrohung der Sicherheit dar, auch massenhafte

Unterernährung und erdrückende Schuldenlast, Umweltverschmutzung und Verletzung der Menschenrechte sind Ausdruck einer Welt, die nicht als sicher angesehen werden kann.

Vor diesem Hintergrund soll die Schaffung eines „allumfassenden Systems des internationalen Friedens und der Sicherheit" dazu dienen, die festgestellten globalen Gefahren zu überwinden. Dem System der Vereinten Nationen maß Gorbatschow dabei eine Schlüsselrolle bei: „Das vorgeschlagene System der umfassenden Sicherheit wird sich in dem Maße als wirksam erweisen, wie die Organisation der Vereinten Nationen, ihr Sicherheitsrat sowie die anderen internationalen Institutionen und Mechanismen effektiv funktionieren".[174]

Um die Funktionsfähigkeit des VN-Systems im Sinne des neuen Sicherheits-Konzepts zu erhöhen, machte Gorbatschow eine Reihe unterschiedlichster Vorschläge, die sowohl auf organisatorische Reformen, das heißt auf Veränderungen in der Praxis der bestehenden VN-Organe, abzielten, als auch auf strukturelle und institutionelle Reformen, das heißt auf die Neuschaffung von einzelnen Programmen bis hin zu Organisationen. Veränderungen sollten dabei allerdings auf Grundlage der bestehenden VN-Charta vollzogen werden, eine Charta-Revision zog auch Gorbatschow nicht in Betracht.[175] Die wichtigsten Vorschläge lauteten im einzelnen:[176]
- Einsetzung einer unabhängigen Expertenkommission, die sich damit beschäftigen sollte, wie das System einer allumfassenden Sicherheit genau aussehen könnte.
- Errichtung eines multilateralen Zentrums zur Verringerung der Kriegsgefahr, wie es bereits vom VN-Generalsekretär vorgeschlagen worden war.
- Einrichtung eines Tribunals zur Untersuchung internationaler Terrorakte.
- Ausarbeitung einer globalen Strategie für den Umweltschutz und die rationelle Nutzung der Ressourcen im Rahmen eines VN-Spezialprogramms.
- Ausarbeitung eines weltweiten Informationsprogramms unter Schirmherrschaft der Vereinten Nationen, mit dem Feindbilder und Vorurteile zwischen den Völkern abgebaut werden sollten.
- Bildung eines VN-Sonderfonds für humanitäre Zusammenarbeit. Der Fonds sollte sich aus freiwilligen staatlichen und privaten Mitteln auf der Grundlage der Reduzierung der Militärausgaben speisen.

- Errichtung einer autonomen Internationalen Weltraumorganisation als Bestandteil des VN-Systems, das heißt offenbar in Form einer Sonderorganisation.
- Gründung eines 'Weltkonsultativrats', „der die geistige Elite der Welt vereint".[177] In ihm sollten unter anderem namhafte Politiker, Persönlichkeiten des öffentlichen Lebens, Kulturschaffende, Wissenschaftler und kirchliche Würdenträger vertreten sein. (Ein derartiges Gremium erinnert in seiner Zusammensetzung an den ursprünglichen Exekutivrat der UNESCO, der bis Anfang der 50er Jahre aus regierungsunabhängigen Experten bestand).
- Der Internationale Gerichtshof (IGH) sollte häufiger konsultiert und seine Rechtsprechung zu vereinbarten Bedingungen von allen als verbindlich akzeptiert werden. Dieser Vorschlag hat besondere Bedeutung, weil bis dahin die UdSSR Urteile des IGH nicht als obligatorisch anerkannte.
- Die Generalversammlung sollte häufiger Sondertagungen zu den dringlichsten politischen Problemen durchführen, um dadurch ihre Arbeit „effektiver zu machen".[178]
- Der VN-Generalsekretär sollte in seiner Arbeit bestärkt werden und von allen Staaten „maximale Unterstützung"[179] erhalten. Die eigentliche Bedeutung dieser sehr allgemein gehaltenen Empfehlung wird klar, wenn man berücksichtigt, daß der Generalsekretär, insbesondere in den 50er und 60er Jahren, häufig Ziel sowjetischer Angriffe war, die bis hin zur Forderung nach Abschaffung dieses Postens reichten (Chruschtschows Troika-Vorschlag).
- Der Sicherheitsrat sollte schließlich entsprechend den Vollmachten, mit denen ihn die VN-Charta ausstattet, zukünftig ein stärkeres politisches Gewicht erhalten. Zu diesem Zweck sollte eine seiner Sitzungen auf Außenminister-Ebene stattfinden. Grundsätzlich sollten die Sitzungen des Sicherheitsrats nicht nur in New York, sondern auch in Krisenregionen und in den Hauptstädten der ständigen Mitglieder abgehalten werden.

Mit diesem umfassenden Katalog von Vorschlägen vollzog Gorbatschow endgültig die Wende in der sowjetischen VN-Politik. Während die UdSSR bis dahin den Aktivitäten der Vereinten Nationen oft kritisch (etwa hinsichtlich der VN-Friedenstruppen) oder zumindest passiv (beispielsweise im Bereich der Entwicklungsarbeit) gegenüberstand, signalisierten Gorbatschows Vorschläge für die Zukunft die Bereitschaft zu konstruktiver Mitarbeit im VN-System. Dieser Wandel trat in einer Zeit ein, in der die Vereinten Nationen durch die politischen Angriffe und finanziellen Sanktionen seitens der westlichen Supermacht USA in starke Bedrängnis geraten waren. Die neue Gorbatschow-Politik brachte für die Vereinten Nationen sowohl politisch als auch finanziell eine Entlastung zur rechten Zeit.

Die westlichen Staaten reagierten auf Gorbatschows VN-Offensive skeptisch oder nahmen, wie Bertrand es formulierte, eine Position des „wait and see"[180] ein. Die Resolution, welche die UdSSR einige Wochen nach dem Gorbatschow-Artikel zum Thema „Umfassendes System des Weltfriedens und der internationalen Sicherheit" in der Generalversammlung einbrachte,[181] wurde zwar mit Mehrheit verabschiedet, die Zustimmung fiel jedoch unerwartet gering aus.[182] Führende westliche Staaten (USA, Japan, Frankreich, Großbritannien) stimmten gegen die Resolution, zahlreiche Blockfreie und andere westliche Staaten, wie z.B. die Bundesrepublik Deutschland, enthielten sich der Stimme. Ursache dafür war allerdings nicht eine grundsätzliche Ablehnung der Gorbatschow-Vorschläge, der Resolution wurde vielmehr der Vorwurf gemacht, zu unverbindlich und unklar zu sein. Von den konkreten Vorschlägen des Gorbatschow-Artikels war in ihr kein einziger enthalten. Arnold stellte daher zu Recht fest: „So klaffte zwischen der weit ausgreifenden Idee vom Neuen Denken und einer breit angelegten Initiative gegenüber dem VN-System einerseits und dem eingreifenden Vorgehen der Sowjetunion in diesem System andererseits eine nicht unbeträchtliche Lücke. Anscheinend konnten Personal und Apparat dem zügigen Höhenflug des KPdSU-Generalsekretärs noch nicht so recht folgen".[183]

In der Tat blieben konkrete Initiativen zur Operationalisierung der Gorbatschow-Vorschläge aus, wie sie in der Folgezeit zu erwarten gewesen wären. Die UdSSR beschränkte sich bisher in Reden und Statements, insbesondere ihres Vize-Außenministers Petrovsky,[184] sowie in der Rede Gorbatschows vor der Generalversammlung am 7. Dezember 1988[185] auf Wiederholungen, Erläuterungen und Ergänzungen der bekannten Vorschläge, ohne konkrete Schritte zu deren Umsetzung einzuleiten.

Es wäre jedoch verfehlt, daraus die Schlußfolgerung zu ziehen, es handle sich bei der VN-Initiative Gorbatschows um eine bloße Propaganda-Maßnahme, um vor dem Hintergrund von Afghanistan das Image der UdSSR im internationalen Bereich aufzupolieren. Die grundsätzlich neue Haltung der UdSSR zum VN-System läßt sich anhand zahlreicher Beispiele belegen. So trat sie im Juli 1987 dem Gemeinsamen Rohstoffonds der UNCTAD bei, sie beantragte den Beitritt zum GATT und zum Welttextilabkommen, und sie erwog sogar den Beitritt zu IWF und Weltbank, wenngleich damals noch unter auszuhandelnden Bedingungen.[186]

Besonders anschaulich zeigt sich die neue positive Haltung der UdSSR zu den Vereinten Nationen im finanziellen Bereich. Zwischen 1985 und 1988 wurde nicht nur die Summe der ausstehenden sowjetischen Beitragszahlungen zum ordentlichen VN-Haushalt von rund 50 auf weniger als 10 Mio US-Dollar verringert, die UdSSR gaben auch die Zusage, bisher zurückgehaltene Beiträge für friedenserhaltende Operationen[187] nachträglich zu überweisen. 1988 wurden bereits 25 Mio US-Dollar für UNIFIL nachgezahlt, für 1989 war eine weitere Reduzierung der Schulden um 47 Mio US-Dollar vorgesehen.[188]

Gorbatschows Neues Denken hatte also durchaus bereits praktische Auswirkungen für die Vereinten Nationen, auch wenn sein eigentliches Konzept eines umfassenden Systems internationaler Sicherheit und die damit verbundenen Vorschläge bisher nicht einmal ansatzweise verwirklicht wurden. Die Bedeutung von Gorbatschows VN-Initiative liegt allerdings auch weniger in den konkreten Einzelvorschlägen und in ihrem zweifellos sinnvollen interdisziplinären Ansatz – derartige Ansätze finden sich bereits, wenn auch unter Verwendung anderer Termini, in den Entwicklungsberichten der 70er und 80er Jahre, zum Beispiel im Dag-Hammarskjöld-Bericht, im RIO-Bericht, im Brandt-Bericht und im Brundtland-Bericht.[189] Die einzigartige Bedeutung der Initiative ergibt sich vielmehr aus der Tatsache, daß sie eben nicht von einer beliebigen Expertengruppe ausging, sondern vom Staatsoberhaupt einer der beiden Supermächte.

Während dennoch die Weiterentwicklung der Initiative auf sowjetischer Seite ins Stocken geriet, und die westlichen Regierungen vorwiegend in defensiver Sprachlosigkeit verharrten, nahm sich die „scientific community" Gorbatschows Ideen aufgeschlossen an. So wurde zum Beispiel im September 1988 von UNITAR in Moskau ein Round-Table-Gespräch mit Wissenschaftlern aus aller Welt veranstaltet, bei dem Gorbatschows Konzept eines umfassenden Systems der internationalen Sicherheit ein zentrales Thema darstellte.[190]

Im selben Jahr stellte Maurice Strong, 1987-1990 Präsident der WFUNA, die Idee eines Forschungsprojekts zum Thema „Global Security and Multilateralism" zur Diskussion. Die diesem Projekt zugrunde liegende umfassende Konzeption von 'Sicherheit' stimmte mit der Idee Gorbatschows weitgehend überein.[191] Zweck des Projekts sollte es sein, die Hauptrisiken für die weltweite Sicherheit im militärischen, ökologischen, ökonomischen, humanitären und sozialen Bereich zu erforschen, Möglichkeiten aufzuzeigen, wie die internationale Zusammenarbeit bei der Ermittlung und Kontrolle dieser Risiken gestärkt werden könnte, sowie zu prüfen, auf welche Weise multilaterale Institutionen, insbesondere die Organisationen des VN-Systems, eine wichtigere und wirksamere Rolle bei der Entwicklung und Realisierung globaler Sicherheit spielen könnten.[192] Strong griff damit in modifizierter Form Gorbatschows Vorschlag zur Bildung einer unabhängigen Expertenkommission auf, die sich mit der genaueren Konzipierung eines Systems allumfassender Sicherheit auseinandersetzen sollte.[193]

Nerfin hatte festgestellt, daß die Bürger den Regierungen in ihrem Verständnis der Vereinten Nationen voraus sind, und daß die Regierungen nicht gemeinsam handeln werden, wenn sie nicht dazu gedrängt werden.[194] Während Gorbatschow mit seiner VN-Initiative den ersten Teil dieser Feststellung praktisch widerlegt hatte, blieb der zweite Teil weiterhin berechtigt. Es wäre daher Aufgabe der „Bürger", das heißt vor allem Aufgabe von Wissenschaftlern und regierungsunabhängigen Gruppen, Gorbatschows Konzept allumfassender Sicherheit zu überprüfen und inhaltlich weiterzuentwickeln, um auf diese Weise das „Wissen" und die „Interessen" der Regierenden zu beeinflussen und sie zum Handeln zu bewegen.

Schaubild 5: Reform-Vorschläge in den 80er Jahren

Reformebene Autoren	administrative und organisatorische Ebene	strukturelle Ebene	institutionelle Ebene	konstitutionelle und „kognitive" Ebene
VN-Mitarbeiter, Ausschüsse, Expertengruppen	• Bertrand-Bericht (1985) • G-18 (1986)	• Bertrand-Bericht (1985)	• Bertrand-Bericht (1985)	• Bertrand-Bericht (1985)
Nationale Politiker, Beamte, Kommissionen		• Gorbatschow (1987)	• Gorbatschow (1987)	
Private Institutionen, Berater, Wissenschaftler, Publizisten	• UNA-USA (1987)	• UNA-USA (1987)	• UNA-USA (1987)	• Nerfin (1985) • Galtung (1986) • Elmandjra (1986)

Anmerkungen

1 Keohane/Nye (1985), 148f.
2 Johansen, 613f.
3 Puchala/Coate, 20.
4 Vgl. das Zitat von Kirkpatrick in Keohane/Nye (1985), 148.
5 Sahnoun/Well/Koh/Lichenstein, 2.
6 Stellvertretend für die Vielzahl an Veröffentlichungen der Heritage Foundation sei hingewiesen auf A World Without a U.N.. What Would Happen If the U.N. Shut Down (vgl. Pines (Hrsg.) (1984)).
7 Pines (Hrsg.) (1984), XIX.
8 Vgl. Issues Before the 37th General Assembly of the United Nations (1982), 145. (Im folgenden zitiert als 'Issues 37 (1982)'. Die Ausgaben der folgenden Jahre werden entsprechend zitiert).
9 1983: 171,3 Mio. US-Dollar (vgl. UN Doc. ST/ADM/SER.B/271 vom 1.3.1984).
10 Im Haushaltsjahr 1984 227,4 Mrd. US-Dollar (vgl. United States Congress, Congressional Budget Office, 140).
11 Vgl. Regulation 5.4 der Financial Regulations and Rules of the United Nations (UN Doc. ST/SGB/Financial Rules/1/Rev.(1985)).
12 Zitiert nach UN Doc. A/40/1102 vom 12.4.1986, 13.
13 Vgl. GA Res. 36/116 B vom 10.12.1981, sowie Hüfner (1997a), 97.
14 Vgl. Issues 38 (1983), 152.
15 Vgl. Franck, 262. Die USA gehören zu den wenigen Nichtunterzeichnern dieser Konvention, die 1982 zum Abschluß der Dritten Seerechtskonferenz angenommen worden war.
16 Vgl. Franck, 264.
17 Vgl. dazu Coate, 143ff.
18 Vgl. zum folgenden Coate, 10; ferner auch: Hüfner/Naumann (1986).
19 Zu den tatsächlichen Gründen und Hintergründen des amerikanischen UNESCO-Austritts vgl. die aufschlußreiche Studie von Coate, der den Austritt in erster Linie ideologisch begründete. Zusammenfassend stellte er in seiner Analyse fest: „... it becomes clear that a small group of ideologues had captured and successfully manipulated the policy process with regard to U.S./UNESCO relations." (Coate, 5). Eine besondere Rolle spielte dabei wiederum die Heritage Foundation (vgl. Coate, 125ff).
20 Vgl. UN Doc. A/C.5/43/29 vom 9.11.1988, 24.
21 Vgl. dazu z.B. die Ausführungen bei Williams, 95-105.
22 Vgl. Issues 39 (1984), 158.
23 Vgl. Pines (Hrsg.) (1984), IX.
24 Vgl. Issues 39 (1984), 159.
25 Der Wortlaut des Kassebaum-Amendments (Section 143 des Foreign Relations Authorization Act für die Haushaltjahre 1986-1987) findet sich auch bei Williams, 105.
26 Mit Wirkung vom 1.1.1974.
27 Vgl. Issues 42 (1988), 160.
28 Vgl. Issues 42 (1988), 160, sowie Hüfner (1997a), 79.
29 Vgl. dazu JIU/REP/88/1, Annex I, 5.
30 Vgl. GA Res. 35/211 vom 17.12.1980.
31 UN Doc. A/37/44 vom 3.11.1982.
32 Vgl. UN Doc. A/37/44, 9.
33 Gara, 19.
34 Zitiert nach Gara, 5.

35 Vgl. Donini, 17.
36 GA Res. 40/237 vom 18.12.1985.
37 Auf diesen Bertrand-Bericht wird in diesem Kapitel unter Abschnitt 2.2.1 näher eingegangen.
38 Bertrand schrieb über die Qualifikation seiner Kollegen etwas ironisch: „Die Kompetenzen der 'Experten' stellten sich als beachtlich heraus – doch bei den meisten lagen sie in Bereichen, die nicht zum Untersuchungsfeld der 'Gruppe' gehörten" (Bertrand (1988b), 88).
39 George Davidson (1986): United Nations Financial Emergency. Crisis and Opportunity. New York, 65 (mimeo).
40 Vgl. Donini, 20.
41 UN Doc. A/41/49 vom 15.8.1986 (auch in deutscher Sprache erschienen unter dem Titel „Bericht der Gruppe hochrangiger zwischenstaatlicher Sachverständiger für die Überprüfung der administrativen und finanziellen Effizienz der Vereinten Nationen"; die Zitierungen erfolgen nach der deutschen Fassung).
42 UN Doc. A/41/49, 2.
43 UN Doc. A/41/49, 15f. (Empfehlung 15).
44 Bertrand (1988b), 91. Bertrand klammerte die drei Empfehlungen zur Durchführung der G-18-Vorschläge aus - der Grund, warum er nur von „67 weiteren Empfehlungen" sprach.
45 Vgl. UN Doc. A/41/49, 9f. (Empfehlung 8).
46 Vgl. UN Doc. A/41/49, 29ff. (Empfehlungen 55, 57).
47 Bertrand bemerkte dazu, daß diese Empfehlung von Papieren der Heritage Foundation inspiriert worden sei (vgl. Bertrand (1988b), 123 (Anm. 20)).
48 Vgl. zum folgenden auch Ghebali (1988), 104.
49 Vgl. UN Doc. A/41/49, 39ff.
50 Vgl. UN Doc. A/41/49, 43ff.
51 Vgl. UN Doc. A/41/49, 47.
52 Ghebali bemerkte, daß „en réalité" diese dritte Reformalternative ursprünglich auch von den westlichen Industrieländern unterstützt wurde (vgl. Ghebali (1988), 104).
53 Bertrand (1988b), 91.
54 Vgl. hierzu den Aufsatz von Hüfner (1987) zum Problem der Meßbarkeit von Effizienz und Effektivität in Internationalen Organisationen.
55 Bertrand stellte in der Tat im nachhinein fest, daß Stellenstreichungen im VN-Sekretariat vornehmlich aufgrund altersbedingten Ausscheidens vorgenommen wurden. „Keine Anstrengungen wurden unternommen, die unfähigsten und unproduktivsten Beamten ausfindig zu machen und abzusetzen." (Bertrand (1988b), 92).
56 Bertrand stellte im Zusammenhang mit der Umsetzung der G-18-Vorschläge eine Verschlechterung der Moral des Personals sowie Rücktritte qualifizierter Mitarbeiter fest (Bertrand (1988b), 93).
57 GA Res. 41/213 vom 19.12.1986.
58 Walters (1987), 77.
59 Zitiert nach Issues 42 (1988), 163.
60 Vgl. Gregg (1989), 25.
61 Vgl. Gregg (1989), 25f.
62 Eine umfassende Aufstellung der Resolutionen und VN-Reports, die sich mit der Umsetzung der G-18-Empfehlungen befassen, enthält die Literaturstudie von Gara, 6ff.
63 Die Gegenstimme stammte von Israel; lediglich die USA, Japan und Australien enthielten sich der Stimme (vgl. Vereinte Nationen 36/1 (1988), 32); die UdSSR und alle übrigen

osteuropäischen Staaten stimmten damit erstmals seit langem dem Haushalt zu - eine Folge der neuen Gorbatschow-Politik gegenüber den Vereinten Nationen.
64 Vgl. GA Res. 43/214 vom 21.12.1988 sowie dazu Gregg (1989), 46.
65 Vgl. UN Doc. A/42/234 vom 23.4.1987 sowie A/43/286 vom 8.4.1988.
66 Bertrand (1988b), 92.
67 Vgl. dazu UN Doc. A/C.5/43/1 vom 6.4.1988 bzw. die revidierte Fassung A/C.5/43/1/Rev.1 vom 27.7.1988. Dieser Bericht enthält detailliertes Zahlenmaterial über die Stellenstreichungen in den einzelnen Abteilungen des Sekretariats und den Nebenorganen der Vereinten Nationen.
68 Vgl. GA Res. 43/213 vom 21.12.1988.
69 Vgl. Gregg (1989), 47.
70 Vgl. Issues 43 (1989), 193.
71 Vgl. Gregg (1989), 28.
72 Vgl. UN Doc. ST/ADM/SER.B/295 vom 18.1.1988, Annex II.
73 Vgl. Gregg (1989), 30.
74 Vgl. Issues 43 (1989), 191. Daß es nicht schon vorher zur Zahlungsunfähigkeit gekommen ist, verdanken die Vereinten Nationen hauptsächlich einer freiwilligen Beitragszahlung Japans in Höhe von 20 Mio. US-Dollar sowie Beitragsnachzahlungen der UdSSR in Höhe von 28 Mio. US-Dollar (vgl. Issues 43 (1989), 193).
75 Vgl. Issues 44 (1990), 223.
76 Vgl. Issues 44 (1990), 224. Die restlichen 20 Prozent, 28,8 Mio. US-Dollar, wurden Anfang 1989 gezahlt.
77 Vgl. Hüfner (1997), 79, sowie UN Doc. ST/ADM/SER.B/317 vom 6.7.1989, Annex II. Am 31.12.1988 waren neben den USA 72 weitere Staaten mit ihren Beitragszahlungen im Rückstand.
78 Vgl. Issues 44 (1990), 224.
79 Vgl. Issues 44 (1990), 224.
80 Zitiert nach Issues 44 (1990), 224f.
81 Vgl. UN Doc. A/41/49, 9f. (Empfehlung 8).
82 Vgl. ECOSOC Res. 1987/112 vom 6.2.1987.
83 UN Doc. E/1988/75 vom 1.6.1988.
84 Vorsitzender der Sonderkommission war der Ägypter Abdel Halim Badawi.
85 UN Doc. E/1988/75, 116.
86 Vgl. UN Doc. E/1988/75, 129.
87 ECOSOC Res. 1988/77 vom 29.7.1988.
88 Als Beispiel für eine Studie, die primär konstitutionelle Reformen, d.h. Reformen der VN-Charta, zum Ziel hat, sei der Entwurf einer vollständigen Charta-Neufassung von Harold Stassen, einem der sieben US-amerikanischen Unterzeichner der bestehenden VN-Charta, erwähnt (vgl. Stassen (1987)). Die kurze Zusammenfassung einer früheren Version seines Entwurfs für eine revidierte VN-Charta findet sich bei Stassen (1985).
89 Bertrand (1988b), 93.
90 UN Doc. A/40/988 vom 6.12.1985 (JIU/REP/85/9) (Im folgenden zitiert als 'Bertrand (1985)').
91 Bertrand verstand in diesem Bericht unter 'VN-System' die Gesamtheit aller VN-Organisationen mit Ausnahme der Finanzorganisationen, zu denen er neben IWF und Weltbank-Gruppe auch das GATT und den IFAD zählte (vgl. Bertrand (1985), 70f (Anm. 1)).
92 Vgl. Bertrand (1985), 1.
93 Vgl. zum folgenden Bertrand (1985), 5ff.
94 Bertrand (1985), 8.

95 Bertrand (1985), 10.
96 Vgl. Bertrand (1985), 13f.
97 Bertrand (1985), 23.
98 Vgl. Bertrand (1985), 24.
99 Vgl. Bertrand (1985), 24.
100 Vgl. dazu Bertrand (1985), 45.
101 Vgl. Bertrand (1985), 53f.
102 Vgl. Bertrand (1985), 77 (Anm. 55).
103 Vgl. Bertrand (1985), 59f.
104 Bertrand (1985), 54.
105 Bertrand (1985), 54.
106 Bertrand (1985), 65.
107 Vgl. Bertrand (1985), 60.
108 Vgl. Bertrand (1985), 61f.
109 Vgl. Bertrand (1985), 60.
110 Vgl. Bertrand (1985), 65.
111 Vgl. Bertrand (1985), 65.
112 Am Rande sei bemerkt, daß Bertrands Darstellung einer zweigliedrigen EG-Struktur unvollständig ist. Neben EG-Kommission und EG-Ministerrat existiert als drittes Hauptorgan das EG-Parlament. Bertrands Gegenüberstellung von „Assembly – Executive Board – Secretary General" auf der einen Seite und „Council – Commission" auf der anderen (vgl. Bertrand (1985), 52) ist somit nicht ganz korrekt.
113 Bertrand gesteht diesen Schwachpunkt im Schlußkapitel seines Berichts auch selbst ein; vgl. Bertrand (1985), 68.
114 Donini, 16.
115 Bertrand (1985), 68.
116 Zitiert nach Donini, 16.
117 Zitiert nach Donini, 17.
118 UN Doc. A/40/988/Add.1 vom 6.12.1985.
119 Im Rahmen des Projekts der UNA-USA veröffentlichte Bertrand folgende drei Studien: The UN in Profile: How its Resources are Distributed (vgl. Bertrand (1986)), Planning, Programming, Budgeting and Evaluation in the United Nations (vgl. Bertrand (1987a) und The Role of the United Nations in the Economic and Social Fields (vgl. Bertrand (1987b).
120 Bertrand (1988b), 94.
121 Lediglich acht der 23 Mitglieder des Panels stammten aus der Dritten Welt, östliche Staaten waren überhaupt nicht vertreten.
122 Kirkpatrick war zwar ursprünglich Mitglied des Panels, ihr Name tauchte allerdings auf der Liste des Abschlußberichts nicht mehr auf.
123 Im folgenden zitiert als UNA-USA (1987). Die gedruckte Fassung erschien 1988, herausgegeben von Peter Fromuth. Die Verweise beziehen sich auf die Erstfassung.
124 Vgl. UNA-USA (1987), IV-V.
125 Vgl. UNA-USA (1987), IV.
126 UNA-USA (1987), 82.
127 Vgl. UNA-USA (1987), 82ff.
128 Vgl. UNA-USA (1987), 86ff.
129 Vgl. UNA-USA (1987), 91f.
130 Vgl. UNA-USA (1987), 93.
131 Vgl. UNA-USA (1987), 93f.
132 Bertrand (1988b), 97.

133 Vgl. Kapitel VI.2.1.2. oben.
134 Vgl. Galtung (1986).
135 Ein ähnlicher Vorschlag wurde bereits ein Jahr zuvor von Sadruddin Aga Khan und Maurice Strong formuliert. Sie schlugen einen maximalen Beitragssatz von 10 Prozent vor. Die Beitragsdifferenz sollte von den 'Mittel-Staaten' ausgeglichen werden (vgl. Aga Khan/Strong (1985)).
136 Galtung (1986), 13.
137 Galtung (1986), 14.
138 Vgl. Galtung (1986), 15.
139 Vgl. Kapitel VI.2.2.5. unten.
140 Vgl. Elmandjra (1986), 2.
141 Elmandjra (1986), 2.
142 Elmandjra (1986), 5.
143 Elmandjra (1986), 12. Mit dieser Feststellung stand Elmandjra in der theoretischen Tradition von Robert W. Cox und Harold K. Jacobson, die in ihren Arbeiten über Decision Making in International Organizations die Kategorie der 'Entscheidungsträger' in den Mittelpunkt der Untersuchungen rückten (vgl. Cox/Jacobson et al. (1973)).
144 Elmandjra (1986), 4.
145 Elmandjra setzte diese Bezeichnung selbst in Anführungszeichen (vgl. Elmandjra (1986), 9).
146 Vgl. Elmandjra (1986), 9.
147 Vgl. Elmandjra (1986), 9.
148 Elmandjra (1986), 9.
149 Vgl. Hüfner (1997a), 67.
150 Vgl. Elmandjra (1986), 10.
151 Elmandjra (1986), 10.
152 Nerfin (1985). Im folgenden wird die deutsche Übersetzung zitiert (vgl. Nerfin (1986b)).
153 Vgl. zum folgenden Nerfin (1986b), 2ff.
154 Nerfin (1986b), 5.
155 Vgl. Nerfin (1986b), 5ff.
156 Nerfin (1986b), 8.
157 Nerfin (1986b), 10.
158 Vgl. Nerfin (1986b), 16.
159 Nerfin (1986b), 17.
160 Nerfin (1986b), 16.
161 Vgl. zum folgenden Nerfin (1986b), 17ff.
162 Nerfin (1986b), 17.
163 Nerfin (1986b), 17.
164 Nerfin (1986b), 19.
165 Nerfin (1986b), 19.
166 Beigbeder (1987), 142.
167 Vgl. hierzu und zum folgenden International Network for a UN Second Assembly (1988), Annex 4. Erinnert sei in diesem Zusammenhang auch an die Idee eines 'funktionalen Senats', die bereits 1948 vom Chicagoer Committee to Frame a World Constitution entwickelt worden war. Ein solcher Senat sollte als Beratungsorgan neben der Generalversammlung bestehen und sich aus NGO-Vertretern zusammensetzen (vgl. Kapitel III.1.2.3.).
168 Nerfin (1988), 2.
169 Vgl. dazu auch Nerfins Aufsatz zur grundsätzlichen Rolle der "Bürger" im Internationalen System (Nerfin (1986a)).

170 Nerfin (1986b), 16.
171 Gorbatschow (1988a), 14.
172 GA Res. 41/92 vom 4.12.1986. Die Generalversammlung verabschiedete auch in den beiden folgenden Jahren Resolutionen zu diesem Thema: vgl. GA Res. 42/93 vom 7.12.1987 und GA Res. 43/89 vom 7.12.1988.
173 Der Artikel erschien zuerst in 'Neues Deutschland', 18.9.1987, 3f. In der Bundesrepublik Deutschland wurde der Gorbatschow-Artikel im April 1988 von der DGVN veröffentlicht. Die folgenden Ausführungen beziehen sich auf diese Publikation.
174 Gorbatschow (1988a), 12.
175 Die sowjetische Position war in der Frage von Charta-Änderungen allerdings nicht mehr so starr wie in den Jahren zu vor. So erklärte Vize-Außenminister Petrovsky z.B., daß die UdSSR eine Universalisierung des ECOSOC nicht mehr ablehnen würden (vgl. UN Doc. A/43/629, 3). Grigori Morozov, stellvertretender Vorsitzender der sowjetischen VN-Gesellschaft, nannte in einem Vortrag im Oktober 1989 eine Reihe möglicher Charta-Änderungen (vgl. Morozov (1989)).
176 Vgl. Gorbatschow (1988a), 4ff.
177 Gorbatschow (1988a), 13.
178 Gorbatschow (1988a), 13.
179 Gorbatschow (1988a), 13.
180 Bertrand (1988b), 103.
181 GA Res. 42/93 vom 7.12.1987.
182 Abstimmungsergebnis: +76; -12; =63 (vgl. Vereinte Nationen 36/1 (1988), 37).
183 Arnold in: Vereinte Nationen 36/1 (1988), 21.
184 Vgl. z.B. Petrovskys Rede vor dem Zweiten Ausschuß der Generalversammlung am 7.10.1987 (Petrovsky (1987)) und sein Aide-mémoire mit dem Titel „Towards Comprehensive Security Through the Enhancement of the Role of the United Nations" (UN Doc. A/43/629 vom 22.9.1988).
185 Vgl. Gorbatschow (1988b).
186 Vgl. Bertrand (1988b), 103. Im Zusammenhang mit IWF und Weltbank forderte die UdSSR eine „Umstrukturierung des internationalen Währungssystems", unter anderem durch eine „Demokratisierung der Organisationsstrukturen", sowie die Einberufung einer Weltwährungs- und Finanzkonferenz unter der Schirmherrschaft der Vereinten Nationen (vgl. Petrovsky (1987), 4).
187 Dabei handelte es sich um die im Nahen Osten eingesetzten VN-Friedenstruppen UNEF, UNDOF und UNIFIL.
188 Vgl. Petrovsky (1989), 13.
189 Auch die VN-Charta enthält implizit einen umfassenden Sicherheitsbegriff.
190 Als Direktor dieses Projektes fungierte übrigens Maurice Bertrand. Vgl. auch Renninger (Hrsg.) (1989).
191 Vgl. dazu Strongs Memorandum vom Januar 1989, in dem er seine Projektidee näher erläuterte (Strong (1989)). Dieses Projekt wurde jedoch nicht realisiert.
192 Vgl. Strong (1989), 9.
193 Vgl. Gorbatschow (1988a), 4.
194 Vgl. Nerfin (1986b), 16.

VII. Die 90er Jahre – Auf der Suche nach einer „Neuen Welt-Ordnung"

1. Der Zusammenbruch des bipolaren Systems

Mit dem Ende des bipolaren Ost-West-Konfliktes erfolgte weder eine „Renaissance" der Vereinten Nationen noch eine „Ära des Weltfriedens". Die 90er Jahre waren vielmehr durch eine Phase größerer Instabilitäten und weltweiter Turbulenzen gekennzeichnet. In allen Regionen brachen ethnische, soziale und religiöse Konflikte auf der intra-nationalen Ebene auf, deren Überwindung die Vereinten Nationen vor völlig neue Probleme stellte; denn die Charta der Vereinten Nationen geht von einer Staatenordnung und, damit verbunden, von Konflikten zwischen Staaten, nicht jedoch innerhalb einzelner Staaten aus. An die Stelle einer, vom US-amerikanischen Präsidenten Bush postulierten „neuen Weltordnung" trat eine „neue Welt-Unordnung". Dementsprechend stieg die Nachfrage nach einer Beteiligung der Vereinten Nationen bei der Lösung regionaler, insbesondere intra-nationaler Konflikte dramatisch an. Gab es zwischen 1945 und 1988 lediglich 13 Friedens-Einsätze der Vereinten Nationen, wurden in den darauf folgenden vier Jahren 14 weitere beschlossen. Dementsprechend trat der Sicherheitsrat in den Mittelpunkt des Interesses; es kam zu einer deutlichen Verschiebung der Arbeitsschwerpunkte zum Nachteil der anderen VN-Hauptorgane.

Der Zusammenbruch des bipolaren Systems traf alle völlig unvorbereitet. Es galt, neue Fundamente zu schaffen. Dieser Neuordnungsprozeß sollte, wenn die Mitgliedstaaten es wollen, durch eine entsprechende Reform des VN-Systems erfolgen. Kurt H. Biedenkopf, Mitglied der „Commission on Global Governance" hat in seinem Vorwort zur deutschen Ausgabe des Berichts festgestellt: „Die Erwartung jedoch, die bipolare Ordnung werde mehr oder weniger nahtlos in eine neue Weltordnung der Vielfalt in der Einheit unserer Welt übergehen, hat sich als Illusion erwiesen. ... Aus der Unordnung, die uns der Zusammenbruch der Ordnung von Jalta und Potsdam hinterlassen hat, muß erst noch eine neue Weltordnung entstehen. Ob und auf welche Weise dies gelingen kann, ist die wichtigste Frage unserer Zeit: Es ist die Überlebensfrage der heutigen Menschheit".[1]

Die Vereinten Nationen befinden sich seitdem in einer höchst widersprüchlichen weltpolitischen Situation, charakterisiert durch Globalisierungstendenzen einerseits und Fragmentierungstendenzen andererseits. Während in vielen Bereichen eine notwendige Kooperation angesichts des Zusammenrückens der Staatengemeinschaft erkennbar wird, u.a. durch die rasante Entwicklung auf dem Kommunikationssektor, hervorgerufen durch die moderne Elektronik und die entsprechende Verdichtung der globalen wirtschaftlichen Interaktionen, insbesondere auf den Finanzmärkten und durch die Tätigkeit der transnationalen Unternehmen, die den Ruf nach einer „Weltinnenpolitik" immer lauter werden lassen, während die ökologischen Interdependenzen angesichts des Raubbaus an der Natur in ihren katastrophalen Konsequenzen für die Zukunft der Menschheit immer sichtbarer werden und eine globale Verantwortung und Lösung der damit verbundenen Fragen erfordern, lassen sich deutliche Tendenzen der Fragmentierung feststellen, die ethnische und religiöse Gemeinschaftsbindungen wiederaufleben lassen und in vielen Staaten zu friedensgefährdenden Konflikten und zum Zerfall staatlicher Autorität und Strukturen führen.

Zwei Problemkomplexe stehen im Vordergrund des Interesses:

(1) Sind die Mitgliedstaaten der Vereinten Nationen fähig und willens, das VN-System grundlegend zu reformieren? Angesichts der Vielfalt und Interdependenz der anstehenden Probleme erscheint nur eine umfassende Reform sinnvoll; das „Herumdoktern" an einzelnen Hauptorganen oder Funktionen der Vereinten Nationen wird notwendigerweise zu neuen Defiziten führen, da die Bestimmungen der VN-Charta als Ganzes zu sehen sind. Ist das VN-System in seiner historisch gewachsenen Komplexität mit einer damit verbundenen Ausdifferenzierung von Institutionen, die zwar formalrechtlich zum VN-System gehören, aber in der Vergangenheit faktisch ein Eigenleben entwickelt haben, das zu erheblichen Konflikten bei Versuchen einer Abstimmung der Aktivitäten geführt hat, überhaupt noch reformierbar? Bereits Mitte der 80er Jahre verneinte Maurice Bertrand diese Frage und forderte daher eine „dritte Generation" der Weltorganisation[2] und damit eine vollständige Revision der Charta.

(2) Welches Sicherheitskonzept soll den Reform-Bemühungen zugrunde liegen? Zwar beinhaltet die VN-Charta ein umfassendes Sicherheitskonzept, aber die historische Entwicklung des VN-Systems hat aufgrund der internationalen

Rahmenbedingungen eine entsprechende umfassende Operationalisierung bisher nicht möglich gemacht. In den folgenden Ausführungen wird daher immer wieder die Frage nach dem Sicherheitskonzept gestellt, das den Ausführungen der jeweiligen Autoren zugrunde liegt. An dieser Stelle kann bereits gesagt werden, daß spätestens seit Gorbatschow[3] die Forderung nach einem solchen umfassenden Sicherheitskonzept immer häufiger geäußert wurde.

Die Konzeption einer umfassenden Sicherheit, die bereits in der Charta der Vereinten Nationen angelegt ist (vgl. die Präambel sowie Artikel 1, 55 und 56), fand auch ihren Niederschlag in sechs Weltkonferenzen in der ersten Hälfte der 90er Jahre.[4] Auf ihnen wurden die Interdependenzen deutlich und schlugen sich bereits in den Titeln der Konferenzen bzw. den Erklärungen und Aktionsprogrammen nieder (vgl. Abbildung 15 in Kapitel IX). Im Mittelpunkt stand jeweils die wirtschaftliche und soziale Entwicklung, die in engem Zusammenhang mit Fragen des Umweltschutzes, der Menschenrechte und der Bevölkerungsentwicklung diskutiert wurde.

Zwar handelte es sich bei vier der sechs Weltkonferenzen bereits um Folgekonferenzen, jedoch fand diese Serie von Weltkonferenzen der 90er Jahre unter veränderten Rahmenbedingungen statt: Das Ende des Ost-West-Konfliktes bedeutete die Chance, ideologischen Ballast abzuwerfen und die Ressourcen des Rüstungswettlaufs endlich für entwicklungspolitische Zielsetzungen („Friedensdividende") einzusetzen, d.h. nicht nur das 0,7-Prozent-Ziel öffentlicher Entwicklungshilfe (ODA) zu erfüllen, sondern darüberhinaus höhere Zielwerte anzupeilen, um weltweite wirtschaftliche und soziale Ungleichheiten abzubauen.

Aber die Entwicklungsländer mußten sehr schnell erkennen, daß sie die politische Option, den Westen gegen den Osten auszuspielen, verloren hatten. Plötzlich traten die ehemaligen sozialistischen Staaten als Konkurrenten um die knapper werdenden finanziellen Ressourcen der OECD-Staaten auf. Hinzu kamen nationale Prioritäten (in Deutschland der „Aufschwung Ost", der gewaltige Finanz-Transfers von jährlich rund 150 Mrd DM erfordert, die Bemühungen, die Konvergenz-Kriterien zur Einführung einer gemeinsamen, stabilen Währung innerhalb der EU zu erfüllen und einzuhalten, Maßnahmen zur Bekämpfung einer steigenden Arbeitslosigkeit von über 4 Mio Menschen), welche die internationalen Verpflichtungen im Wirtschafts- und Sozialbereich des VN-Systems in den Hintergrund drängten.

Trotz dieser eher pessimistischen Einschätzung der bisherigen Entwicklung sollte jedoch festgestellt werden, daß der aufgrund der veränderten politischen Rahmenbedingungen erfolgte Funktionswandel der Weltkonferenzen die Einsicht in die notwendige internationale Zusammenarbeit zur Lösung globaler Probleme bei den Regierungen und in der Öffentlichkeit verstärkt hat, wobei den zunehmend international vernetzten Nicht-Regierungs-Organisationen (NGOs) eine größere Bedeutung als je zuvor in den Konsultationsprozessen vor, während und nach den Konferenzen auf nationaler und internationaler Ebene zukam.

An die Stelle der „drei Welten" ist die „Eine Welt" getreten: Es handelte sich bei dieser neuen Generation von Weltkonferenzen um bedeutsame Foren der internationalen Kooperation und Kommunikation, die einerseits bestehende Konflikte sichtbar, andererseits durch die Verabschiedung gemeinsamer Erklärungen und Aktionsprogramme gemeinsame Problemlösungen möglich machten. Insofern standen sie am Anfang eines globalen Interessenausgleichs, den es in den folgenden Jahren bzw. Jahrzehnten einzulösen gilt (vgl. Abbildung 16 in Kapitel IX. Es handelt sich um notwendige Lernprozesse für Industrie- und Entwicklungsländer; ob sie ein entsprechendes Handeln auslösen, bleibt jedoch abzuwarten. Messner und Nuscheler sind daher in ihren Schlußfolgerungen gegenüber den westlichen Industrieländern pessimistisch-kritisch: „Die Weltführungsmächte ziehen weiterhin dem 'Zirkus' von Weltkonferenzen und UN-Organisationen, in denen Nichtzahler über Stimmenmehrheiten verfügen, internationale Organisationen (wie die Bretton-Woods-Zwillinge) oder Konsultationsmechanismen (wie die G-7) vor, in denen sie entweder unter sich bleiben oder kraft ihrer Kapitalanteile und Stimmrechte das Sagen haben. Sie übersehen dabei, daß sich auch Hegemone nicht Kooperationszwängen entziehen können, die aus den sich verdichtenden Interdependenzen erwachsen".[5]

Die jüngsten Ergebnisse des Development Assistance Committee (DAC) der OECD verstärken diesen Pessimismus: Seit 1994 beobachten wir ein kontinuierliches Absinken von 60,3 auf 49,8 Mrd US-Dollar im Jahre 1997 (zum Vergleich: 1990 betrug die öffentliche Entwicklungshilfe (ODA) der DAC-Staaten 50,6 Mrd US-Dollar)[6]. 1997 wurden lediglich 0,22 Prozent des Brutto-Sozialprodukts der DAC-Staaten für die ODA zur Verfügung gestellt. Es handelte sich um den niedrigsten Stand seit 1950, als mit statistischen Erhebungen dieser Art begonnen wurde. Zahlreiche DAC-Mitglieder haben ihre ODA gekürzt; darunter befanden sich sämtliche Mitglieder der G-7. In den letzten fünf Jahren sank die ODA real um 29 Prozent; dies war der stärkste Fall seit den frühen 70er Jahren. Gemessen am Brutto-Sozialprodukt lagen 1997 lediglich Dänemark, Norwegen, die Niederlande und Schweden über dem 0,7-Prozent-Ziel. Die USA wies mit 0,09 Prozent die niedrigste Relation auf, blieb aber absolut weiterhin nach Japan an zweiter Stelle unter den DAC-Staaten.

Die VN-Finanzkrise sollte auch in den 90er Jahren - trotz aller Appelle des Generalsekretärs - weiterhin andauern. 1995, im 50. Jahr der Organisation, fehlten zum 31. Dezember insgesamt 2288 Mio US-Dollar, darunter 564 Mio US-Dollar für den ordentlichen VN-Haushalt (die USA schuldeten davon allein 73 Prozent). Die USA, mit insgesamt 1231 Mio US-Dollar der Hauptschuldner („representation without taxation"), verfolgten damit weiterhin eine Politik der „ökonomischen Erpressung", die nicht nur gegen die Charta-Vorschriften verstieß, sondern auch eine Art Reformdruck erzeugte, der von den anderen westlichen Industrieländern immer weniger geteilt wurde.

Trotz der stark gesunkenen VN-Ausgaben für Friedensoperationen fehlten auch zum 31. Dezember 1998 insgesamt 2011 Mio US-Dollar, darunter 417 Mio für den ordentlichen Haushalt (davon schuldeten die USA rund 76 Prozent) und 1594 Mio US-Dollar für VN-Friedensoperationen. Angesichts dieser Finanzmisere sahen sich die VN gezwungen, von einem realen zu einem nominalen Nullwachstum überzugehen. Für die Haushaltsjahre 2000/2001 ist sogar mit einem nominalen Minuswachstum zu rechnen.

2. Die „Agenda für den Frieden" von Boutros Boutros-Ghali

Auf seiner ersten Sitzung auf der Ebene der Staats- und Regierungschefs hat der Sicherheitsrat am 31. Januar 1992 den Generalsekretär der Vereinten Nationen beauftragt, innerhalb eines halben Jahres seine Analyse und Empfehlungen zu der Frage zu erarbeiten, wie die Tätigkeit der Vereinten Nationen auf dem Gebiet der Wahrung des Weltfriedens und der internationalen Sicherheit „im Rahmen der Charta" verbessert werden kann.[7] Damit wurden Ansätze zur Revision der Charta zumindest bis auf weiteres ausgeschlossen.

Der Generalsekretär, Boutros Boutros-Ghali, hat bereits am 17. Juni 1992 seine „Agenda für den Frieden"[8] vorgelegt, die eine Taxonomie (in Form eines Regelkreises) darstellt: von vorbeugender Diplomatie zur Verhütung von Konflikten, Friedensschaffung („peacemaking") im Sinne des Kapitel VI der Charta, Friedenssicherung („peace-keeping"), definiert als „eine Technik, welche die Möglichkeit für eine Konfliktverhütung wie auch eine Friedensschaffung noch erweitert"[9] und Friedenskonsolidierung in der Konfliktfolgezeit („post-conflict peace-building"): „Friedensschaffung und Friedenssicherung sind notwendig, um Konflikten Einhalt zu gebieten und den einmal erreichten Frieden zu erhalten. Sind diese Maßnahmen erfolgreich, so verbessern sie die Aussichten für die Friedenskonsolidierung in der Konfliktfolgezeit, wodurch erneute Gefahr zwischen Nationen und Völkern verhindert werden kann".[10]

Dem Generalsekretär war es gelungen, mit seinem Programm auf dem Gebiet der internationalen Sicherheit eine intensive Diskussion auszulösen. Hervorzuheben sind nicht nur sein Versuch, die seit Jahren gebräuchlichen Begriffe möglichst sauber zu definieren und operativ voneinander abzugrenzen, sondern auch die Einführung einer weiteren Dimension, der Friedenskonsolidierung in der Konfliktfolgezeit, und die damit zusammenhängende Notwendigkeit einer Abstimmung mit wirtschaftlichen, sozialen, humanitären und kulturellen Maßnahmen der Vereinten Nationen sowie eine Vielfalt von konkreten Vorschlägen zur Umsetzung seiner „Agenda für den Frieden" unter Hinweis auf bisher überhaupt noch nicht genutzte Möglichkeiten, wie sie in der Charta enthalten sind. Überraschend, aber durchaus den Realitäten entsprechend, verwies der Generalsekretär in einem gesonderten Kapitel IX auf die finanzielle Misere der Vereinten Nationen: „Zwischen den dieser Organisation übertragenen Aufgaben und den ihr zur Verfügung gestellten Mittel hat sich ein krasses

Mißverhältnis ergeben. Es ist einfach so, daß die sich eröffnenden Aussichten sich unserem Blick entziehen, solange unsere Finanzierung von kurzsichtigen Erwägungen bestimmt wird."[11] Er machte dann neben einer Reihe von Vorschlägen zur Verbesserung der „Kassenlage" und Finanzierungsdisziplin auch - ähnlich wie sein Vorgänger Pérez de Cuéllar - Anregungen, alternative Finanzierungsquellen zu erschließen.[12]

An dieser Stelle kann nicht auf den Inhalt der „Agenda für den Frieden" und deren inzwischen sowohl im Sicherheitsrat als auch in der Generalversammlung sehr intensiv geführte Diskussionen eingegangen werden.[13] Vielmehr soll die Frage geklärt werden, ob und in wieweit der Generalsekretär der Vereinten Nationen von einem umfassenden Sicherheitskonzept ausgegangen ist und dementsprechend auch die ökonomischen und sozialen Fragestellungen komplementär zu dem militärischen Sicherheitsbereich behandelt hat.

In seiner Darstellung des wandelnden Umfeldes betonte der Generalsekretär, daß neue Dimensionen der Unsicherheit zu berücksichtigen seien, die jedoch nicht den Blick verstellen dürfen „für die auch weiterhin fortbestehenden verheerenden Probleme des unkontrollierten Bevölkerungswachstums, die erdrückenden Schuldenlasten, die Handelshemmnisse, der Drogen, der immer größeren Disparität von Arm und Reich. Armut, Krankheit, Hunger, Unterdrückung und Verzweiflung grassieren und haben in ihrem Zusammenspiel 17 Millionen Flüchtlinge, 20 Millionen Vertriebene und massive Wanderungsbewegungen innerhalb der Staaten und über Staatsgrenzen hinweg hervorgebracht. Diese Probleme, die sowohl Konfliktursachen als auch Konfliktfolgen darstellen, verlangen es, daß die Vereinten Nationen ihnen unermüdliche Aufmerksamkeit widmen und bei ihrer Tätigkeit höchsten Vorrang einräumen. Eine zerlöcherte Ozon-Schicht könnte für eine exponierte Bevölkerung eine größere Bedrohung darstellen als eine feindliche Armee. Dürre und Krankheiten vermögen eine Bevölkerung genauso gnadenlos zu dezimieren wie Kriegswaffen. In dieser Stunde der wiedererlangten Gelegenheit müssen somit die Bemühungen der Vereinten Nationen um die Konsolidierung des Friedens, der Stabilität und der Sicherheit über rein militärische Bedrohungen hinausgehen, um die Fesseln des Konfliktes und Krieges zu sprengen, die die Vergangenheit geprägt haben".[14]

Obwohl die „Agenda für den Frieden" vor diesem Hintergrund verfaßt wurde, ging der Generalsekretär im folgenden nur noch an zwei Stellen auf den

Wirtschafts- und Sozialbereich der Vereinten Nationen ein, nämlich im Kontext der vorbeugenden Diplomatie einerseits und der Friedenskonsolidierung in der Konfliktfolgezeit andererseits.

Im Zusammenhang mit dem vom VN-System aufgebauten Netzwerk von Frühwarnsystemen, das sich u.a. auf Umweltgefahren, Naturkatastrophen, massenhafte Bevölkerungsverschiebungen, drohende Hungersnöte und die Ausbreitung von Krankheiten erstreckt, schlug er einen Ausbau mit dem Ziele einer Verknüpfung sämtlicher Informationen und Indikatoren vor, um feststellen zu können, ob eine Bedrohung des Weltfriedens und der internationalen Sicherheit vorliegt. Ergebnisse solcher Analysen beabsichtigte er, an den Sicherheitsrat und andere Hauptorgane der Vereinten Nationen weiterzuleiten. Darüber hinaus empfahl er dem Sicherheitsrat, „einen entsprechend neu belebten und neustrukturierten Wirtschafts- und Sozialrat zu bitten, gemäß Artikel 65 der Charta Berichte über diejenigen wirtschaftlichen und sozialen Entwicklungen zu unterbreiten, die, sofern ihnen nicht entgegengewirkt wird, zu einer Bedrohung für den Weltfrieden und die internationale Sicherheit werden können".[15]

Schließlich plädierte der Generalsekretär für die Durchführung zahlreicher konkreter Kooperationsprojekte zwischen den ehemaligen Konfliktparteien in der Phase der Friedenskonsolidierung in der Konfliktfolgezeit. Diese sollen die ehemaligen Konfliktparteien nicht nur zu allseitig nutzbringenden Vorhaben zusammenbringen, sondern auch zur wirtschaftlichen und sozialen Entwicklung beitragen: u.a. Projekte zur Entwicklung der Landwirtschaft, zur Verbesserung des Verkehrswesen oder zur Nutzung von untereinander zu teilenden Ressourcen.[16]

Zwar hat der Generalsekretär nur ansatzweise ein umfassendes Sicherheitskonzept vorgelegt; das läßt sich aus dem konkreten Auftrag der Mitglieder des Sicherheitsrates erklären. Aber seine Hinweise auf die engen Zusammenhänge mit den gegenwärtigen wirtschaftlichen und sozialen Problemen sowohl bei der Konfliktentstehung bzw. -vermeidung als auch in der Konfliktfolgezeit sollten deutlich gemacht haben, wie wichtig ihm war, von einer Interdependenz auszugehen, die umfassende Ansätze verlangt. Dennoch herrschte insbesondere, aber nicht nur unter den Entwicklungsländern Unzufriedenheit, die von der dann recht einseitig unter sicherheitspolitischen Gesichtspunkten geführten Diskussion über die „Agenda für den Frieden" bestätigt werden sollte.

Die Generalversammlung forderte daher den Generalsekretär im Herbst 1992 auf, auch eine „Agenda für Entwicklung" vorzulegen, die als komplementäre Ergänzung zu erarbeiten sei.[17]

3. Auf der Suche nach einem neuen Entwicklungskonzept

Seit Ende der 80er Jahre wurden mehrere Versuche unternommen, ein umfassendes Entwicklungskonzept zu entwickeln, das sowohl für Gesellschaften als auch für Individuen Geltung besitzen sollte. Bemühungen dieser Art sind nicht neu; sie finden sich bereits in der 1945 in Kraft getretenen Charta der Vereinten Nationen, in der neben der militärischen Sicherheit (Kapitel V-VIII) gleichberechtigt eine umfassende Sicherheit definiert wurde, die - u.a. mit Hilfe der VN-Sonderorganisationen - auf wirtschaftlichem, sozialem und humanitärem Gebiet erreicht werden sollte (Kapitel IX und X).

Spätestens mit dem Erscheinen des Brundtland-Berichtes 1987 (vgl. 3.1) wurde ein Durchbruch mit der Erweiterung des Entwicklungskonzeptes um die ökologische Komponente erreicht, ohne daß es jedoch bis heute zu einem grundsätzlichen Umdenken im „main stream of economic thought" und einem entsprechenden Handeln gekommen ist.

Eine Sachverständigen-Gruppe des UNDP, deren Berichte unter dem Siegel des UNDP, jedoch in eigener Verantwortung seit 1990 veröffentlicht werden, hat die Grundgedanken der Mitte der 70er Jahre von der ILO entwickelten Grundbedürfnis-Strategie wiederaufgenommen und diese - unter Berücksichtigung der ökologischen Komponente - zu einem Konzept des „sustainable human development" (am besten mit „nachhaltiger menschenwürdiger Entwicklung" übersetzt) weiterentwickelt (vgl. 3.2).

Noch umfassender argumentierte der VN-Generalsekretär, Boutros Boutros-Ghali, als er im Mai 1994 seine „Agenda für Entwicklung" veröffentlichte und eine „Kultur der Entwicklung" forderte, welche fünf eng miteinander verbundene Dimensionen der Entwicklung umfaßt, nämlich Frieden, Wirtschaft, Umwelt, Gesellschaft und Demokratie (vgl. 3.3).

3.1 Der Brundtland-Bericht

Zu Beginn der 70er Jahre, spätestens mit der Veröffentlichung des ersten Club of Rome-Berichts „Die Grenzen des Wachstums 1972"[18] wurde die Brisanz der weltweiten Umweltzerstörung und Ressourcenvernichtung einer immer größeren internationalen Öffentlichkeit bewußt. Die Vereinten Nationen reagierten darauf bereits 1972 mit der Durchführung einer internationalen Umweltkonferenz in Stockholm und der Gründung des United Nations Environment Programme (UNEP) im selben Jahr.[19]

Im Laufe der folgenden eineinhalb Jahrzehnte setzte sich immer mehr die Einsicht durch, daß der Entwicklungsbegriff auch die Erhaltung der natürlichen Lebensgrundlagen einschließen muß, und daß Armut eine der Ursachen für die fortschreitende Umweltzerstörung in der Dritten Welt ist. Umgekehrt wurde deutlich, daß die wachstumsorientierte „Entwicklungshilfe", die in ihren Projekten Umweltbelange zumeist unberücksichtigt ließ, oftmals katastrophale ökologische Folgen hatte. Der Zusammenhang von Umwelt und Entwicklung wurde in den Entwicklungsberichten der 70er Jahre, insbesondere im Dag-Hammarskjöld-Bericht aufgegriffen, der vom UNEP mitinitiiert worden war[20], stellte dort jedoch kein zentrales Thema dar.

Erst 1983 wurde auf Initiative des UNEP-Verwaltungsrats von der VN-Generalversammlung die Einsetzung einer Sonderkommission gebilligt, die sich ausschließlich mit der Thematik 'Umwelt und Entwicklung' beschäftigen sollte. Den Vorsitz dieser „World Commission on Environment and Development" übernahm die norwegische Sozialdemokratin Gro Harlem Brundtland. Neben ihr gehörten der Kommission 21 Mitglieder an, von denen zwölf aus Ländern der Dritten Welt und zwei aus sozialistischen Industrieländern stammten. Die Kommission war damit die erste ihrer Art, in der alle Staatengruppen angemessen repräsentiert waren. Zu den Mitgliedern gehörten Volker Hauff als deutscher Vertreter und der Kanadier Maurice Strong, ehemaliger Direktor des UNEP. Im April 1987 veröffentlichte die Brundtland-Kommission ihren Bericht unter dem Titel „Our Common Future".[21]

Nach einer Analyse der 'gemeinsamen Probleme' (Teil 1) und der Ausarbeitung von Strategien zu deren Bewältigung (Teil 2) enthielt der letzte Teil des 400 Seiten starken Berichts konkrete Handlungsanweisungen, darunter auch

Vorschläge zum 'institutionellen Wandel'. Dabei geht es hauptsächlich um Überlegungen, wie die Umweltproblematik in der Arbeit der Vereinten Nationen stärker berücksichtigt werden kann. Grundsätzlich forderte die Kommission eine „Neuorientierung von Denkgewohnheiten"[22], das heißt zunächst Reformen auf der 'kognitiven' Ebene, die in politischen Veränderungen ihren Ausdruck fänden. Diese politischen Veränderungen hätten jedoch auch institutionelle Auswirkungen.

In diesem Zusammenhang wiederholte die Brundtland-Kommission zunächst allgemein die Forderung nach einer Stärkung der Vereinten Nationen, insbesondere ihrer regionalen Organisationen.[23] Kritisiert wurde, wie in allen vorausgegangenen Berichten, die Unabhängigkeit und daraus resultierende mangelnde Koordinierung der Sonderorganisationen. Die Kommission empfahl daraus folgernd, die Verantwortlichkeit des Generalsekretärs zu stärken und unter seinem Vorsitz einen „besonderen UNO-Ausschuß für dauerhafte Entwicklung" einzurichten.[24] Seine Hauptfunktion sollte darin bestehen, „sich über gemeinsame Aufgaben zu einigen, die von den nachgeordneten Organisationen in Angriff zu nehmen wären".[25] Aus dieser sehr allgemein gehaltenen Formulierung geht allerdings nicht hervor, weshalb dazu nicht bestehende Institutionen, wie das Administrative Committee on Co-ordination (ACC) oder der Inter-Agency Consultative Board (IACB) des UNDP herangezogen werden könnten.

Konkret auf den Umweltbereich bezogen schlug der Brundtland-Bericht eine Stärkung des UNEP, speziell auf den Gebieten der Koordinierung und der Umweltberichterstattung, vor. Zu diesem Zweck sollten das „Global Environment Monitoring System" und die „Global Resource Information Database" des UNEP erweitert werden.[26] Unter anderem, „um kritische Bedrohungen für das Überleben, die Sicherheit oder das Wohlergehen aller oder der Mehrheit der Menschen weltweit oder regional festzustellen"[27], sollte vom UNEP ein sogenanntes „globales Risikoprüfungsprogramm" eingerichtet werden. Dieses Programm sollte von einer Gruppe „herausragender Persönlichkeiten"[28] geleitet werden und neben den VN-Organisationen auch Regierungen und NGOs beraten. Den NGOs wurde von der Brundtland-Kommission besondere Bedeutung beigemessen. Das UNEP sollte die finanzielle Unterstützung und die inhaltliche Zusammenarbeit mit regierungsunabhängigen Umweltorganisationen verstärken.[29]

3.2 Die Human Development Reports des UNDP

1990 veröffentlichte das Entwicklungsprogramm der Vereinten Nationen (UNDP) seinen ersten „Human Development Report", der seitdem jährlich erscheint (seit 1994 auch in deutscher Sprache).[30] Der Bericht 1990 eröffnete eine heftige und andauernde Debatte über die Definition und Messung von menschlicher Entwicklung und die wirtschafts- und sozialpolitischen Konsequenzen. Der Bericht akzeptierte zwar, daß nationales Wirtschaftswachstum absolut notwendig ist, um die wichtigsten menschlichen Zielsetzungen zu erreichen, daß es aber ebenso oder sogar wichtiger sei, im einzelnen zu untersuchen, wie dieses Wachstum in menschliche Entwicklung in verschiedenen Gesellschaften umgesetzt werden kann. Der Bericht 1990 demonstrierte sehr gut, daß es nicht nur auf das Einkommensniveau einer Gesellschaft ankommt, sondern auch auf die Art und Weise, wie Einkommen in menschliche Lebensstandards umgesetzt wird: Während z.B. in Costa Rica das Pro-Kopf-Einkommen nur ein Drittel des Einkommens von Oman ausmachte, war Costa Ricas Alphabetisierungsquote dreimal so hoch, seine Lebenserwartung um zehn Jahre höher, und die Einwohner erfreuten sich zahlreicher wirtschaftlicher, sozialer und politischer Freiheiten.

Vor diesem Hintergrund wurde ein „Index für menschliche Entwicklung" (HDI - Human Development Index) konstruiert und berechnet, um die durchnittlichen Leistungen in drei grundlegenden Bereichen der menschlichen Entwicklung (Lebensdauer, Wissen, angemessener Lebensstandard) in einem Index zu erfassen und eine entsprechende Rangliste von Ländern aufzustellen. Zur Darstellung dieser Bereiche wurden drei Näherungsvariablen ausgewählt: (1) Lebenserwartung bei Geburt, (2) Alphabetisierungsrate Erwachsener und Gesamteinschulungsquote und (3) bereinigtes Pro-Kopf-Einkommen, in Kaufkraftparitäten ausgedrückt. Der HDI ist ein einfach zusammengesetzter Index, der aber ein umfassenderes Maß als das üblicherweise herangezogene Pro-Kopf-Einkommen darstellt. Insofern spiegelt er zwar nicht die komplexe Realität menschlicher Entwicklung wider, aber er vermittelt ein umfassenderes Bild über die menschliche Situation als das Pro-Kopf-Einkommen. Der HDI-Wert bewegt sich auf einer Skala zwischen 0 und 1; er zeigt für die berücksichtigten Länder an, welchen Weg sie bis zur Erreichung des möglichen Höchstwertes von 1 bereits zurückgelegt haben. Der HDI wurde im Laufe der Jahre 1990-1999 sowohl methodisch verfeinert als auch empirisch-statistisch durch verbesserte Datenerhebungen weiterentwickelt. Insofern lassen sich intertemporale

Vergleiche nicht durchführen. In der Berichten 1995 und 1997 wurden noch weitere Indizes eingeführt, welche zur Messung der Ungleichheiten zwischen den Geschlechtern sowie der Armut herangezogen werden. Jeder der zehn bisher erschienenen Human Development Reports enthält einen detaillierten statistischen Anhang mit den ermittelten Werten dieser Indizes sowie technische Erläuterungen zu den methodischen Verfahren.

Der Bericht 1991 führte die Diskussion zur Messung der menschlichen Entwicklung weiter und beanspruchte, daß der eingeführte HDI jetzt stärker die Faktoren Einkommensverteilung, Unterschiede zwischen Männern und Frauen, höhere Niveaus menschlicher Entwicklung sowie Änderungen im Zeitablauf berücksichtigt. Es wurde auch ein „human freedom index" als Näherungsvariable für die Einhaltung der Menschenrechte eingeführt. Der Bericht 1991 behauptete, daß die meisten Entwicklungsländer ihre grundlegenden Ziele menschlicher Entwicklung finanzieren könnten, wenn sie den politischen Willen hätten, ihre gegenwärtigen Militärausgaben zu senken, ineffiziente öffentliche Unternehmen zu privatisieren, falsche Entwicklungsprioritäten zu korrigieren und ihre nationale Regierbarkeit zu verbessern.

Der Bericht 1992 erweiterte das Konzept menschlicher Entwicklung durch die Berücksichtigung der natürlichen Umwelt („sustainable human development"), ersetzte aber den „human freedom index" durch eine methodische Diskussion über die Meßbarkeit von öffentlicher Freiheit. Der Bericht stellte die Menschen in das Zentrum der globalen Entwicklungsdebatte und argumentierte, daß die wirtschaftlichen Disparitäten zwischen reichsten und ärmsten Menschen wahrscheinlich explodieren werden, falls der gleichberechtigte Zugang zu den Marktmöglichkeiten nicht über die nationalen Grenzen hinweg globalisiert werde. Die Einkommensdisparität zwischen der reichsten und der ärmsten Milliarde Menschen habe sich in den letzten drei Jahrzehnten verdoppelt und heute ein gefährlich hohes Niveau von 1:150 erreicht. Gefordert wurde eine umfassende Reform des gegenwärtigen ODA-Systems, das „progressive, predictable and equitable" sein sollte. Mindestens zwei Drittel der ODA sollten in die ärmsten Länder gehen, und mindestens 20 Prozent der ODA sollten für die Grundbedürfnisse vorgesehen werden. Die Autoren des Berichts 1992 äußerten sich kritisch über die bisherige Politik des Internationalen Währungsfonds und der Weltbank und forderten eine Neustrukturierung des Bretton-Woods-Systems - ein Thema, das auch im Bericht 1994 wiederaufgenommen wurde.

Der Bericht 1993 konzentrierte sich auf die notwendige Partizipation der Menschen auf den Märkten und an den staatlichen Entscheidungsprozessen und wies auf die zunehmende Bedeutung von Nicht-Regierungsorganisationen (NGOs) und deren Rolle in der nationalen und internationalen Entwicklung hin. Die Autoren forderten neue Konzepte der menschlichen Sicherheit, neue Strategien für eine nachhaltige Entwicklung sowie neue Formen der internationalen Zusammenarbeit, welche sich direkt an den Bedürfnissen der Menschen und nicht an den Interessen der Regierungen orientieren sollten.

Der Bericht 1994, der erstmals auch in deutscher Sprache veröffentlicht wurde[31], erschien rechtzeitig vor dem Weltgipfel für Soziale Entwicklung in Kopenhagen im Frühjahr 1995 und hat die dortige Diskussion nachhaltig beeinflußt. Die Autoren forderten für die Vereinten Nationen ein neues Konzept der menschlichen Sicherheit, um die Bedürfnisse der Menschen nicht nur nach Frieden, sondern auch nach Entwicklung zu erfüllen. Für den Weltsozialgipfel wurden folgende sechs Themen zur Diskussion gestellt: (1) Schaffung des Rahmens für eine Chancengleichheit von Menschen und Staaten („neue Weltsozialcharta"), (2) ein 20:20-Vertrag über menschliche Entwicklung, um die Ziele der menschlichen Entwicklung in wesentlichen Bereichen - Sicherung von Grundversorgungsdiensten in den Bereichen Gesundheit, Bildung, Trinkwasser, sanitäre Einrichtungen und Familienplanung - bis zum Jahre 2005 zu verwirklichen (die Geberländer sollen mindestens 20 Prozent ihrer öffentlichen Entwicklungshilfe, die Empfängerländer mindestens 20 Prozent ihrer Staatsausgaben für die Verwirklichung dieser Ziele einsetzen), (3) Festlegung konkreter Ziele für eine weitere Senkung der globalen Militärausgaben und für den Einsatz der sich daraus ergebenden „Friedensdividende" zur Stärkung der menschlichen Sicherheit, (4) die Einrichtung eines Globalen Fonds für menschliche Sicherheit, das heißt zur Bekämpfung von Drogenhandel, internationalem Terrorismus, übertragbaren Krankheiten, Weiterverbreitung von Atomwaffen, Naturkatastrophen, ethnischen Konflikten, übermäßiger Migration sowie globaler Verschmutzung und Schädigung der Umwelt, (5) die Errichtung eines stärker integrierten und leistungsfähigeren VN-Entwicklungssystems, um die Aktivitäten für menschliche Entwicklung zu konzentrieren, und (6) die Schaffung eines VN-Wirtschafts-Sicherheitsrates als Entscheidungsgremium für globale Probleme menschlicher Sicherheit sowie - als kritische Reaktion auf die Arbeit der Bretton-Woods-Institutionen und des GATT - einer Weltzentralbank, welche für eine globale makroökonomische Steuerung und die Aufsicht auf das internationale Bankwesen sorgt, eines Internationalen Investitions-Trust, welcher das Recycling internationaler Überschüsse in die Entwicklungsländer übernimmt, und eines Weltkartellamtes, welches die Aktivitäten multinationaler Konzerne überwacht und den Wettbewerb auf den Märkten sicherstellt.

Der Bericht 1995 wurde - offensichtlich aus politischen Gründen - erst kurz vor Beginn der Vierten Weltfrauenkonferenz in Peking vorgestellt. Im Mittelpunkt standen zahlreiche Kennziffern für geschlechtsspezifische Disparitäten, welche die in den meisten Gesellschaften weiterhin anzutreffenden Diskriminierungen von Frauen zum Ausdruck bringen. Es wurden zwei neue, zusammengesetzte Indizes eingeführt und die Länder auf einer weltweiten Skala eingestuft, welche die Gleichstellung der Frauen berücksichtigten: der geschlechtsbezogene Entwicklungsindex (GDI - Gender-related Development Index) erfaßte die Ungleichheit zwischen den Geschlechtern bei den menschlichen Fähigkeiten des HDI, das Maß für die „Ermächtigung" („empowerment") der Geschlechter (GEM - Gender Empowerment Measure) spiegelte die Ungleichheiten in Schlüsselbereichen politischer und wirtschaftlicher Mitwirkung und Entscheidung wider.

Der Bericht 1996 untersuchte Art und Ausmaß der komplexen Zusammenhänge zwischen Wirtschaftswachstum und menschlicher Entwicklung. Dabei wurde die Bedeutung wirtschaftlichen Wachstums zur Verwirklichung der menschlichen Entwicklung hervorgehoben: Struktur und Qualität des Wachstums müssen so gestaltet werden, daß es zur Förderung der menschlichen Entwicklung, zur Verringerung der Armut, zum Schutz der Umwelt und zur Sicherung der Nachhaltigkeit eingesetzt wird. Während seit 1980 etwa 15 Staaten einen sprunghaften Anstieg ihres Wirtschaftswachstums erlebten, kam es in rund 100 Staaten zu einem wirtschaftlichen Rückgang oder zu Stagnation. Diese wachsende Kluft schuf zwei Welten, die sich immer weiter auseinanderentwickeln. In den letzten 30 Jahren erlebten die ärmsten 20 Prozent der Weltbevölkerung einen Rückgang ihres Anteils am Welteinkommen von 2,3 auf 1,4 Prozent, während der Anteil der reichsten 20 Prozent von 70 auf 85 Prozent stieg. Die Autoren forderten daher neue Wachstumsmuster, um eine weitere Verschärfung der externen Ungleichgewichte und Ungleichheiten in der Weltwirtschaft zu verhindern. Dabei setzten sie vier Prioritäten, nämlich (1) schnelleres Wirtschaftswachstum für Länder mit geringer menschlicher Entwicklung, für die Transformationsländer und für die mittlere Gruppe der

Entwicklungsländer, (2) eine Verbesserung der Qualität des Wachstums und Beibehaltung der Wachstumsrate in den wirtschaftlich schnell wachsenden Entwicklungsländern und den OECD-Ländern, (3) globale Aktionen, um nationale Bemühungen zur Ausweitung der Beschäftigungsmöglichkeiten abzustützen und (4) ein globales Sicherheitsnetz, um alle Länder mit einem geringen Niveau menschlicher Entwicklung in den nächsten zehn Jahren auf ein mittleres Niveau anzuheben.

Im Bericht 1997 stand die Bekämpfung der Armut durch menschliche Entwicklung im Mittelpunkt. Die Autoren erteilten dem traditionellen Begriff einer reinen Einkommensarmut eine Absage und konzentrierten sich auf Armut hinsichtlich der menschlichen Entwicklung, das heißt Armut als Vorenthaltung von Wahlmöglichkeiten und Chancen auf ein menschenwürdiges Leben. Zwar wurden in den letzten 50 Jahren enorme Fortschritte in der Beseitigung von Armut erzielt, aber sie erfolgten ungleich, und es gab auch zahlreiche Rückschläge.

Die Autoren führten in diesem Bericht erstmals einen Index für menschliche Armut (HPI - Human Poverty Index) ein, der Armut nicht an Einkommen mißt, sondern mit Kennziffern für grundlegende Dimensionen von Entbehrungen arbeitet. Berücksichtigt wurden der Prozentsatz der Menschen mit einer Lebenserwartung unter 40 Jahren, der Prozentsatz der erwachsenen Analphabeten und die mangelhafte soziale Gesamtversorgung, ausgedrückt durch den Prozentsatz der Menschen ohne Zugang zu medizinischer Versorgung und sauberem Trinkwasser und den Prozentsatz der Kinder unter fünf Jahren mit Untergewicht.

Davon ausgehend, daß die Beseitigung der absoluten Armut in den ersten Dekaden des 21. Jahrhunderts machbar, finanziell erschwinglich und moralisch zwingend sei, forderten die Autoren die Bekämpfung der Armut an „sechs Fronten":

(1) Ausgangspunkt muß stets die „Ermächtigung" („empowerment") der Geschlechter sein ; das heißt, es ist sicherzustellen, daß Frauen und Männer an allen Entscheidungen, die ihr eigenes Leben betreffen, teilhaben und sie beim Ausbau ihrer Stärken und Fähigkeiten gefördert werden.

(2) Die Gleichstellung der Geschlechter als Grundvoraussetzung für die „Ermächtigung" der Frau - und auch für die Armutsbekämpfung - ist voranzutreiben.

(3) Eine dauerhafte Verringerung der Armut als integralen Bestandteil einer jeden nationalen Wirtschaftspolitik setzt in allen Ländern ein Wirtschaftswachstum voraus, das auch den Armen zugute kommt.

(4) Die Globalisierung ist unter Berücksichtigung weltweiter Gleichheit sorgfältiger zu steuern, um die Marginalisierung der ärmsten und am wenigstens entwickelten Länder zu beenden.

(5) Der Staat muß demokratische Rahmenbedingungen schaffen, damit sich die Armen und die sich für die Armutsbekämpfung einsetzenden Interessengruppen organisieren und Unterstützung mobilisieren können.

(6) Es sind spezielle Maßnahme zur Unterstützung der ärmsten Länder zu ergreifen: Ihre Schulden müssen schneller verringert, ihr Anteil an der öffentlichen Entwicklungshilfe muß erhöht, und die Agrarmärkte für ihre Exporte geöffnet werden.

In seinem Vorwort erinnerte der UNDP-Administrator, James Gustave Speth, an die Verpflichtung der Teilnehmerstaaten auf dem Weltgipfel für Soziale Entwicklung 1995 in Kopenhagen, die Armut auszurotten, weil sie darin einen „ethischen, sozialen, politischen und moralischen Imperativ der Menschheit" sahen.

Der Bericht 1998 untersuchte den privaten und öffentlichen Konsum aus der Perspektive der menschlichen Entwicklung. Zwar seien die Konsumausgaben seit 1950 enorm angestiegen, aber das Konsumwachstum war schlecht verteilt und führte zu enormen Rückständen und zu gewaltigen Ungleichheiten: Weit über eine Milliarde Menschen konnten 1998 ihre elementarsten Konsumbedürfnisse nicht decken. Die Autoren stellten fest, daß trotz des hohen Konsumniveaus auch in den Industrieländern Armut anzutreffen ist, die in einigen Ländern sogar zunehme. Der Bericht 1998 enthielt daher einen zweiten Index für menschliche Armut (HPI-2), der vom Aufbau her dem Index für menschliche Armut im Bericht 1997 (HPI-1) entsprach, aber an die sozio-ökonomischen Bedingungen der

Industrieländer angepaßt wurde. Berücksichtigt wurden der Prozentsatz der Menschen, die wahrscheinlich nicht älter als 60 Jahre werden, die funktionale Analphabetisierungsrate Erwachsener, der Prozentsatz der Menschen, die unterhalb der einkommensbezogenen Armutsgrenze leben (50 Prozent des mittleren persönlich verfügbaren Einkommens) und die Quote der Langarbeitslosigkeit (12 Monate und länger). Es wurde darauf hingewiesen, daß sich Konsummuster und –trends negativ auf die menschliche Entwicklung auswirken, den Bestand an Umweltressourcen bedrohen sowie soziale und wirtschaftliche Ungleichheiten verstärken. Die Autoren forderten daher, gegenwärtige Konsumtrends zu verändern: (1) das Konsumniveau der Ärmsten müsse angehoben werden, damit sie ihre Grundbedürfnisse befriedigen können, (2) der Konsum müsse die Lebens- und Entwicklungschancen aller Menschen erweitern, und (3) unsere Konsummuster müssen so gestaltet werden, daß sie weder das Wohlergehen der anderen beeinträchtigen noch die Lebensmöglichkeiten künftiger Generationen gefährden.

Der Bericht 1999, der zehnte Bericht in dieser Reihe, wurde seinem Urheber Mahbub ul Haq, gewidmet. Obwohl weiterhin auf die Unabhängigkeit der Autoren hingewiesen wurde, deren Meinungen nicht unbedingt mit den Ansichten der UNDP, seines Exekutivrates oder seiner Mitgliedstaaten identisch seien, hat sich der neue UNDP-Administrator, Mark Malloch Brown, stärker als seine Vorgänger in seinem Vorwort mit den politischen Empfehlungen des Berichts identifiziert. Ohne Zweifel hat der seit 1990 jährlich erscheinende Bericht über menschliche Entwicklung auch die inhaltlichen Diskussionen innerhalb des UNDP beeinflußt und dazu geführt, daß seit 1994/1995 das Konzept der nachhaltigen menschlichen Entwicklung in den Mittelpunkt der Arbeit des UNDP gestellt wurde. Die Tatsache, daß der UNDP-Administrator die Vorlage des Berichts 1999 als „Kronjuwel" des UNDP bezeichnete, deutet darauf hin, daß der Paradigmenwechsel im UNDP – trotz aller Kritik, die in den 90er Jahren von einzelnen Mitgliedstaaten geäußert wurde, die sich angegriffen fühlten – endgültig vollzogen wurde.

Im Mittelpunkt des Berichts 1999 stand die Forderung nach Reformen auf nationaler und weltweiter Ebene, um eine „Globalisierung mit menschlichem Antlitz" zu erreichen. Die Autoren setzten sich dafür ein, die Kräfte des Globalisierungsprozesses, der enorme Chancen für menschlichen Fortschritt bietet, so zu steuern, daß er tatsächlich allen Menschen und Gesellschaften weltweit zugute kommt. Darauf hinweisend, daß die gegenwärtigen Globalisierungsprozesse in den 90er Jahren zu einer noch stärkeren Konzentration von Einkommen, Ressourcen und Wohlstand auf einzelne Personen, multinationale Konzerne und Industrieländer geführt habe, forderten die Autoren eine globale Ordnungspolitik, um neue Bedrohungen der menschlichen Sicherheit in Industrie- und Entwicklungsländern abzuwenden. Der UNDP-Administrator schloß sich dieser Ansicht voll und ganz an: „Globalisierung ist viel zu wichtig, um wie bisher auf jegliche Steuerung zu verzichten, denn sie kann ebenso gewaltiges Unheil anrichten wie auch enorm viel Gutes bewirken".[32]

Da die Globalisierung als Ausdruck einer wachsenden weltweiten Verflechtung zwischen den Menschen sich nicht nur auf wirtschaftliche, sondern auch auf technologische und kulturelle Prozesse erstreckt, bedarf es einer nationalen und globalen Ordnungspolitik, welche durch Institutionen und Regeln einerseits funktionstüchtige Mächte, andererseits eine gleichmäßige Verteilung der Profite und Chancen garantiert. Die Autoren forderten daher unter anderem Strategien und Maßnahmen, um

- die menschliche Entwicklung zu stärken und sie den neuen Realitäten der Weltwirtschaft anzupassen;
- die Bedrohungen der finanziellen Volatilität mit all ihren menschlichen Kosten, die sie verursachen, zu verringern;
- Technologien für die menschliche Entwicklung und zur Armutsbekämpfung verstärkt zu fördern;
- die Marginalisierung armer, kleiner Länder wieder rückgängig zu machen;
- die Ungleichheiten in den gegenwärtigen Strukturen der Weltordnungspolitik durch stärkere Rechenschaftspflicht, mehr Transparenz und stärker ausgewogene geographische Repräsentanz abzubauen;
- eine kohärentere, demokratischere Architektur für die Weltordnungspolitik im 21. Jahrhundert, unter anderem durch Stärkung bestehender und Schaffung neuer Institutionen, aufzubauen.

Die bisher vorliegenden zehn Human Development Reports des UNDP haben mit dem Konzept einer nachhaltigen menschlichen Entwicklung die bisherigen entwicklungspolitischen Paradigmen deutlich in Frage gestellt. Mit ihrem neuen Konzept, das inzwischen nicht nur beim UNDP, sondern auch bei UNICEF und UNFPA integraler Bestandteil einer neuen multilateralen Entwicklungspolitik ist, haben sie eine echte Alternative zu den Weltentwicklungsberichten der Weltbank und der Entwicklungspolitik der G-7 entworfen. Dieses Konzept, das an die von der ILO vorgeschlagenen Grundbedürfnisstrategie anschließt, deren Umsetzung in den 70er Jahren wegen der Auseinandersetzung um die „Neue Weltwirtschafts-Ordnung" und der weltwirtschaftlichen Rezession im Gefolge der ersten Ölkrise scheiterte, stellt in einem ganzheitlichen Ansatz den Menschen in den Mittelpunkt der Analyse. Sicher weist der seit 1990 eingeführte und seitdem methodisch verfeinerte und empirisch-statistisch verbesserte HDI als grobe Kennziffer weiterhin ähnliche Schwächen auf wie traditionelle Einkommenskennziffern, aber es war ein bedeutsamer Schritt in die richtige Richtung, da er zusätzliche Faktoren quantifizierend berücksichtigte, die für menschliche Lebensqualität von Bedeutung sind.

Die Human Development Reports verengten nicht den Blick auf die sozialen und ökonomischen Probleme der Entwicklungsländer, sondern rückten auch die Fragen sozialer Armut in den Ländern des reichen Nordens zunehmend in den Mittelpunkt ihrer Analysen. Sie scheuten nicht davor zurück, auch innerstaatliche Probleme anzugehen, wie zum Beispiel die Unterschiede sozialer Armut zwischen Weißen und Schwarzen in den USA und Südafrika. Bei ihren Vorschlägen für politische Strategien unterschieden sie stets zwischen globalen und nationalen Vorschlägen. Mit diesen Berichten ist es dem UNDP gelungen, das Konzept der nachhaltigen menschlichen Entwicklung auch in den nationalen Politik-Dialog einzuführen. Inzwischen sind hierzu mehr als 260 nationale und subnationale Berichte in über 120 Ländern erschienen.

3.3 Die „Agenda für Entwicklung"

Wie bereits oben erwähnt, wurde mit der Resolution 47/181 der Generalversammlung der Generalsekretär am 22. Dezember 1992 aufgefordert, einen Bericht über eine „Agenda für Entwicklung" vorzulegen, gedacht als komplementäres Dokument zur „Agenda für den Frieden", in der die entwicklungspolitischen Aspekte deutlich unterbelichtet blieben. Offensichtlich war ursprünglich auch im VN-Sekretariat daran gedacht, die entwicklungspolitische Führungsrolle den Bretton-Woods-Institutionen und der im Gründungsprozeß befindlichen WTO zu überlassen - eine Form der Arbeitsteilung, die auf heftigen Widerstand der G-77 stieß.

Der Erstellungsprozeß sollte weitaus länger dauern als im Fall der „Agenda für den Frieden". Zwar hatte der VN-Generalsekretär bereits in seiner ersten Agenda betont, daß er sich auf Gedanken und Vorschläge stützen konnte, die ihm von Regierungen, Regionalorganisationen, NGOs sowie von Institutionen und Einzelpersonen aus vielen Staaten zugeleitet wurden.[33] Aber die Erstellung seiner zweiten Agenda sollte fast 17 Monate dauern. Dies lag u.a. nicht nur daran, daß der Generalsekretär diesmal mit einem weitaus komplexeren Themenbereich konfrontiert war, so daß die zweite Agenda wesentlich umfangreicher ausfiel, sondern auch daran, daß die Zahl der zu konsultierenden entwicklungspolitischen Akteure im VN-System weitaus größer war sowie die Generalversammlung als Auftraggeber sämtliche Mitgliedstaaten umfaßte: „In dem Bestreben, ein möglichst breites Spektrum an Meinungen zum Thema Entwicklung einzuholen, bat ich alle Mitgliedstaaten sowie die Organisationen und Programme um Stellungnahmen und bemühte mich weltweit um Anregungen von öffentlicher wie auch privater Seite".[34] Ursprünglich sollte der Generalsekretär bereits der 48. Generalversammlung 1993 einen Bericht über eine „Agenda für Entwicklung" vorlegen, die unter anderem Vorschläge zur Stärkung der Rolle der VN im Entwicklungsbereich sowie zum zukünftigen Verhältnis zu den Bretton-Woods-Institutionen enthält. Anstelle des geforderten Berichts legte der Generalsekretär Ende November 1993 lediglich einen Zwischenbericht vor, in dem er einerseits die Themenfelder seiner zweiten Agenda knapp beschrieb und andererseits auf die 17 Antworten von Mitgliedstaaten auf seine Verbalnote vom 20. Mai 1993 einging, in der er um deren Meinungen zu der auszuarbeitenden Agenda bat.[35] Dieser Zwischenbericht wurde am 21. Dezember 1993 von der Generalversammlung zur Kenntnis genommen, die sich damit einverstanden erklärte, daß die „Agenda für Entwicklung" erst im Laufe der ersten Jahreshälfte 1994 vorgelegt wird. Auffällig war die insgesamt geringe Resonanz. Berücksichtigt man, daß Belgien für die EU und Finnland für die nordischen Länder antworteten, bedeutete die Zahl von insgesamt 30 Ländern, darunter lediglich neun Entwicklungsländer, eine äußerst geringe Rücklaufquote.

Der VN-Generalsekretär legte am 6. Mai 1994 eine neue, eher visionär anmutende Konzeption für eine universale, am Menschen orientierte „Kultur der Entwicklung" vor, in der Frieden, Wirtschaft, Umwelt, soziale Gerechtigkeit und Demokratie als fünf eng miteinander verknüpfte Hauptdimensionen der Entwicklung dargestellt wurden.[36] „Ob diese Vision verwirklicht wird, wird an dem gemessen werden, was die Völker der Welt und ihre Führer während der jetzigen Generationssspanne von den Vereinten Nationen machen oder zu machen verabsäumen"[37].

Die bereits genannten fünf Dimensionen des Entwicklungskonzeptes wurden als ein integriertes Ganzes angesehen; denn
- ohne Frieden können die menschlichen Kräfte nicht produktiv eingesetzt werden;
- ohne Wirtschaftswachstum (als „Motor der Entwicklung überhaupt") kann es keine nachhaltige Verbesserung des materiellen Wohlstands auf breiter Ebene geben;
- ohne Umweltschutz werden die Grundlagen des menschlichen Überlebens ausgehöhlt;
- ohne soziale Gerechtigkeit gefährden zunehmende Ungleichheiten den gesellschaftlichen Zusammenhalt; und
- ohne politische Mitbestimmung in Freiheit bleibt die Entwicklung ständig gefährdet.

Boutros-Ghalis Konzept einer 'sozialen Marktwirtschaft' implizierte, daß 'der Markt' allein nicht in der Lage ist, ein nachhaltiges Wirtschaftswachstum zu sichern: „Die Bestimmung der richtigen Mischung von staatlicher Lenkung der Wirtschaft und Förderung der Privatinitiative ist vielleicht die dringendste Herausforderung an die wirtschaftliche Entwicklung. Es handelt sich hierbei nicht nur um ein Problem der Enwicklungs- und Umbruchländer. An der Suche nach dem schwierigen Mittelweg zwischen Dirigismus und Laissez-faire sind alle Länder beteiligt. Auch die großen Marktwirtschaften mit immer wiederkehrender Rezession und einer anhaltend hohen Arbeitslosigkeit sind mit dieser Aufgabe konfrontiert."[38]

Im Abschnitt III ging der VN-Generalsekretär dann auf die Vielfalt der Akteure im Entwicklungsbereich ein und erläuterte unter Bezugnahme auf die VN-Weltkonferenzen[39] der 90er Jahre den Prozeß, durch den die Vereinten Nationen diese Akteure in die verschiedenen Entwicklungsdimensionen einbinden können; dabei diskutierte er auch die Arbeit der Sonderorganisationen einschließlich der Bretton-Woods-Institutionen, wobei er eine neue Arbeitsteilung forderte: „Die Bretton-Woods-Institutionen bilden einen integralen Bestandteil des Systems der Vereinten Nationen. Sie sind wichtige Quellen der Entwicklungsfinanzierung und der Beratung in grundsatzpolitischen Fragen. In der technischen Hilfe spielen sie eine immer aktivere Rolle, was die Gefahr von Überschneidungen mit der der zentralen Finanzierungsrolle des UNDP sowie auf Gebieten in sich birgt, auf denen auch andere Sonderorganisationen Zuständigkeit besitzen. Es wird besonders zu überlegen sein, wie diese Institutionen und andere Organisationen des Systems unter Zugrundelegung ihrer jeweiligen besonderen Stärken enger zusammenarbeiten können. Bei den operativen Aktivitäten erscheint es angezeigt, systematischer und koordinierter, komplementärer und sich wechselseitig verstärkender Weise von der im Rahmen der Bretton-Woods-Institutionen angebotenen Kapitalhilfe Gebrauch zu machen, wobei das UNDP und die Sonderorganisationen für die Finanzierung der technischen Hilfe aufkommen".[40]

Der VN-Generalsekretär verwies nicht nur auf das „einzigartige" weltweite Netz von UNDP-Landesbüros, sondern empfahl auch eine weitere Stärkung des Systems der residierenden UNDP-Koordinatoren vor Ort.[41] Darüberhinaus sprach er sich für eine Stärkung des ECOSOC aus, dessen Koordinierungsmaßnahmen sich nicht nur auf Regierungen und zwischenstaatliche Institutionen erstrecken dürfen, sondern auch die Arbeit der zahlreichen nicht-staatlichen Akteure (NGOs) im Entwicklungsprozeß berücksichtigen müsse.[42]

Boutros Boutros-Ghali stellte fest, daß es auf allen Ebenen zu „einer stetigen Proliferation von Unter- und Nebenorganen" gekommen sei, welche immer weniger eine grundsatzpolitische Kohärenz erkennen ließen. Als Gründe für die „mangelnde Kohäsion und unklare Ausrichtung" führte er einerseits das Fehlen eindeutiger grundsätzlicher Richtlinien durch die Generalversammlung, andererseits den Mangel an einer „wirksamen grundsatzpolitischen Koordinierung und Kontrolle" durch den ECOSOC an.[43]

Der VN-Generalsekretär verstand seinen Bericht als einen ersten Beitrag auf „der Suche nach einer mit neuem Leben erfüllten Vision der Entwicklung".[44] Sein Versuch, eine umfassende „Kultur der Entwicklung" zu erarbeiten und diese mit dem gegenwärtigen Zustand des VN-Systems zu konfrontieren, hat nicht die erwartete Resonanz gefunden. Vielmehr wurde der Bericht als zu akademischanalytisch kritisiert, der keine konkreten Vorschläge zur Reform des VN-Systems und zur zukünftigen Prioritätensetzung enthalte, wie es in der Agenda für den Frieden der Fall war. Direkte Kritik erfolgte nur ansatzweise an wenigen Stellen, so z. B. bei der Feststellung, daß die fünf ständigen Mitglieder für 86 Prozent der weltweiten Waffenlieferungen verantwortlich seien[45], sowie bei der Forderung nach einer weltwirtschaftlichen Koordinierung durch die G-7 unter Hinzuziehung wichtiger Entwicklungsländer.[46]

Der Bericht wurde Anfang Juni 1994 auf einer vom Präsidenten der Generalversammlung einberufenen „globalen Anhörung über Entwicklung" in New York diskutiert. Dies war ein Novum in den Verfahren der Generalversammlung; es kam zu einem offenen Dialog zwischen Experten, ehemaligen Staats- und Regierungschefs, Medienvertretern und Mitarbeitern der Ständigen Vertretungen der Mitgliedstaaten bei den VN. Die Ergebnisse wurden vom Präsidenten der Generalversammlung zusammengefaßt und auch veröffentlicht.[47] Einerseits bewegte sich dieser Bericht im Rahmen des von Boutros Boutros-Ghali entwickelten analytischen Rasters, andererseits wurde die Kritik deutlich pointierter vorgetragen: Weder die VN noch die G-7 und die Bretton-Woods-Institutionen wurden als geeignet angesehen, die Herausforderungen der Weltwirtschaft zu meistern. Neben der Ernennung eines stellvertretenden Generalsekretärs für wirtschaftliche Angelegenheiten wurde ein Sicherheitsrat für den Wirtschafts- und Sozialbereich vorgeschlagen, wobei unterschiedliche Organisationsformen präsentiert wurden bis hin zu einem Entwicklungsrat, bestehend aus der G-7, Vertretern der G-77 und der OPEC. Dem entsprechend kritisch wurde die bisherige Arbeit des ECOSOC betrachtet. Bei den autonomen Sonderorganisationen wurden unter anderem Zusammenlegungen vorgeschlagen; insgesamt sollten sie unter die Jurisdiktion des VN-Generalsekretärs gebracht werden. Ferner wurden die unterschiedlichen Meinungen über die Verbesserung der Zusammenarbeit zwischen den VN und den Bretton-Woods-Institutionen wiedergegeben.

Im Juli 1994 befaßte sich auf der Jahrestagung auch der ECOSOC mit der „Agenda für Entwicklung". Der VN-Generalsekretär wurde aufgefordert, die dort abgegebenen und von seinem Präsidenten zusammengefaßten Stellungnahmen in seinen Empfehlungen für eine Agenda für Entwicklung zu berücksichtigen, die er Anfang November der 49. Generalversammlung vorlegte.

In diesen Empfehlungen plädierte Boutros Boutros-Ghali für die Umsetzung von drei Zielen[48]:
1. Stärkung und Neubelebung der internationalen Entwicklungszusammenarbeit überhaupt, um die „donors' fatigue" zu überwinden;

2. Schaffung eines stärkeren, wirksameren und kohärenteren multilateralen Systems zur Unterstützung der Entwicklung; sowie
3. Erhöhung der Wirksamkeit der Vereinten Nationen (ihrer Hauptabteilungen, Regionalkommissionen, Fonds und Programme) und des VN-Systems insgesamt.

Der VN-Generalsekretär bedauerte die nachlassenden Bemühungen, das 0,7-Prozent-Ziel zu erreichen, und schlug vor, neue Zwischenziele für eine Erhöhung der öffentlichen Entwicklungshilfe (ODA) zu vereinbaren. Er sprach weiterhin das Verschuldungsproblem an und forderte, den am wenigsten entwickelten und ärmsten Ländern die Schulden überhaupt zu erlassen. Weiterhin schlug er vor, daß die Generalversammlung eine internationale Konferenz zur Entwicklungsfinanzierung in enger Abstimmung mit den Bretton-Woods-Institutionen, den regionalen Entwicklungsbanken und dem Ausschuß für Entwicklungshilfe (DAC) der OECD durchführt.[49]

Seine Empfehlungen für die Umsetzung der zweiten Zielsetzung bezogen sich auf (a) die Generalversammlung, (b) den ECOSOC, (c) die Bretton-Woods-Institutionen und (d) die sektoralen und Fachorganisationen im VN-System. Die Generalversammlung als oberstes Politikforum sollte sich darauf konzentrieren, „Schwachstellen und Widersprüchlichkeiten" aufzuzeigen und „Grundsätze, Normen und Spielregeln" bei der Steuerung weltwirtschaftlicher Interdependenzen auszuarbeiten.[50]

Der ECOSOC sollte zum Zentrum eines wirksamen multilateralen Entwicklungsspektrums reorganisiert werden:[51]
- der Rat soll über die gesamte Bandbreite der Entwicklungsfragen unter Einbeziehung aller Sonderorganisationen beraten und entscheiden;
- er soll als zentrale Leitstelle die multilaterale Entwicklungshilfe bewerten und überprüfen;
- der Rat soll latente bzw. sich abzeichnende humanitäre Notsituationen erkennen und koodinierte Initiativen ausarbeiten.

Um diesen Aufgaben gerecht zu werden, schlug der VN-Generalsekretär zwei institutionell-organisatorische Änderungen vor:
1. Stärkung des Rates durch ein erweitertes Präsidium („bureau"), das zwischen den Tagungen zusammentreffen und bei Bedarf schnell handeln kann;

2. Schaffung eines Rates internationaler Entwicklungsberater zur Unterstützung der Generalversammlung und des ECOSOC. „Dieser Rat würde einen unabhängigen jährlichen oder zweijährlichen Bericht herausgeben, Schlüsselfragen der Weltwirtschaft und ihre Auswirkungen auf die Entwicklung analysieren und die Weltöffentlichkeit informieren."[52]

Weiterhin schlug Boutros Boutros-Ghali eine enge Zusammenarbeit zwischen den Bretton-Woods-Institutionen und den Vereinten Nationen vor, wobei er einerseits einzelne Kooperationsfelder konkret benannte, andererseits vorschlug, den Verbindungsausschuß zwischen den Vereinten Nationen und den Bretton-Woods-Institutionen wieder zu beleben.

Obwohl die Empfehlungen weiterhin eher diplomatisch-vorsichtig formuliert waren, gingen sie einigen Mitgliedstaaten, vor allem den USA, zu weit, die sich gegen die Idee einer internationalen Konferenz über Entwicklungsfinanzierung und weitere Schuldenerlasse für die Entwicklungsländer aussprachen. Insgesamt blieben die Ergebnisse der Diskussionen für die Entwicklungsländer unbefriedigend. Aber die G-77 ließ nicht locker. Am 19. Dezember 1994 beschloß die 49. Generalversammlung mit der Resolution 49/126, eine für alle Mitgliedstaaten offene Arbeitsgruppe einzurichten, um eine „handlungsorientierte, umfassende Agenda für Entwicklung" auszuarbeiten. Die Arbeitsgruppe der Generalversammlung führte 1995 drei Sitzungen durch, die insgesamt fünf Wochen in Anspruch nahmen. Aber bis zum Herbst 1995 kam es nur zu einem Zwischenbericht, in dem festgestellt wurde, daß die neue Agenda nicht fertiggestellt werden konnte. Daraufhin wurde das Mandat der Arbeitsgruppe um ein Jahr verlängert. Aber auch während der Verhandlungen des Jahres 1996 sollte es zu keiner Einigung kommen.

Die bereits 1995 sichtbar gewordenen Gegensätze zwischen Industrie- und Entwicklungsländern führten 1996 zu einer Verhärtung der Fronten. Die Diskussion um die institutionellen Fragen und Folgemaßnahmen ließen die alten Gegensätze aus den 60er Jahren wiederaufleben. Während die G-77 vor allem die Kompetenz der Generalversammlung und der UNCTAD, in denen sie über eine deutliche Mehrheit verfügen, stärken wollten, beharrten die EU und die USA auf einer strikten Aufgabenteilung. Die VN sollte weiterhin für die „weichen" Themen (Umwelt, Soziales und Menschenrechte), die WTO, der IWF und die Weltbank-Gruppe für die „harten" ökonomischen Themen zuständig sein. Trotz zahlreicher Kompromisse durch Übernahme von Formulierungen aus den verschiedenen Aktionsprogrammen der Weltkonferenzen der 90er Jahre konnte kein Konsens erreicht werden, so daß die Generalversammlung am 16. September 1996 beschloß, daß die Arbeitsgruppe ihre Tätigkeit „so bald wie möglich" beenden sollte.

In der ersten Jahreshälfte 1997 konnten - offensichtlich unter dem verstärkten allgemeinen Reformdruck, dem der neue Generalsekretär, Kofi Annan, ausgesetzt war - alle strittigen Fragen durch weitere Kompromisse geklärt werden. Die neue Agenda für Entwicklung wurde ohne förmliche Abstimmung als Anhang zur Resolution 51/240 am 20. Juni 1997 von der Generalversammlung angenommen. Fast fünf Jahre hat es gedauert, bis die Generalversammlung sich auf einen Text einigen konnte, ohne jedoch ihr Ziel zu erreichen, ein umfassendes, handlungsorientiertes Programm für die multilaterale Entwicklungszusammenarbeit des VN-Systems zu erstellen.

Die neue Agenda für Entwicklung der Generalversammlung, die aus drei Teilen besteht (I. Hintergrund und Ziele, II. Politische Rahmenbedingungen und Mittel zur Umsetzung, III. Institutionelle Fragen und Folgemaßnahmen), beanspruchte, daß sie einen neuen Bezugsrahmen für die internationale Zusammenarbeit erstellt, die Rolle der VN definiert sowie die Entwicklungsprioritäten und einen Zeitrahmen zur Umsetzung festgelegt hat.[53] Im Gegensatz zur „Agenda für Entwicklung" von Boutros Boutros-Ghali, auf die zwar kein direkter Bezug genommen wurde, enthielt Teil I dessen Grundideen, ohne daß jedoch der Text eine entsprechende analytische Konsistenz aufwies. Dadurch wies auch Teil II eher einen Katalog-Charakter dessen auf, was in den Aktionsprogrammen der Weltkonferenzen der 90er Jahre gefordert wurde. Als integrale Bestandteile des Entwicklungskonzeptes nannte die neue Agenda u.a.: Beseitigung von Armut und Hunger, Schutz der Menschenrechte, dauerhaftes Wirtschaftswachstum, Schutz der Umwelt, Schutz der Rechte der Kinder, „Empowerment" der Frauen sowie Demokratie und Partizipation der Zivilgesellschaft. „Qualitative neue Erkenntnisse oder zusätzlich Verpflichtungen, die über die unverbindlichen Aussagen der Weltkonferenzen hinausgehen, enthält die Agenda freilich nicht. Sie bleibt in ihrem neuen Kern damit ein Katalog der Allgemeinplätze, wie sie – von Rio bis Rom – in den verschiedenen Aktionsprogrammen verabschiedet worden waren"[54].

Auch der abschließende Teil III blieb entsprechend mager. Außer Leerformeln über anstehende Notwendigkeiten besagte dieser Teil lediglich, daß entsprechend dem Prinzip Hoffnung Reformen notwendig seien, aber kein Konsensus darüber besteht, welche Reformen wie und wann zu realisieren sind. Es habe sich ein Konsensus zu einem multidimensionalen, umfassenden und integrierten Entwicklungsansatz entwickelt. Es bestehe eine Notwendigkeit, das System der internationalen Entwicklungszusammenarbeit wiederzubeleben. Die Generalversammlung müsse eine stärkere politische Führungsrolle in Entwicklungsfragen übernehmen. Der ECOSOC müsse fortfahren, seine Rolle als zentraler Koordinierungsmechanismus des VN-Systems zu stärken. Diese und ähnliche Formulierungen dominierten im Text, angereichert durch eine Reihe praktisch-organisatorischer Vorschläge. Insgesamt überwogen jedoch diplomatisch formulierte Kompromisse mit „Seelenmassagen-Charakter", die von allen Mitgliedstaaten mangels Konsens über durchgreifende Reformen getragen werden konnten.

Die neue Agenda für Entwicklung, ursprünglich als Fahrplan der VN-Entwicklungsarbeit für das 21. Jahrhundert gedacht, ist über eine Zustandsbeurteilung der weiterhin ungelösten entwicklungspolitischen Probleme in der Debatte zwischen Nord und Süd nicht hinausgekommen. Lediglich die Forderung der G-77, eine internationale Konferenz zum Thema Entwicklungsfinanzierung durchzuführen, scheint konkrete Gestalt anzunehmen. Nachdem die Generalversammlung am 18. Dezember 1997 mit der Resolution 52/179 unter Vorbehalten der USA und der EU beschloß, bis 2001 ein „high-level intergovernmental forum on financing for development" durchzuführen, hat inzwischen eine Ende 1998 von ihr eingesetzte Ad-hoc-Arbeitsgruppe konkrete Themenvorschläge unterbreitet:
- Mobilisierung heimischer Ressourcen;
- internationale Ressourcen: Handel, Außenhandelsinvestitionen und andere private Kapitalflüsse;
- internationale Entwicklungszusammenarbeit einschließlich ODA und Schuldenerlaß;
- verstärkte Kohärenz und Konsistenz des internationalen Geld-, Finanz- und Handelssystems zur Unterstützung von Entwicklung und zur Vermeidung von Finanzkrisen und exzessiver Volatilität der Finanzströme;
- besondere Bedürfnisse, unter anderem Afrikas und der ärmsten Länder.

Die EU plädierte einerseits dafür, daß die für 2001 vorgesehene Konferenz vor allem beraten sollte, wie die fehlenden Ressourcen zur Umsetzung der Beschlüsse der Weltkonferenzen mobilisiert werden können, verhinderte aber andererseits gemeinsam mit den USA, daß auch Themen wie „innovative Finanzierungsquellen" und „neue Architektur des internationalen Finanzsystems" behandelt werden.

Zwar wird die endgültige Entscheidung über Form, Ort und Themen der Konferenz erst im Herbst 1999 von der 54. Generalversammlung getroffen, aber unabhängig von der Tagesordnung bleibt es ungewiß, ob die Konferenz aus der Sackgasse führt, in welche die Nord-Süd-Verhandlungen immer dann gerieten, wenn es um die Lösung der Finanzierungsprobleme ging.

4. Reform-Entwürfe an die Vereinten Nationen

Es mag nicht verwundern, daß gerade zum 50. Jahrestag der Vereinten Nationen zahlreiche Reform-Studien in den 90er Jahren erschienen sind. Im folgenden sollen einige dieser „Geburtstagsgeschenke" vorgestellt werden, welche von Expertengremien unter der Leitung von hochrangigen ehemaligen, aber auch amtierenden Politikern erstellt wurden. Dabei fällt auf, daß sich auch zunehmend Politiker aus der Bundesrepublik Deutschland an diesen Arbeiten beteiligt haben (u.a. Kurt H. Biedenkopf, Helmut Schmidt, Richard von Weizsäcker).

Bevor die Reform-Entwürfe im einzelnen diskutiert werden, soll neben den bisher angewandten Kriterien der Einordnung einzelner Studien näher auf die unterschiedlichen Schritte des Entscheidungsprozesses innerhalb des VN-Systems eingegangen werden. Im Auftrage des Generalsekretärs wurden zwei (ungenannte) Experten beauftragt, eine „comprehensive analysis on strengthening the operational activities of the United Nations System, including the governance and financing aspects" zu erstellen.[55]

Im folgenden soll nur auf die Steuerung („governance") der operativen Aktivitäten der Vereinten Nationen eingegangen werden, wobei die Reformnotwendigkeit des Systems, das als zu fragmentiert und projekt-orientiert gilt, modellhaft vor dem Hintergrund von vier Funktionen diskutiert wird. Es handelt sich um (1) die rechtliche und (2) die politische Funktion, (3) die operative Steuerung („operational governance") und (4) die durchführende („executive") Funktion.

Die Autoren entwickelten ein Modell, das zwischen vier Entscheidungsebenen differenziert:

(1) Politische und rechtliche Ebene, d.h. die Ebene der Generalversammlung nach Artikel 10 in Verbindung mit den Artikeln 55 und 56 der Charta: „The appropriate forum for the dialogue on global/international development issues and the ensuing action programmes would therefore seem to be the General Assembly, using the machineries of the Economic and Social Council, the United Nations Conference on Trade and Development (UNCTAD) and other global conferences as instruments for preparing the issues before their final adoption by the Assembly."[56] Bei den Entschließungen der Generalversammlung der Vereinten Nationen handelt es sich um ausgehandelte Kompromisse, die sehr allgemein gehalten sind und selten genaue Handlungsanweisungen enthalten.

(2) Ebene der konkreten politischen Zielsetzung („policy-making"): Bezogen auf die VN-Spezialorgane, -Fonds und -Programme handelt es sich hier um die Einrichtung von Programmen, Festlegung von strategischen Zielen und Zielwerten sowie Prioritäten für und zwischen einzelnen Programm-Aktivitäten. Hier spielt der ECOSOC eine wichtige, allerdings begrenzte Rolle, weil er quasi als Hilfsorgan der Generalversammlung im Wirtschafts- und Sozialbereich agiert (vgl. u.a. Artikel 60 der Charta). Dabei ist die Gefahr der Verdopplung von Aktivitäten sehr groß; bezogen z.B. auf die Überprüfung der operativen Tätigkeiten der Vereinten Nationen sollte sich die Generalversammlung auf eine „triennial comprehensive policy review" beschränken und dem Rat jährliche Bestandsaufnahmen in den beiden anderen Jahren überlassen.

(3) Ebene der operativen Steuerung („operational governance level"): Hier handelt es sich um die Tätigkeit der aus Regierungsvertretern der Mitgliedstaaten zusammengesetzten Verwaltungsräte („executive boards" bzw. „governing bodies") der Spezialorgane. Charakteristisch ist auf dieser Ebene das Zusammenwirken von „Geber"- und „Empfänger"-Staaten, die im

Konsensus-Verfahren über die Verteilung der Finanzmittel entscheiden und die Tätigkeit der Sekretariate der Spezialorgane kontrollieren.

(4) Ausführungsebene („executive management"): Für die Umsetzung der operativen Aktivitäten sind die Verwaltungsspitzen der Spezialorgane verantwortlich; sie müssen Durchführungs- und Haushaltspläne erstellen sowie Berichte über die Zielerreichung („performance reports") und die Verwendung der Finanzmittel erstellen.

Die Frage nach der Steuerungsfähigkeit der Vereinte Nationen wurde von den beiden Experten mit Hilfe von drei Modellen erläutert, die ein Kontinuum darstellen, das von einem hochgradig zentralisierten Modell (vgl. Abbildung 10 in Kapitel IX) bis zu einem Modell vollständiger Dezentralisierung (vgl. Abbildung 12 in Kapitel IX) reicht. Die drei Modelle konzentrieren sich auf die operativen Aktivitäten der Vereinten Nationen, d.h. sie berücksichtigen nicht die entsprechenden Aktivitäten der autonomen Sonderorganisationen. Dabei gingen die Autoren von folgenden Forderungen aus:[57]
- Erhöhung der Bedeutung und des Einflusses von Generalversammlung und ECOSOC im Politik-Dialog über Entwicklungsfragen;
- Verbesserung der VN-Entwicklungszusammenarbeit durch einen effektiven Prozeß der Politikdurchführung und Prioritätensetzung;
- Erhöhung der Reaktionsfähigkeit der VN-Spezialorgane auf Politik-Entscheidungen durch eine höhere Transparenz und Zurechenbarkeit („accountability") an der Schnittstelle von politischer Steuerung und Management;
- Erhöhung der Glaubwürdigkeit der Vereinten Nationen als ein effizientes und effektives Instrument der Entwicklungszusammenarbeit, um den Anteil an finanziellen Ressourcen zu erhöhen; sowie
- Verbesserung des integrierten Ansatzes der Vereinten Nationen, um auf die wichtigsten Bedürfnisse der Entwicklungsländer zu reagieren.

In Abbildung 9 in Kapitel IX wird die gegenwärtige Situation als Ergebnis des historischen Strukturierungsprozesses der operativen Entwicklungsaktivitäten dargestellt. Kritisch vermerkten die beiden Experten: „Decision-making on important matters is slow and must be negotiated at several levels, with a large number of interested parties. Objectives are expressed in negotiated, general terms which are difficult to make operational. The current system is seen by some as lacking focus, of being uncoordinated, lacking transparency and being unclear about accountability".[58]

Das Modell einer vereinheitlichten Struktur (vgl. Abbildung 10 in Kapitel IX) könnte die Koordinierung erheblich verbessern und Doppelarbeit vermeiden. Eine Realisierung dieses Modells würde die anfangs genannten vier Funktionen deutlich voneinander trennen, wobei ein einziger Verwaltungsrat („Development Co-operation Board") mit höchstens 25 Regierungsvertretern die operative Steuerung übernähme. Die Vorteile dieser vereinheitlichten Struktur lägen also nicht nur in der zentralen Koordinierung, sondern auch in der Konzentration einer „kritischen Masse" der Finanzmittel für multilaterale Entwicklungsvorhaben. Als Nachteile dieses Modells führten die Autoren an: „The different character of the agencies concerned would tend to be lost. The motivation for the staff to exert itself in raising funds and implementing the programme may be lost. It may therefore be that the total resources may be less than a less unified model".[59]

Abbildung 11 in Kapitel IX bietet mit dem Modell 2 eine mittlere Lösung an. Einerseits werden hier die bestehenden Verwaltungsräte zu einem „Development Council" zusammengefaßt, der einmal im Jahr tagen soll, um Programme und Haushalte der Spezialorgane zu verabschieden und die operative Koordinierung sicherzustellen. Die operative Steuerung würde dann durch kleinere Verwaltungsräte, bestehend aus jeweils 12-16 Regierungsvertretern, sichergestellt werden. Die einzelnen Spezialorgane behielten ihre eigenen Sekretariate bei.

In diesem Modell behielten die Spezialorgane ihre eigene Identität und Spezialisierung, wodurch die Einwerbung freiwilliger Beitragsleistungen erleichtert wäre. Als Nachteile führten die Autoren an: „The impact at the country level remains to a certain degree diffused unless strong national coordination is carried out. The agencies would compete for funds, essentially from similar sources".[60]

Das Modell 3 (vgl. Abbildung 12 in Kapitel IX) spiegelt eine vollständige Dezentralisierung wider. Die Verwaltungsräte, bestehend aus jeweils höchstens 25 Regierungsvertretern, besäßen einen hohen Freiheitsgrad bei der Festlegung ihrer Aktivitäten. Koordinierung würde nur in absolut notwendigen Fällen angestrebt werden. Jedes Spezialorgan, dessen Verwaltungskosten nicht aus dem ordentlichen VN-Haushalt, sondern aus den freiwilligen Beitragsleistungen zu finanzieren wäre[61], könnte auch selbst über eine eigene Vertretung 'im Feld' entscheiden.

Diese dezentralisierte Struktur würde die einzelnen Spezialorgane zu einer höheren Effizienz und Professionalität zwingen. Als Nachteile führten die Autoren an: „Unless there is an effort to clearly delineate the mandates of the different organizations, there is a considerable danger that the organizations would try to pursue topics for which resources are most easily obtained, neglecting other important aspects. Recipient countries with weak structures for aid coordination may find it difficult to coordinate the inputs of such entities with less focused mandates that give them considerable autonomy to pursue various activities. The onus will be on the Boards to ensure that the freedom granted is not abused".[62]

4.1 Das Nordic UN Project

1988 begannen die nordischen Staaten Dänemark, Finnland, Norwegen und Schweden das Nordic UN Project mit dem Ziel, Ideen und Vorschläge zu entwickeln, mit denen sie konstruktive Beiträge zur Reform-Diskussion über den Wirtschafts- und Sozialbereich leisten könnten. Rund 20 Berater und wissenschaftliche Einrichtungen – in der Mehrzahl aus den nordischen Staaten – wurden aufgefordert, Studien zu ausgewählten Problembereichen zu erstellen.[63] Der Abschlußbericht „The United Nations in Development" erschien 1991 und bestand aus zwei Teilen: (a) einer „Agenda for Reform", in der die vier Regierungen ihre offiziellen Prioritäten zur VN-Reform zum Ausdruck brachten, und (b) einer Darstellung der Reform-Probleme im Wirtschafts- und Sozialbereich, die in eigener Verantwortung vom Sekretariat des Projektes erstellt wurde.[64]

Die nordischen Staaten, bekannt durch ihr hohes multilaterales Engagement im VN-System (ihr multilateraler Anteil an der öffentlichen Entwicklungshilfe lag z.B. 1987/88 zwischen 41,4 Prozent (Norwegen) und 32,9 Prozent (Schweden), wobei der DAC-Durchschnitt 24,6 Prozent betrug[65]), wählten nicht den klassischen Ansatz einer kritischen Bestandsaufnahme, um darauf aufbauend Reform-Vorschläge zu unterbreiten. Sie begannen vielmehr mit einer zukunftsorientierten Analyse der in den 90er Jahren zu erwartenden Probleme (u.a. Armut, ansteigende Flüchtlingsströme, armutsbedingte Wanderungen, Schutz der Menschenrechte, Kontrolle des Drogenmißbrauchs, Krankheitsbekämpfung) mit dem Ergebnis, daß eine „combination of domestic action and efforts at the regional and global levels"[66] notwendig sei: „We feel that the UN is not always equipped to deal with these matters effectiveley. This is why it is high time to address the issues of reform of the United Nations"[67]. Mit diesem analytischen Ansatz wurde auch deutlich zum Ausdruck gebracht, daß die nordischen Staaten ihrer traditionellen Zielsetzung treu blieben, die darin besteht, sich konstruktiv und aktiv an der Lösung globaler Probleme durch weltweite Organisationen zu beteiligen.

In ihren Reform-Vorschlägen konzentrierten sich die nordischen Staaten auf die operative bzw. durchführende Funktion der Vereinten Nationen im wirtschaftlichen, sozialen und humanitären Bereich: „The management of funds and operational activities is basically different from the (management) of political discussions and negotiations. To that end we consider it important that the respective roles and tasks of different organizations and bodies within the system be better defined in order to complement each other to form a coherent whole".[68]

Ihre Zielrichtung ist deutlich auf eine Stärkung der Vereinten Nationen und des VN-Systems gerichtet; darin unterscheiden sie sich von anderen Gruppierungen, etwa den USA, der G-7, der EU, deren Prioritäten im Wirtschafts- und Sozialbereich nicht bei den Vereinten Nationen, sondern bei den Bretton-Woods-Institutionen und der WTO liegen. Insofern verhalten sich die nordischen Staaten weitaus konstruktiver gegenüber den Entwicklungsländern, deren „Anwalt" sie seit langem in Gremien innerhalb und außerhalb des VN-Systems (z.B. in der OECD) sind.

Im einzelnen geht es ihnen um institutionelle Verbesserungen, damit die Vereinten Nationen und die Sonderorganisationen wiederum Zentrum der technischen Hilfe werden. Die Zersplitterung des VN-Organisationsgefüges sowohl im Hauptquartier als auch im Feld „has blocked the system from reaching a critical mass both in financial, staff and research capabilities".[69] Ergebnis dieser Entwicklung war - neben einer direkten Kontrollierbarkeit durch die „Geber-Staaten" - eine Verschiebung des Schwergewichts in der technischen Hilfe zugunsten der Weltbank und den - dem VN-System nicht angeschlossenen - regionalen Entwicklungsbanken. Demgegenüber argumentierten die nordischen

Staaten: „The UN system has its own part to play in relation to the international financial institutions. UNDP should become a more effective and full-fledged programme by concentrating more on the areas where its comparative advantages lie. This would give UNDP a role that goes beyond being a 'mere' funding mechanism. This does not, however, imply that UNDP should involve itself to a greater extent in the actual execution of projects. The recently published 'Human Development Report' represents an important step forward in developing UNDP's analytical capacity".[70]

Auch die Sonderorganisationen („centres of excellence" in ihren Arbeitsbereichen) sollten gestärkt werden. Ihnen wurde vorgeworfen, daß sie die „growing areas of interdependence and global challenges" noch nicht voll erkannt haben und zu stark traditionellen Arbeitsbereichen verhaftet sind. Dabei wurden zwei Funktionen hervorgehoben: „The first is the analytical and normative one, including the collection and dissemination of information linked to the setting of international standards and the initiatives to organize international research efforts and campaigns. The second relates to their role in operational matters, where their extrabudgetary activities must be organized in such a manner as to allow their governing bodies better control both of the areas of involvement and of the costs associated with these operations".[71]

Aber die nordischen Staaten waren auch der Meinung, daß die normative Funktion („'meeting place' function") verbessert werden muß. Zu diesem Zweck schlugen sie die Gründung eines „International Development Council (IDC)" als Diskussionsforum vor, um die „governance" der Entwicklungsagenturen der Vereinten Nationen zu verbessern, falls der ECOSOC nicht reformiert werden kann. Er könnte zum Beispiel bei der Generalversammlung selbst angelagert sein oder bei der „Verzahnung" von dem Zweiten oder Dritten Hauptausschuß mit dem ECOSOC (vgl. die Abbildungen 10-12 in Kapitel IX). Dieses Forum könnte auch der Vermeidung von Wiederholungen entwicklungspolitischer Debatten dienen, wenn es zum Beispiel darum geht, die Ergebnisse der Weltkonferenzen in entsprechend koordinierte Aktionsprogramme umzusetzen.

Besondere Beachtung wurde im Nordic UN Project unter Hinweis auf das 0,7-Prozent-Ziel der ODA der geringen und vor allem unsicheren Finanzierung der VN-Entwicklungsarbeit, insbesondere des UNDP, geschenkt, dessen Finanzierung zu 80 Prozent von zehn Geberstaaten abhängt. „A basic question, therefore, is how to match multilateral funding and recognized international needs, notably in terms of predictability, stability and fair burden-sharing between nations. We feel that a new approach must be adopted in tackling these issues. This should result in a revision of the present funding system for the UN's operational activities."[72] Die Autoren forderten ein neues System zur Finanzierung der operativen VN-Tätigkeiten, das aus drei Quellen besteht, nämlich aus (a) festgelegten Pflichtbeiträgen, (b) ausgehandelten Beiträgen („negotiated pledges") ähnlich wie bei den Wiederauffüllungsrunden der IDA, die den größten Teil der Ressourcen ausmachen sollten, und (c) aus freiwilligen Beitragsleistungen.

Zwar hat das Nordic UN Project, nicht zuletzt wegen des besonderen Engagements der nordischen Staaten in der VN-Entwicklungszusammenarbeit, große Aufmerksamkeit in der Reformdiskussion seit Anfang der 90er Jahre gefunden, aber ein politischer Erfolg blieb ihm versagt. Auch ein weiterer Bericht, der 1996 erschien, der sich – neben einer Zwischenbilanzierung –auf einige übergreifende Fragen zum Wirtschafts- und Sozialbereich konzentrierte, konnte daran nichts ändern. Die Mehrzahl der westlichen Industrieländer reagierte eher zurückhaltend; lediglich der neue Generalsekretär, Kofi Annan, nahm auch in seinem Reformpaket einzelne Ideen der nordischen Initiative auf, wie z.B. die Vorschläge zur Überprüfung der bisherigen Finanzierungsmechanismen.

4.2 Der InterAction Council

Auf seiner 12. Sitzung im Juni 1994 in Dresden verabschiedete der InterAction Council unter dem Vorsitz des Bundeskanzlers a.D., Helmut Schmidt, eine Schlußerklärung, ergänzt durch einen Bericht hochrangiger Experten über „The Future Role of the Global Multilateral Organizations", zu denen aus Deutschland auch der ehemalige Bundesfinanzminister, Hans Matthöfer, gehörte.

Im folgenden soll näher auf den o.g. Experten-Bericht (Vorsitzender: Andries van Agt) eingegangen werden. Zunächst wurde festgestellt, daß die Meinungsunterschiede hinsichtlich der von internationalen Organisationen zu verfolgenden Prioritäten größer geworden seien. Darüber hinaus hieß es: „Governments may well state their preferences for stronger and more effective multilateral tools, yet in reality they are not willing to surrender part of their sovereignty and they do not want to create institutions with power vis-a-vis the nation-state".[73]

Schließlich gäbe es in vielen Fällen souveräne Regierungen, die nicht in der Lage seien, Entscheidungen umzusetzen, die sie selbst in multilateralen Gremien getroffen haben.

Die Autoren sprachen davon, daß das gegenwärtige internationale System zu viele staatliche Organisationen aufweise („organizational overload"), deren Zahl verringert werden sollte. Auf jeden Fall dürften keine neuen Organisationen geschaffen werden, ohne daß bestehende Organisationen aufgelöst werden.

In bezug auf das VN-System stellten sie zunächst fest,
- daß es das Herzstück gegenwärtiger multilateraler Arrangements darstellt,
- daß ein Hauptfehler darin besteht, daß es nicht einer gemeinsamen Überwachung und Führung untersteht,
- daß es aufgrund seiner polyzentrischen Art eine Vielzahl von unkoordinierten wirtschaftlichen und sozialen Programmen durchführt, so daß den Aktivitäten des VN-Systems eine entsprechende Kohärenz fehlt.

Daher sollte eine Zahl von Institutionen zusammengelegt werden. NGOs und multinationale Unternehmen sollten systematischer sowohl an den Entscheidungs- und Durchführungsprozessen als auch an der Finanzierung beteiligt werden.

Gefordert wurde ein umfassender Ansatz, um zu verhindern, daß Frieden und Sicherheit mechanistisch von Entwicklungsfragen getrennt werden. Sie arbeiteten daher mit einem weit definierten Sicherheitskonzept und begannen zunächst mit einer Analyse anstehender (Management-)Probleme des gegenwärtigen Weltwirtschaftssystems, bevor sie sich zu institutionellen Reformen äußerten.

In ihrer Bewertung des gesamten weltweiten Institutionengefüges wurden die VN-Institutionen äußerst kritisch beurteilt: „Neither the United Nations and its Economic and Social Council (ECOSOC) nor the UN's specialized agencies have ever played any significant role in economic policy-making and it seems unlikely that they ever will. Governments direct their energies only to institutions where cooperation is likely to be most fruitful. The real problem is that the United Nations system was never able to cope with the multidisciplinary character of interdependence".[74]

In bezug auf die Fähigkeit des ECOSOC wurde deutlich herausgestellt, daß er keine sinnvolle Aufgabe habe. Der ECOSOC hat nichts diskutiert, was nicht ebenfalls von der Generalversammlung aufgenommen wurde. Er habe auch keine eigenen Koordinierungsaufgaben ernsthaft in Angriff genommen. Es wurde daher vorgeschlagen, daß die Vereinten Nationen sich in Zukunft vor allem auf Fragen der nachhaltigen Entwicklung, Bevölkerung und statistischen Informationsaufbereitung konzentrieren. Im letzten Fall geht es um eine Zentralisierung und computergerechte Erfassung der zunehmenden Menge an gesammelten Informationen.

Der ständig geforderte Koordinierungsbedarf sei ein deutliches Zeichen für die Ineffizienz des multilateralen Systems. Daher wurden Aufsichtsräte nach privatwirtschaftlichem Muster gefordert, die übergreifende Kompetenzen für mehrere im Wirtschafts- und Sozialbereich tätige VN-Institutionen erhalten. In bezug auf eine umfassende Reform hielten es die Autoren nach dem Scheitern des Nordic UN Project für unmöglich, einen Konsensprozeß mit sichtbaren Ergebnissen durchzuführen. Sie schlugen daher die Ernennung einer repräsentativen Reform-Kommission vor, deren Aufgabe darin bestehen sollte, innerhalb eines festgelegten Zeitrahmens eine Paketlösung vorzuschlagen, die entweder angenommen oder abgelehnt wird, aber auf keinen Fall verändert werden darf.

Um die multilateralen Strukturen der Entscheidungs- und Durchführungsprozesse zu vereinfachen, wurde vorgeschlagen, sämtliche VN-Fonds und -Programme, die sich mit nachhaltiger menschlicher Entwicklung befassen, zu einer einzigen Einrichtung zusammenzufassen; dies würde zu einem Fonds führen, der über rund fünf Mrd US-Dollar verfügte. Die Einsparungen lägen auf der Hand: Weitaus weniger Verwaltungsräte, Abbau konkurrierender Bürokratien sowie Einsparungen bei der Finanzverwaltung.

Im Umweltbereich wurde die Einrichtung einer Kommission für nachhaltige Entwicklung (Commission on Sustainable Development; CSD) als ein dem ECOSOC zugeordnetes Gremium kritisiert. Die Berichtswege (über ECOSOC an die Generalversammlung) seien zu lang, außerdem sollte die CSD sich nicht auf die Berichte der Nationalstaaten verlassen, sondern Tatsachen-Berichte durch Unabhängige anfordern können.

4.3 Der Bericht der Commission on Global Governance

Im Januar 1990, zwei Monate nach dem Fall der Mauer in Berlin, war es Willy Brandt, der Mitglieder seiner Unabhängigen Kommission über Fragen der internationalen Entwicklung von 1979[75] mit Persönlichkeiten der Palme-Kommission[76], der Brundtland-Kommission[77] und der Südkommission von Julius Nyerere[78] zu einem Treffen in Königswinter einlud, um „einen Prozeß der ganzheitlichen Betrachtung der Zukunft der Welt" einzuleiten.

Erstes „Zwischenprodukt" war die „Stockholmer Initiative zu globaler Sicherheit und Weltordnung"[79], in der u.a. auch vorgeschlagen wurde, eine internationale Kommission einzusetzen, die sich mit den Möglichkeiten eines effektiveren Systems der Weltsicherheit und Weltordnung („global governance") nach dem Ende des Kalten Krieges befassen sollte.

Im September 1992 wurde die Commission on Global Governance unter dem gemeinsamen Vorsitz von Ingvar Carlsson und Sridath Ramphal gegründet. Ihr gehörten insgesamt 28 Mitglieder aus allen Teilen der Welt an, u.a. Oscar Arias, Kurt H. Biedenkopf, Jaques Delors, Sadako Ogata, Jan Pronk, Maurice Strong und Brian Urquhart.

Die Commission on Global Governance legte 1995 ihren Bericht „Our Global Neighbourhood" [80] vor. Der Begriff „Global Governance", in der deutschen Ausgabe mit „Weltordnungspolitik" übersetzt, wird in dem Bericht noch sehr allgemein definiert: „Ordnungspolitik bzw. Governance ist die Gesamtheit der zahlreichen Wege, auf denen Individuen sowie öffentliche und private Institutionen ihre gemeinsamen Angelegenheiten regeln. Es handelt sich um einen kontinuierlichen Prozeß, durch den kontroverse oder unterschiedliche Interessen ausgeglichen werden und kooperatives Handeln initiiert werden kann. Der Begriff umfaßt sowohl formelle Institutionen und mit Durchsetzungsmacht versehene Herrschaftssysteme als auch informelle Regelungen, die von Menschen und Institutionen vereinbart oder als im eigenen Interesse liegend angesehen werden".[81] Deutlich wird aber, daß Global Governance auf keinen Fall Weltregierung oder Weltinnenpolitik bedeutet, welche eine Weltregierung voraussetzen würde. Die deutsche Übersetzung „Weltordnungspolitik" ist jedoch insofern problematisch, weil sie eine Weltordnung impliziert und damit sich noch zu wenig von nationalen Konzepten einer „neuen Weltordnung" unterscheidet.

Messner und Nuscheler haben sich bei ihrem Versuch einer Begriffsbestimmung folgende Schlußfolgerungen gezogen:[82]

1) Global Governance bedeutet die Neudefinition von Souveränität, die - verstanden als selbstbestimmte Herrschaftsgewalt nach innen und außen - durch die Globalisierungsprozesse unterminiert wird. Das eigentlich Neue ist die Akzeptanz geteilter Souveränitäten durch Übertragung von Handlungskompetenzen auf lokale, regionale und globale Organisationen zur Lösung von Problemen, die Nationalstaaten nicht mehr im Alleingang lösen können;
2) Global Governance bedeutet die Verdichtung der internationalen Zusammenarbeit durch internationale Regime mit verbindlichen Kooperationsregeln, die auf eine Verrechtlichung des internationalen Kooperation abzielen. Internationale Regime und Organisationen leisten wichtige Beiträge, um verkürzte nationale Problemwahrnehmungen zu überwinden und gemeinsame Problemperzeptionen herauszubilden; und
3) Global Governance meint das Bewußtwerden gemeinsamer Überlebensinteressen und steht für eine Interessen- und Außenpolitik, die sich an einem Weltgemeinwohl orientiert.

Die Kommission ist sich darüber im klaren, daß Global Governance zwar nicht kurzfristig zu erreichen ist, daß aber die Reform des VN-Systems eine wichtige Frage in diesem Zusammenhang darstellt. Auf die Vorschläge im Wirtschafts- und Sozialbereich soll im folgenden eingegangen werden

Die Kommission sprach sich - ausgehend von einem weitgefaßten Sicherheitsbegriff[83] - für die Schaffung eines „Rates für Wirtschaftliche Sicherheit (RWS)" aus: „Die Zeit ist nunmehr reif, ja überreif, ein globales Forum zu schaffen, das in den Bereichen der Wirtschaft, der Umwelt und der Sozialpolitik richtungsweisend wirkt. Es hätte eine breitere Grundlage als die G-7 oder die Bretton-Woods-Institutionen und wäre effektiver als das gegenwärtige UN-System. Obwohl es keine rechtsverbindlichen Entscheidungen treffen könnte, würde es durch Kompetenz und Sachbezogenheit Einfluß gewinnen und in internationalen Wirtschaftsangelegenheiten den Status erlangen, den der Sicherheitsrat in Fragen der Sicherheit und des Friedens hat".[84]

Der vorgeschlagene RWS sollte folgende Aufgaben erfüllen:[85]

- Ständige Bewertung der Lage der Weltwirtschaft und der Interaktionen zwischen den wichtigsten Politik-Bereichen;
- Entwicklung eines Bezugsrahmens für eine langfristige Strategie, um eine stabile, ausgeglichene und nachhaltige Entwicklung zu fördern;
- Sicherung einer Konsistenz zwischen den Politik-Zielen der wichtigsten internationalen Organisationen, insbesondere der großen multilateralen Wirtschaftsinstitutionen (Bretton-Woods-Institutionen und WTO) bei gleichzeitiger Anerkennung ihrer unterschiedlichen Aufgabenbereiche; und
- Förderung eines konsensbildenden Dialogs zwischen den Regierungen über die Entwicklungstendenzen des internationalen Wirtschaftssystem sowie gleichzeitige Funktion als globales Forum für „einige neue Kräfte" in der Weltwirtschaft, u.a. für Regionalorganisationen.

Der neugegründete Rat, der den ECOSOC ersetzen soll, sollte eine politische Führungsrolle übernehmen und einen Konsens zu internationalen Wirtschaftsfragen herstellen, die - langfristig gesehen - die Sicherheit im weitesten Sinne gefährden: z.B. ökologische Krisen, wirtschaftliche Instabilitäten, steigende Arbeitslosigkeit, Transformationsprobleme in den Nachfolge-Staaten der ehemaligen Sowjetunion, Massenarmut, mangelnde Nahrungsmittel-Sicherheit.

Der RWS soll keine exekutiven Funktionen erfüllen; eine unmittelbare Verantwortung für die Arbeit etwa der VN-Sonderorganisationen ist nicht vorgesehen. Er sollte vor allem diejenigen Funktionen wahrnehmen, „ für die es kein klares Mandat oder mehrere sich überlappende Zuständigkeiten gibt".[86]

Der RWS sollte zweimal im Jahr zusammentreten, davon einmal auf der Ebene der Regierungschefs. Grundsätzlich sollten die Sitzungen auf Ministerebene stattfinden; die Kommission dachte vor allem an die Ebene der Finanzminister.

Der RWS sollte zwar nach dem Modell des Sicherheitsrates geschaffen werden, aber unabhängig von ihm sein und ohne Veto-Recht für ausgewählte Mitglieder nach dem Konsensprinzip arbeiten.

Die Kommission legte sich nicht fest, welche Charta-Änderungen notwendig sind, damit der neue Rat innerhalb der VN-Struktur rechtlich verankert werden kann. Aber als Kriterien für eine auf 23 Mitglieder begrenzte Mitgliedschaft wurden genannt:

- die größten Volkswirtschaften, gemessen am Brutto-Inlandsprodukt auf der Grundlage von Kaufkraft-Paritäten[87], sollten vertreten sein;
- es sollte ferner eine ausgeglichene regionale Vertretung sichergestellt werden;
- regionale Wirtschaftsorganisationen sollten Mitglied werden können (z.B. die EU, aber auch ASEAN und MERCOSUR).

Für die Mitglieder der Kommission war trotz aller Bemühungen um eine Reform des ECOSOC[88] deutlich, daß dieser in seiner heutigen Form aufzulösen wäre: „Die bisherigen Bemühungen waren jedoch eher eine Art Rettungsoperation. Gebraucht wird statt dessen ein neues besser konstruiertes und ausgerüstetes Schiff, das die wirtschaftlichen und sozialen Probleme einer praktischen Lösung näher bringt. Es ist nunmehr an der Zeit, den ECOSOC aufzulösen".[89]

Mit der „Abwicklung des ECOSOC" würden sich zahlreiche Zuordnungsprobleme vor allem nachgeordneter Organe („Unterbau" des ECOSOC; vgl. Abbildung 5 in Kapitel IX) ergeben, die von der Kommission nur zum Teil diskutiert wurden: Die Kommission für Nachhaltige Entwicklung (CSD) sollte künftig dem RWS berichten, die Akkreditierung von NGOs sollte über die Generalversammlung direkt erfolgen, die Weiterexistenz der Regionalen Wirtschaftskommissionen der Vereinten Nationen sollte gründlich überprüft werden.

4.4 Der Bericht der Unabhängigen Arbeitsgruppe

März 1994 wurde von der Ford Foundation und der Yale University[90] auf Anregung des VN-Generalsekretärs, Boutros Boutros-Ghali, eine Unabhängige Arbeitsgruppe über die Zukunft der Vereinten Nationen, bestehend aus 12 Mitgliedern, gegründet, die im Juni 1995 ihren Bericht „Die Vereinten Nationen in ihren nächsten 50 Jahren" vorlegte[91]. Die Arbeitsgruppe wurde gemeinsam von dem ehemaligen Premierminister Pakistans, Moeen Qureshi, und dem Bundespräsidenten a.D., Richard von Weizsäcker, geleitet. Sie stand in einem engen Dialog mit der Commission on Global Governance, der auch in der Konzeption und den Vorschlägen zum Ausdruck kam.

Der Bericht bestand aus vier Teilen, die sich mit militärischen Sicherheits-, Wirtschafts- und Sozialfragen sowie Organisations- und Finanzproblemen befassen. Die Autoren gingen von einem umfassenden Sicherheitsbegriff aus und betrachteten ihre Vorschläge als interdependent-komplementär, die als integriertes Ganzes zu realisieren sind: „Die hier vorgetragenen Empfehlungen können, wie wir meinen, einen Gesundungsprozeß in Gang setzen und aus den Vereinten Nationen eine Organisation machen, die den zentralen Anforderungen des nächsten halben Jahrhunderts, wie wir sie sehen, gewachsen ist. Sie werden aber nur dann fruchten, wenn die nationalen Regierungen den Vereinten Nationen so viel Engagement und Unterstützung zuteil werden lassen, wie es ihren Versprechen und den Aufgaben angemessen ist, die sie erfüllen sollen".[92]

Im Mittelpunkt stand ein Drei-Räte-Konzept (vgl. Abbildung 14 in Kapitel IX): Neben dem bestehenden, aber auf 23 Mitglieder zu erweiternden Sicherheitsrat sollten ein neuer Wirtschaftsrat und ein neuer Sozialrat gegründet werden, die ebenfalls aus je 23 Mitgliedern bestehen sollen. Alle drei Räte sollten von einem gemeinsamen Sekretariat die notwendigen Dienste erhalten und eng miteinander „im Interesse der menschlichen Sicherheit und der nachhaltigen Entwicklung" zusammenarbeiten. Wegen der engen Interdependenzen zwischen wirtschaftlichen und sozialen Fragen war eine besondere Beziehung zwischen den beiden Räten vorgesehen, die über eine „Globale Allianz für Nachhaltige Entwicklung" hergestellt werden soll: Einmal jährlich sollten die beiden Räte auf höchster Ebene gemeinsam tagen. Die beiden neuen Räte sollten - wie der Sicherheitsrat - als ständig einberufbare Gremien mit Sitz im Hauptquartier der Vereinten Nationen in New York tagen und den ECOSOC ersetzen.

Der neue Wirtschaftsrat sollte sich auf die Koordinierung von globaler Geld-, Finanz- und Handelspolitik konzentrieren, aber auch die wirtschaftlichen Aspekte von nachhaltiger Entwicklung einschließlich der Schaffung von Arbeitsplätzen, der Beseitigung von Armut und des Schutzes der Umwelt behandeln, wobei die Verantwortung für den Umweltschutz mit dem neuen Sozialrat geteilt werden sollte.

Der neue Wirtschaftsrat war als ein globales Forum gedacht, um einen Konsens über Weltwirtschaftsfragen herzustellen und gemeinsame Politikmaßnahmen zu erörtern. Hierzu gehörte nach Meinung der Autoren auch eine Überprüfung der gegenwärtigen Strukturen und Funktionen der Bretton-Woods-Institutionen.

Der neue Sozialrat sollte die Verantwortung für die Überwachung und Integration sämtlicher VN-Einrichtungen erhalten, die sich mit sozialen Fragen befassen, wozu u.a. soziale Entwicklung, humanitäre Fragen und Menschenrechte gehören.

Viele VN-Spezialorgane, wie u.a. UNDP, UNICEF und UNFPA, ebenso wie andere internationale Institutionen hätten beiden Räten zu berichten. Nichtstaatliche Organisationen sollten als Ratgeber und durchführende Einrichtungen für VN-Programme mit dem Ziel tätig werden, um „effektivere Partnerschaften zwischen den Vereinten Nationen, den Nicht-Regierungsorganisationen (NGOs) und anderen Gruppen der Zivilgesellschaft herbeizuführen".

Beide Räte sollten als neue VN-Hauptorgane eingerichtet werden. In Konsultation mit dem neuen Sozialrat, dem Sicherheitsrat und der Generalversammlung sollte der vorgeschlagene Wirtschaftsrat ermächtigt werden, Leitlinien zur Integration der Arbeit sämtlicher VN-Organisationen und internationalen Institutionen, Programme und Büros im wirtschaftlichen Bereich zu formulieren. Er würde periodische Berichte von allen Körperschaften im VN-Bereich erhalten und die Autorität besitzen, Sonderberichte anzufordern, sowie befugt sein, Vertreter dieser Wirtschaftskörperschaften zu Treffen einzuladen.

Beiden Räten sollten 23 Mitgliedstaaten angehören, die auf jeweils vier Jahre gewählt werden. Unmittelbare Wiederwahl ist möglich; alle zwei Jahre sollte die Hälfte der Mitglieder gewählt werden. Die Autoren überließen die Bestimmung der Kriterien für eine Mitgliedschaft der Generalversammlung, forderten jedoch eine angemessene geographische Repräsentanz, Berücksichtigung der Bevölkerungszahl sowie eine ausgeglichene Verteilung zwischen Volkswirtschaften unterschiedlicher Größe.

Weiterhin wurde vorgeschlagen, daß beiden Räten je ein Ständiger Berater-Ausschuß zugeordnet wird, der jeweils aus hervorragenden Einzelpersönlichkeiten bestehen sollte, welche aus unterschiedlichen Fachdisziplinen und Berufen kommen.

Auch der Sozialrat sollte nach einem entsprechenden Muster als VN-Hauptorgan eingerichtet werden, um sämtliche VN-Aktivitäten im Bereich der sozialen Entwicklung überwachen und integrieren zu können.

Abschließend ging der Bericht auch auf die bestehende Finanzmisere der Vereinten Nationen ein und stellte fest, daß der seit 15 Jahren real stagnierende ordentliche VN-Haushalt ohne eine pünktliche und vollständige Zahlung der

Pflichtbeiträge nicht ausreicht, die der Organisation übertragenen Aufgaben zu erfüllen. Die Autoren gingen noch einen Schritt weiter: „Es ist an der Zeit, zu erkennen, daß die Vereinten Nationen zusätzliche Finanzierungsquellen brauchen, die von den politischen und haushaltsspezifischen Sachzwängen unabhängig sind, denen die meisten Regierungen unterliegen".[93] Sie schlugen vor, daß eine Expertengruppe die administrative, rechtliche und wirtschaftliche Realisierbarkeit möglicher Optionen genauer untersucht.

In den Vorschlägen der Unabhängigen Arbeitsgruppe wurde eine globale Perspektive zum Ausdruck gebracht, die deutlich über eine nationalstaatliche Interessenartikulation hinausgeht: „Die globale Bedingung der wechselseitigen Abhängigkeit erfordert ein Überdenken der Frage, worin das nationale Interesse eigentlich besteht. Entscheidungen dürfen nicht einfach von kurzfristigen Kosten-Nutzen-Rechnungen abhängen. Aufgeklärte Interessenpolitik denkt in weiterreichenden Perspektiven. Gewaltsame Konflikte, wirtschaftliche Entbehrungen und Menschenrechtsverletzungen wirken sich langfristig bis in die entlegensten Winkel der Welt aus".[94] Dementsprechend waren die Autoren auch der Meinung, daß zwischenstaatliche Organisationen, wie z.B. die OECD, die G-7 und G-77, die Bretton-Woods-Institutionen, zwar wichtige, aber nur partielle Interessen vertreten, ein globaler Ansatz jedoch nur im Rahmen des VN-Systems entwickelt werden könne.[95]

Besonders aktive Kritik wurde von Italien vorgebracht, die sich jedoch nur auf die Erhöhung der Zahl der ständigen Mitglieder im Sicherheitsrat um höchstens fünf bei gleichzeitiger Beschränkung des gegenwärtigen Veto-Rechts ausschließlich auf Maßnahmen der Friedenssicherung und -erzwingung nach Kapitel VII der Charta bezog.[96] Italien wehrte sich gegen eine solche doppelte Revision der Charta, weil es gegen eine ständige Mitgliedschaft Deutschlands im Sicherheitsrat ist, welche die Position Italiens in der EU schwächen würde.

Vor diesem Hintergrund unterließ es der VN-Generalsekretär, Boutros Boutros-Ghali, auf dessen Initiative die Unabhängige Arbeitsgruppe einberufen wurde, den Bericht entgegen ursprünglichen Intentionen als offizielles VN-Dokument zu zirkulieren. Auch kein VN-Mitgliedstaat veranlaßte eine solche Aktion, so daß der Bericht nicht auf die Tagesordnung der Generalversammlung gelangte.[97]

4.5 „Renewing the United Nations" von Childers und Urquhart

Mit ihrer Studie „Renewing the United Nations System" legten Erskine Childers und Brian Urquhart ihre vierte Arbeit[98] im Rahmen ihrer Reform-Studien vor, die sie mit Unterstützung der Ford Foundation und der Dag Hammarkjöld Foundation durchgeführt haben. Während sich die beiden ersten Studien auf die Auswahlverfahren des VN-Generalsekretärs und der höchsten Beamten der Spezialorgane und Sonderorganisationen bezogen, befaßte sich die dritte Studie mit dem Bereich der humanitären Notstandshilfe.

Die vierte Studie konzentrierte sich auf den Bereich der wirtschaftlichen, sozialen und humanitären Aktivitäten des VN-Systems und enthielt einen detaillierten Katalog von abschließenden Empfehlungen. Sie bildete den krönenden Abschluß ihrer Reform-Studien, die rechtzeitig vor dem 50. Jahrestag der Vereinten Nationen erschien. Die Autoren, die beide jahrzehntelang in den Vereinten Nationen tätig waren, analysierten die Entwicklung des VN-Systems seit 1945 und schlugen Änderungen und Reformen vor, „which might allow it to function in a more systematic and effective manner".[99] Ziel ihrer Arbeit war es, Reformen vorzuschlagen, die keine Charta-Änderungen implizieren: „If governments are not yet ready to dismantle this only partly-energized system and create an integrated United Nations, it can still be very considerably improved by non-constitutional changes. These consist of the original architecture of the UN Charter and the Special Agreements, together with some new measures to add strength to those provisions."[100]

Nach einer kritischen Bestandsaufnahme des Ist-Zustandes erinnerten Childers und Urquhart an das „forgotten design for the system", wie es in der VN-Charta niedergelegt worden ist. Danach sollten nach Artikel 19 und 58 die Empfehlungen der Generalversammlung zur Koordinierung der Politik-Maßnahmen und Fähigkeiten der Sonderorganisationen von diesen „into binding, operating realities" umgesetzt werden. Darüber hinaus: „Article 59 underscores that *the UN* would decide what further international agencies were needed to accomplish the economic and social purposes under the Charter. This does not indicate a relationship of sovereign equality, or even of 'first among equals', the highest status many agency heads are willing to accord the UN in the polemics of 'polycentrism'."[101] Die Autoren betonten, daß die Beziehungsabkommen zwischen den Vereinten Nationen und den Sonderorganisationen nicht als reine Arbeitsabkommen zwischen den Verwaltungsspitzen zu interpretieren seien.

Die Autoren kritisierten ferner, daß die Generalversammlung ihre Führungsrolle entsprechend Artikel 17, Absatz 3 Charta in der Prüfung und Genehmigung aller Finanz- und Haushaltsabmachungen mit den in Artikel 57 Charta bezeichneten Sonderorganisationen niemals wahrgenommen hat, obwohl diese rechtliche Verpflichtung, die noch heute gültig sei, in mehreren Beziehungsabkommen enthalten ist. „These 'difficulties' were not over financial clauses in some Treaty between powererful sovereign states. They were over the refusal of officials in quite small organizations, often with even smaller budgets, governed by virtually the same governments as the UN, to accept budgetary functions that those same governments had approved not once but three times."[102]

Als weiteren Kritik-Punkt nannten die Autoren das Versagen der Mitgliedstaaten, sämtliche Sonderorganisationen am Ständigen Sitz der Vereinten Nationen zu konzentrieren – eine Zielsetzung, die von der ersten Generalversammlung angenommen wurde. „Curiously enough, repairing this disastrous mistake is never discussed in the context of UN-system reform, as if the possible relocations of headquarters is an unmentionable subject."[103]

Die Autoren stellten auch aufgrund der Entstehungsgeschichte der Vereinten Nationen fest, daß die VN-Gründungsmitglieder entsprechend Artikel 55 Charta die feste Absicht hatten, den Vereinten Nationen die zentrale Aufgabe zu übertragen, für die Formulierung einer Weltwirtschaftspolitik verantwortlich zu sein. Diese Aufgabe war dem ECOSOC unter der Autorität der Generalversammlung zugedacht gewesen. Sie entspräche genau der Funktion, die heute für einen zu gründenden „Wirtschafts-Sicherheitsrat" von zahlreichen Experten(gruppen) vorgeschlagen wird. „The underlying irony in these proposals is that, as earlier noted, the purposes and functions of such a body are precisely those that were originally supposed to be carried out by the Economic and Social Council (ECOSOC)."[104] Childers und Urquhart waren daher der Meinung, daß der ECOSOC selbst in seiner heutigen Zusammensetzung von 54 Mitgliedern in der Lage wäre, diese Funktion zu erfüllen, wenn die Mitgliedstaaten es wollten, denn (1) könnten Detail-Verhandlungen in kleineren Ausschüssen des Rates durchgeführt werden, und (2) hindere niemand die Mitgliedstaaten daran, ihre zuständigen Fachminister in den Rat zu entsenden. Ihrer Meinung nach sei daher die Diskussion um einen „Rat für wirtschaftliche Sicherheit" ein klassisches Beispiel für „'avoidance reform' - creating a new body rather than improving and using the existing one that was designed for the purpose".[105]

Childers und Urquhart, beide mit den Schwächen des VN-Systems bestens vertraute Insider, versuchten, mit Hilfe zahlreicher Einzelbeispiele die gegenwärtige Misere zu erläutern, u.a. die erstarrten Rituale bei der gegenseitigen Vertretung („reciprocal representation") von Vereinten Nationen und Sonderorganisationen[106], der Anspruch der Bretton-Woods-Institutionen, gleichberechtigt neben den Vereinten Nationen zu stehen, bei deutlich höheren Gehältern bei den Bretton-Woods-Institutionen, die nicht erfolgte Umsetzung des bereits 1969 von Jackson gemachten Vorschlages, den „Resident Representative" des UNDP auf Länderebene zum zentralen Ansprechpartner des VN-Systems zu ernennen,[107] der ständige Versuch der Industrieländer, die Umweltprobleme isoliert von den Entwicklungsfragen zu behandeln, die Proliferation von vielen zweckgebundenen Einzelfonds bei den freiwilligen Beitragsleistungen. „Reform of operational activities must proceed from the premise that the separate identity of UN funds, or of specialized agencies in respect of their operational roles, is not sacrosanct. UNDP, UNFPA, UNICEF, WFP, subsidiary UN funds, IFAD, and the operational capacities of the agencies all exist solely to serve the temporary needs of the peoples of developing countries. They have no other *raison d'être* and no permanent status.[108]

Die Autoren erinnerten daran, daß die Gründer der Vereinten Nationen davon ausgingen, daß die Regierungen ihrer Mitgliedstaaten durch eine konsistente Politik sowohl in den Vereinten Nationen als auch in den Sonderorganisationen eine entsprechende Kohärenz im VN-System sicherstellen würden. „As already noted, governments have not, to say the least, been very successful in aligning their policies in agencies governing bodies with the policies that their representatives recommend at the UN. While this inconsistency may be overcome by initiatives in home capitals, it would not be prudent to rely on these measures alone to provide the necessary change."[109] Sie schlugen vor, daß die Generalversammlung entsprechend Artikel 22 und 58 Charta ein „United Nations System Consultative Board" einrichten, der sich aus den Mitgliedern der Büros des ECOSOC und der Exekutiv-Räte der wichtigsten Sonderorganisationen sowie je einen Vertreter vergleichbarer Büros der anderen Sonderorganisationen zusammensetzt. Der/die Vorsitzende des vorgeschlagenen Konsultativ-Rates sollte von der Generalversammlung gewählt werden. Die Aufgabe dieses Rates, der alle zwei Jahre tagen soll, sollte darin bestehen, den Mitgliedstaaten und auch den Sekretariaten vor dem Hintergrund bisheriger Erfahrungen Empfehlungen zur Verbesserung der Funktionstüchtigkeit des VN-Systems zu unterbreiten.

Dem Konsultativ-Rat sollte der Mitarbeiter-Stab eines „Deputy Secretary-General for International Economic Cooperation and Sustainable Development" zur Seite stehen. Dieser Vorschlag erinnerte an die Mitte der 70er Jahre in der Generalversammlung erfolgte Diskussion, die dann 1978 zur Ernennung eines „Generaldirektor für Entwicklung und internationale wirtschaftliche Zusammenarbeit" führte[110], der jedoch – aufgrund des politischen Drucks der westlichen Industrieländer – nie unter den Generalsekretären Kurt Waldheim und Pérez de Cuéllar die entsprechenden politischen und administrativen Befugnisse erhielt und unter Boutros Boutros-Ghali 1992 abrupt abgeschafft wurde.

Schließlich soll noch aus der Vielzahl der Kritik-Punkte die schwache Position des „Administrative Committee on Co-ordination" (ACC) genannt werden. Es erfüllte nie die Funktion eines Kabinetts des VN-Systems, in der, wie Boutros-Ghali 1993 forderte, der Generalsekretär zumindest die Rolle eines Dirigenten übernehmen könnte, um ein Minimum an Koordinierung zwischen den Sonderorganisationen zu erreichen. Aber die Realität sieht weiterhin anders aus: „No agency head is bound to attend an ACC meeting, to implement any agreement reached in the ACC, or to heed any exhortation there by the Secretary-General. All agency heads, having been elected in a different governing body, have the legal right to claim that their agencies' policies are 'sovereign'. Such characteristics bear little relations to any normal definition of a 'system'"[111] Die Autoren schlugen daher vor, daß der ACC, der lediglich zweimal im Jahr tagt, in Zukunft in einen Ausschuß umgewandelt wird, der jederzeit bei Bedarf einberufen werden kann. Dies hätte eine entsprechende personelle Ausstattung der ständigen Vertretungen der Sonderorganisationen am Hauptsitz der Vereinten Nationen zur Folge und käme als „Executive Committee of the United Nations System" der Kabinett-Vorstellung zumindest einen Schritt näher.

Wie bereits oben angeführt, enthält die Reform-Studie von Childers und Urquhart eine Vielzahl von konkreten Vorschlägen, die hier im einzelnen nicht aufgeführt werden können.[112] Im Vordergrund der Ausführungen stand die Prämisse, die Schwächen des Systems zu analysieren, welche keine Charta-Änderungen erfordern. Dabei beriefen sich die Autoren vor allem auf die Intentionen der Gründer des VN-Systems. Im Mittelpunkt der Analyse stand die zu stärkende Rolle der Generalversammlung und des ECOSOC sowohl im Innenverhältnis als auch gegenüber den Sonderorganisationen. Aber es wäre falsch, davon auszugehen, daß die Autoren ausschließlich für eine stärkere Zentralisierung plädierten. Sie forderten vielmehr gleichzeitige Maßnahmen einer funktionsgerechten Dezentralisierung: „The study recommends decentralization where it belongs and is needed – not between global headquarters that are already far too separated, but from a global level made more coherent to regions, sub-regions, and countries. Authority is always reluctant to undertake significant decentralization. It must, at last, be carried through in the UN System. Like any significant reconfiguration it must then be monitored, *nurtured*, and adjusted with experience."[113]

4.6 Die Reform-Studie des South Centre

1990 erschien als Ergebnis dreijähriger Forschungen und Beratungen der Bericht der Südkommission „The Challenge to the South".[114] Die Südkommission, die ausschließlich aus Persönlichkeiten des Südens bestand, ging, wie der Vorsitzende, Julius K. Nyerere, einleitend betonte, „von der Erkenntnis und ausdrücklichen Feststellung aus, daß die Verantwortung für die Entwicklung des Südens im Süden selbst liegt, in den Händen der Völker des Südens."[115] Es handelte sich um eine inhaltlich-funktionale Analyse über die Lage und Aufgaben des Südens, über Gegenwart und Zukunft der Süd-Süd-Kooperation sowie das Nord-Süd-Verhältnis in einer interdependenten Welt. Ihre Kritik-Punkte an das VN-System bezogen sich nicht auf notwendige organisatorisch-institutionelle Reform-Maßnahmen, sondern hatten an die Bretton-Woods-Institutionen und das GATT gerichtete entwicklungs- und handelspolitische Forderungen zum Inhalt.

Ein wichtiges Nebenprodukt der Arbeit der Südkommission war die Gründung des South Centre mit Sitz in Genf und Dar-es-Salaam, das seit 1995 den Status einer ständigen intergouvernementalen Organisation der Entwicklungsländer besitzt. Das South Centre veröffentlichte zwischen 1992 und 1996 eine Reihe von Studien, die sich mit der Rolle der Vereinten Nationen im Wirtschafts- und Sozialbereich befaßten und zahlreiche Reform-Vorschläge enthielten.[116]

Unter Hinweis auf die Charta-Bestimmungen postulierte das South Centre: „For the South, the prime objective must be to work towards universal recognition of the pivotal role of the UN. The UN constitutes the one nucleus which the vast majority of the world's governments try to cohere on the basis of a commitment to agreed principles, values and broad objectives. The United Nations must be allowed and empowered to exercise its mandate and deal with matters pertaining to the world economy, establishing genuine multilateral responsibility for macro-economic coordination under the existing and fully applicable, but long unused, mandates in the Charter. The existing capacities and institutions must be strengthened as to enable the UN to perform such tasks."[117]

Als größtes Hindernis betrachteten die Vertreter des South Centre die bisherige Politik der Bretton-Woods-Institutionen, die, obwohl juristisch Sonderorganisationen des VN-Systems, getrennte Wege einschlugen und oftmals in scharfem Gegensatz zum VN-System agierten: „The overall policy framework based on guidance from the principal UN organs should be reflected in the activities of these institutons. Their work should come under the scrutiny and monitoring of the United Nations, in accordance with the broader mandate of the Organization:"[118]

In seinen Forderungen einer Stärkung und Wiederbelebung der ökonomischen Rolle der Vereinten Nationen stand der Wirtschafts- und Sozialrat im Mittelpunkt. Um seinen Aufgaben gerecht zu werden, sollte er – wie der Sicherheitsrat – jederzeit einberufbar sein. Die Einrichtung einer „on a truly democratic basis" zusammengesetzten, kleineren Exekutiv-Körperschaft des ECOSOC sollte in Erwägung gezogen werden.[119] Das South Centre forderte ferner, daß der ECOSOC seine Sitzungen zeitweise auf Fachminister-Ebene durchführt und auch als „International Development Council" für sämtliche operativen VN-Programme (UNDP, UNICEF, UNFPA, UNHCR, WFP und IFAD) agiert, um eine engere Kooperation zwischen den Programmen zu garantieren.[120]

Um die Arbeit des ECOSOC besser zu unterstützen und zu koordinieren, forderte das South Centre, daß im Sekretariat wiederum die Position eines „Deputy UN Secretary-General in Charge of International Economic Co-operation and Sustainable Development", unterstützt durch einen angemessenen Mitarbeiter-Stab, eingerichtet wird.

Ferner plädierte das South Centre für eine Stärkung der UNCTAD, die inzwischen zu einem Programm technischer Zusammenarbeit im Handelsbereich degradiert wurde: „The establishment of WTO in no way diminishes the need for UNCTAD, nor does it imply a radical change in UNCTAD's functions. Indeed, WTO is not the International Trade Organization that many have long sought; nor is it an organization concerned with development; or one with a universal membership. With the emergence of new trade-related global regimes and diciplines, UNCTAD is more crucial than ever."[121]

In ihren Schlußfolgerungen kritisierten die Autoren des South Centre heftig die organisatorischen Vorschläge der Commission on Global Governance („Rat für Wirtschaftliche Sicherheit") und der Unabhängigen Arbeitsgruppe (Drei-Räte-Konzept)[122], weil sie ihrer Meinung nach eine Dominanz des Nordens implizieren. Ebenso kritisch äußerten sie sich zum Konzept, die Zivilgesellschaft stärker in die VN-Arbeit einzubinden, weil sie zusätzliche Ungleichgewichte zu Gunsten des Nordens befürchteten. Obwohl die Autoren mit ihrer Ausgangsprämisse „Keine Revision der Charta, sondern Stärkung der Vereinten Nationen durch Wiederbelebung der Ideen ihrer Gründer" ganz auf der Linie der Reform-Vorschläge von Childers und Urquhart lagen, distanzierten sie sich zugleich in aller Deutlichkeit von deren Plädoyer für eine stärkere Einbindung der Vertreter der Zivilgesellschaft in das VN-System.

5. VN-interne Reformbemühungen

Angesichts der Finanzmisere der Vereinten Nationen war die 50. Generalversammlung im Herbst 1995 überschattet von widersprüchlichen Prioritäten. Einig waren sich die Mitgliedstaaten in ihrer durch Akklamation angenommenen „Erklärung anläßlich des 50. Jahrestages der Vereinten Nationen"[123] über das Fortbestehen der Organisation: „Heute, nach dem Ende des Kalten Krieges und mit dem Herannahen des Endes dieses Jahrhunderts, müssen wir neue Möglichkeiten für Frieden, Entwicklung, Demokratie und Zusammenarbeit schaffen .... An diesem historischen Tag beseelt uns feste Entschlossenheit: Der Anlaß des fünfzigjährigen Bestehens der Vereinten Nationen muß zu einer Neuorientierung genutzt werden, ... unsere Verpflichtung dazu ist in der Charta festgeschrieben."[124]

Diese „Neuorientierung" implizierte die Forderung nach „Reform und Modernisierung der Organisation":[125]

- Die Arbeit der Generalversammlung „sollte mit neuem Leben erfüllt werden";
- der Sicherheitsrat sollte erweitert sowie seine Arbeitsmethoden „auf eine weitere Stärkung seiner Leistungsfähigkeit und Effektivität, die Erhöhung seines repräsentativen Charakters und die Verbesserung seiner Effizienz und Transparenz überprüft werden";
- die Rolle des Wirtschafts- und Sozialrates sollte gestärkt werden, damit er die ihm übertragenen Aufgaben wirkungsvoll wahrnehmen kann;
- die Sekretariate des VN-Systems müssen die Verwendung und Bewirtschaftung der ihnen zugeteilten Mittel „wesentlich effizienter und effektiver" gestalten.

Dieses feierliche Bekenntnis zur Reform der Vereinten Nationen war notwendigerweise sehr allgemein gehalten und wird zu einer langwierigen Reformdebatte führen, da bereits die Vergangenheit gelehrt hat, daß Begriffe wie „Effizienz" und „Effektivität" ohne nähere Begriffsbestimmungen allenfalls als politische Mehrzweck-Waffen dienen, hinter denen sich entweder unterschiedliche oder ganz andere machtpolitische Interessen verbergen. Mit anderen Worten: Hinter Reform und Modernisierung verbergen sich höchst divergierende Interessen und Absichten einzelner Staaten bzw. Staaten-Gruppen.

Die Arbeitsplanung für die zweite Hälfte der 90er Jahre bezog sich auf fünf, sich zum Teil überlappende Themenbereiche; es handelte sich um fünf Ad-Hoc-Gremien, die allen Mitgliedstaaten offenstehen und vom Präsidenten der Generalversammlung koordiniert werden. Im einzelnen waren es folgende Reform-Gremien:

- „Informal Open-ended Working Group on an Agenda for Peace" (1992-1996);
- „Open-ended Working Group on the Question of Equitable Representation on and Increase in the Membership of the Security Council" (seit 1993);

- „Open-ended Ad hoc Working Group on an Agenda for Development" (1994-1997);[126]

- „High-level Open-ended Working Group on the Financial Situation of the United Nations" (seit 1994; Arbeit bis auf weiteres unterbrochen);

- „Open-ended High-level Working Group on the Strengthening of the United Nations System" (1995-1997).

Die USA nahmen den 50. Jahrestag der Vereinten Nationen zum Anlaß, ihre Reform-Vorschläge zu spezifizieren. Am 20. Juli 1995 versandte der Secretary of State, Warren Christopher, ein U.S. Non-paper „Readying the U.N. for the 21st Century, das u.a. folgende Vorschläge enthielt:

- Restrukturierung des Sekretariats, um die Funktionstüchtigkeit zu erhöhen; Integration der Funktion des „General-Inspektors" in das gesamte VN-System;

- stärkere Integration der Koordinierungsstruktur der operativen Aktivitäten am Hauptsitz der Vereinten Nationen in New York; keine weiteren Weltkonferenzen, solange die Ergebnisse bisheriger Konferenzen nicht umgesetzt worden sind;

- Konzentration der Arbeit des ECOSOC auf wirtschaftspolitische Aktivitäten; Einrichtung eines vergrößerten „bureau or executive committee" mit dem Ziel, zwischen den Rats-Sitzungen zu tagen, die kürzer sein und ausschließlich in New York abgehalten werden sollten;

- Zusammenlegung von sich funktional überlappenden Körperschaften, um Geld zu sparen, die Verwaltung zu verbessern und die Performanz zu erhöhen (im Unterbau des ECOSOC sollten die Funktionen der Kommissionen für Wissenschaft und Technologie, für Entwicklung, für Soziale Entwicklung und der Ausschüsse für Energie und für natürliche Ressourcen von der Kommission für nachhaltige Entwicklung (CSD) als eine Art „primus inter pares" unter den Subsidiär-Organen des ECOSOC übernommen werden);

- der Zweite und Dritte Ausschuß der Generalversammlung könnten zusammengelegt werden;

- unter den Sonderorganisationen sollten die Tätigkeiten der FAO, ILO und WHO aufgrund der budgetären Engpässe gründlich reorganisiert werden;
- die Mitgliedstaaten sollten sich auf ein nominales Nullwachstum der Haushalte dieser Sonderorganisationen einigen;
- die Mitgliedstaaten sollten die Möglichkeit erwägen, die UNIDO aufzulösen.

Vor diesem Hintergrund versandte die Botschafterin der USA, Madeleine K. Albright, am 21. Februar 1996 ein ausführliches Reform-Dokument an den Vorsitzenden der auf Drängen der USA eingerichteten „High-level Working Group on Strengthening the UN System"; die Forderungen fanden auch größtenteils Eingang in die Initiative der G-7 auf dem Gipfeltreffen 1996 in Lyon.

5.1 Versuche, den Wirtschafts- und Sozialrat (ECOSOC) „wiederzubeleben"

Wie bereits im vorangegangenen Kapitel[127] dargestellt, führten die Vorschläge der G-18 zur Gründung einer Sonderkommission der ECOSOC Anfang 1987, die jedoch ihre Arbeit im Frühjahr 1988 ohne konkrete Empfehlungen abschloß. Aber das Thema blieb auf der Tagesordnung der Generalversammlung. Sollte die Wiederaufnahme der Reformdiskussion im Wirtschafts- und Sozialbereich zunächst auf die Zeit nach den VN-Weltkonferenzen[128] verschoben werden, übernahm die G-77 bereits ein Jahr später auf der 45. Generalversammlung im Herbst 1990 die Initiative, die Mitte Mai 1991 zur Verabschiedung der Resolution „Restructuring and revitalization of the United Nations in the economics, social and related fields"[129] führte, welche nicht nur allgemeine Grundsätze festlegte sowie Arbeitsaufträge für die nächsten Generalversammlungen erteilte, sondern auch einige konkrete Maßnahmen enthielt:

- eine Organisationstagung („organizational session") von höchstens vier Tagen Anfang Februar in New York, um die jährliche Tagungsordnung des Rats und damit zusammenhängende organisatorische Fragen zu behandeln;
- eine konsolidierte vier- bis fünfwöchige Tagung („substantive session") zwischen Mai und Juli, die abwechselnd in New York und Genf stattfinden soll (dies bedeutete eine deutliche Zeiteinsparung gegenüber der bisherigen

Zweiteilung in zwei etwa gleichlange Tagungen des ECOSOC im Frühjahr und Sommer).

Die konsolidierte Tagung soll in Zukunft in mehrere Teile („segments") untergliedert werden:

- Tagungsteil auf hoher (Minister-)Ebene („high-level segment") mit einer Dauer bis zu vier Tagen, an dem alle Mitgliedstaaten entsprechend Artikel 69 Charta teilnehmen dürfen. Dieser Teil soll sich mit einem Problem befassen, dem auf der internationalen Tagungsordnung eine hohe Priorität eingeräumt wird.

- Tagungsteil für Koordinierungsfragen („coordination segment"), für das vier bis fünf Tage vorgesehen sind, hier geht es um die Koordinierung der Politik-Maßnahmen und Aktivitäten der Sonderorganisationen, Organe, Organisationen und Körperschaften des VN-Systems. Die Debatten sollen ebenfalls auf einen oder mehrere Themenschwerpunkte konzentriert sein;

- ein den operativen Aktivitäten gewidmeter Tagungsteil (zwei bis drei Tage), der sich der Koordinierung aller operativen Aktivitäten des VN-Systems einschließlich der Bretton-Woods-Institutionen widmet; und

- ein Ausschuß-Tagungsteil („committee segment"), in dem in zwei getrennten Ausschüssen die Berichte des „Unterbaus" des Rats diskutiert werden.

Ferner beschloß die Generalversammlung folgende „issues to be addressed in the future", d. h. auf einer der beiden folgenden Sitzungen der Generalversammlung:

(1) Komplementarität der Arbeit von Rat und Generalversammlung entsprechend Artikel 60 Charta;

(2) Zusammensetzung des ECOSOC;

(3) Unterbau („subsidiary machinery") des Rates mit dem Ziele einer möglichen Neustrukturierung und „Wiederbelebung";

(4) Überprüfung der Sekretariatsstrukturen im Wirtschafts- und Sozialbereich;

(5) jährliche Rechenschaftsberichte des Generalsekretärs ab der 47. Generalversammlung über die Ergebnisse der Umsetzung und insbesondere aller nicht wie vorgesehen erfolgten Empfehlungen.

(6) Überprüfung der Reformmaßnahmen („review") aufgrund der gemachten Empfehlungen auf der 48. Generalversammlung.

Es war das zentrale Anliegen der G-77, daß die Generalversammlung (und nicht der ECOSOC) den Reform-Prozeß kontrolliert, was durch die Terminsetzung auch deutlich zum Ausdruck kam. Dabei bestand ihre Zielsetzung darin, dem Wirtschafts- und Sozialbereich den gleichen Rang wie dem friedenssichernden Bereich zukommen zu lassen. Aber auch die westlichen Industriestaaten konnten ihre Prioritäten, u. a. mögliche Umstrukurierungen des Unterbaus des ECOSOC, festschreiben.

Das „Sorgenkind" ECOSOC sollte auch weiterhin auf der Tagungsordnung der Generalversammlung bleiben. 1992 berichtete der Generalsekretär, daß der Tagungsteil auf Minister-Ebene erfolgreich verlaufen sei.[130] In Zukunft sollte weniger Zeit auf das Verlesen offizieller Erklärungen verwandt werden, um Zeit für einen informellen Gedankenaustausch zu gewinnen. Die Konzentration auf das Thema sollte beibehalten werden. Der Generalsekretär forderte eine ausgewogene geographische Repräsentanz, weil 1992 die Mehrzahl der Minister aus den Industrieländern kam.

Bei den Tagungsteilen Koordinierung und operative Aktivitäten kam es abschließend zu keinen Empfehlungen des ECOSOC, was der Generalsekretär bedauerte. Was den Ausschuß-Tagungsteil betraf, so schlug er eine Abschaffung bzw. Verlagerung ins Plenum vor, um Wiederholungen zu vermeiden.

1992 erfuhr der Unterbau des ECOSOC erste Veränderungen, die jedoch nicht zu einer Verringerung der Gremien führten, sondern lediglich zu Namens- bzw. Mandats-änderungen, um den entwicklungsbezogenen Aspekt zu betonen.

Ende 1993 forderte die Generalversammlung „weitere Maßnahmen zur Neugliederung und Neubelebung der Vereinten Nationen im Wirtschafts- und Sozialbereich".[131] Im Tagungsteil auf Minister-Ebene sollte ein Tag außerdem dem grundsatzpolitischen Dialog und Austausch mit den Leitern der multilateralen Finanz- und Handelsinstitutionen gewidmet sein. Dem Tagungsteil für operative Aktivitäten wurde ein detaillierter Aufgabenkatalog übertragen. Ferner wurden die Leitungsgremien des UNDP/UNFPA und von UNICEF in Exekutivräte mit jeweils 36 Mitgliedern umgewandelt. Um die Arbeitsüberlastung im Zweiten und Dritten Ausschuß der Generalversammlung zu verringern, sollte die Behandlung von Fragen nicht alljährlich, sondern in zeitlichen Abständen von zwei bis drei Jahren erfolgen; außerdem sei die unnötige Doppelung von Debatten und Berichten sowohl in der Generalversammlung als auch im ECOSOC zu vermeiden. Zu der Frage der Stärkung der Regionalen Wirtschaftskommissionen erfolgte noch keine Stellungnahme.

Als der neue Generalsekretär, Kofi Annan, Mitte 1997 sein Reform-Programm vorstellte, machte er zum ECOSOC eine Bemerkung, die deutlich zum Ausdruck brachte, daß seine organisatorisch-technischen Reform-Maßnahmen nicht mehr ausreichen, um die Rolle des Rates zu stärken: „The Economic and Social Council needs to be positioned to play more effectively the role envisaged for it in the Charter. In the longer term, fundamental re-thinking of the role of the Council may be required, given the experience of the past fifty years and new economic and social realities, including providing it with greater authority through Charter revision."[132]

Als kurzfristige Maßnahmen schlug er vor:

- Der ECOSOC sollte seine Tagungsteile zu unterschiedlichen Zeiten abhalten, ohne die Gesamtdauer zu überschreiten; dadurch sollte eine Teilnahme von Ministern an allen Tagungsteilen gesichert werden;

- Der Tagungsteil für operative Aktivitäten sollte verlängert und – mit Hilfe eines Treuhandfonds – die Teilnahme von Vertretern aus den Entwicklungsländern erleichtert werden;

- Der Ausschuß für Entwicklungsplanung (CDP) sollte abgeschafft bzw. ersetzt werden durch Experten-Panels, die ad hoc zusammengerufen werden (der Ausschuß war nach einer Empfehlung des Generalsekretärs, Boutros Boutros-Ghali, ihn aufzulösen, suspendiert; 1998 beschloß der ECOSOC, ihn unter dem Namen „Committee for Development Policy" zu reaktivieren);[133]

- Die Funktionen des „Committee on New and Renewable Sources of Energy and Energy for Development" und des „Committee on National Resources" sollten in die Kommission für nachhaltige Entwicklung integriert werden (1998 entschied sich der ECOSOC lediglich für eine Zusammenlegung zu einem „Committee on Energy and Natural Resources for Development");

- Die Funktionen der „Commission on Crime Prevention and Criminal Justice" und der „Commission on Narcotic Drugs" sollten in einer einzigen Kommission zusammengelegt werden (dieser Vorschlag wurde nicht realisiert);

- Der ECOSOC sollte eine generelle Überprüfung der Arbeit und Strukturen der Regionalen Wirtschaftskommissionen veranlassen: „The reform efforts of the regional commissions have not involved an overall review of their role within a reformed United Nations. In consequence, there are a number of general issues, spanning the work of the commissions, which ECOSOC should address."[134] (Hier handelt es sich um eine wichtige Fragestellung im Kontext der Dezentralisierung der Vereinten Nationen, die bereits seit 1992 zur Diskussion ansteht und aufgrund erheblicher politischer Differenzen bisher zu keiner Lösung geführt hat).

5.2 Veränderungen in der Struktur des Sekretariats

Auf ihrer wiederaufgenommenen 46. Sitzung entschied die Generalversammlung 1987, daß die „Neustrukturierung des Sekretariats ein lebenswichtiger Teil der Reform ist und die Wiederbelebung unter anderem folgende Ziele verfolgen sollte: ... (h) Die Rationalisierung der Struktur des Sekretariats durch die Teilung seiner Hauptaktivitäten entlang funktionaler Linien, so daß sie zu einer begrenzten Anzahl konsolidierter Abteilungen gruppiert werden würden, um so eine effizientere Überwachung und Kontrolle durch den Generalsekretär zu ermöglichen, Doppelarbeit zu vermeiden, die Koordinierung zu verbessern und die Aktivitäten eines jeden Sektors zu rationalisieren."

Während der ersten Phase der Reform, die Boutros Boutros-Ghali im Februar 1992 initiierte, wurden die folgenden strukturellen Änderungen getroffen:

- Schaffung einer neuen Abteilung für Politische Angelegenheiten (Department of Political Affairs) unter der Führung von zwei Untergeneralsekretären mit geographisch definierten Verantwortungsbereichen und Funktionen;

- Einführung einer neuen Abteilung für Friedensoperationen (Department of Peace-Keeping Operations) unter Einschluß des ehemaligen Büros für Besondere Politische Angelegenheiten, welches das Büro des Militärischen Ratgebers (Office of the Military Adviser) enthielt;

- Bildung einer neuen Abteilung für Wirtschaftliche und Soziale Entwicklung (Department of Economic and Social Development),

- Einführung einer neuen Abteilung für Humanitäre Angelegenheiten (Department of Humanitarian Affairs).

Diese organisatorischen Änderungen führten zu einer dreißigprozentigen Verringerung der Führungspositionen. Auch wurde der Mitarbeiterstab insgesamt um fünf Prozent verringert. Es wurden sämtliche Stellen auf zwei Jahre eingefroren. Weitere Einsparungen erfolgten durch den Einsatz neuer Technologien. So konnten z.B. für 400 Übersetzer(innen) die Reise- und Aufenthaltskosten für die Vierte Weltfrauenkonferenz in Peking eingespart werden.

Obwohl der damalige Generalsekretär, Boutros Boutros-Ghali, bereits weitreichende administrative Reformen des Sekretariats mit dem Ziel umgesetzt hat, die VN so effizient und effektiv wie möglich zu gestalten, war er sich der Tatsache voll bewußt, daß die ihm gestellten Aufgabe der Sekretariatsreform noch nicht vollständig abgeschlossen war: „Verbesserungen können keine Grenze haben, aber es besteht die Erwartung, die ich gern erfüllt sehen möchte, daß die gegenwärtige Phase der Erneuerung dieser Organisation bis 1995, ihrem 50. Jahrestag, abgeschlossen sein sollte". Darüber hinaus war er sich bewußt, daß angesichts der Vielzahl neuer Aufgaben, die an die VN herangetragen werden, der administrative Reform-Prozeß ein ständiger Prozeß der Anpassung an neue Gegebenheiten ist – eine Grundthese, die sein Nachfolger, Kofi Annan, zum Ausgangspunkt seiner Reform-Initiativen machen sollte.

Mitte 1994 wurde das Amt eine „Generalinspekteurs" von der Generalversammlung auf Druck der Hauptbeitragszahler, insbesondere der USA, eingerichtet (Amt für interne Aufsichtsdienste; Office of Internal Oversight Services, OIOS). An seiner Spitze steht seit Herbst 1994 ein Untergeneralsekretär, der nicht autonom vom Generalsekretär ernannt werden kann, sondern der Bestätigung durch die Generalversammlung bedarf. Er wird auf eine einmalige Amtszeit von fünf Jahren ernannt und ist in der Durchführung seines Aufsichtsprogramms unabhängig. Damit wurde erstmals in der Geschichte der Vereinten Nationen ein wirksames internes Revisionswesen geschaffen, das unabhängig die Funktionen der internen Rechnungsprüfung, Evaluierung und Überwachung gegenüber der Generalversammlung und ihrem Fünften Ausschuß wahrnehmen kann. Dieses Amt hat bisher hervorragende Arbeit geleistet, was nicht zuletzt dem ersten Amtsinhaber, Karl Theodor Paschke, zu verdanken ist.

Obwohl Boutros Boutros-Ghali deutliche Fortschritte bei der Erhöhung der internen Effizienz des Sekretariats durch Maßnahmen in vier strategischen Management-Bereichen (Kostenstruktur, Humanressourcen, Informationswesen und Einsatz neuer Technologien) in seiner ersten Amtszeit erzielt hatte, die zu einem weiteren Stellen-Abbau in Richtung auf 9.000 und zu einem nominalen Nullwachstum des ordentlichen VN-Haushaltes führte, scheiterte seine Wiederwahl am Veto der USA im Sicherheitsrat.

Sofort nach seinem Amtsantritt am 1. Januar 1997 kündigte der neue Generalsekretär, Kofi Annan, umfassende Maßnahmen zur Reorganisation des Sekretariats an[135]: Diese umfaßten u.a.

- die Ernennung eines Stellvertretenden Generalsekretärs mit der Aufgabe, für die inter-sektorale und inter-institutionelle Kohärenz zu sorgen (die Generalversammlung hat diesem Vorschlag zugestimmt, der Generalsekretär hat Louise Fréchette (Kanada) mit diesem Amt betraut);

- die Einrichtung einer „Senior Management Group", die sich einmal pro Woche trifft und die Funktion eines Arbeitskabinetts wahrnimmt. Mittels Videokonferenz nehmen auch regelmäßig leitende VN-Mitarbeiter aus Genf, Wien und Nairobi teil;

- die Einsetzung von vier „Executive Committees", deren Aufgabe darin besteht, von der Senior Management Group beschlossene VN-Aktionen gemeinsam zu planen und durchzuführen;

- die Schaffung einer „Strategic Planning Unit" („the first in-house 'think tank'"), die aus fünf Experten besteht: „It will be charged with identifying emerging global issues and trends, analyzing their implications for the roles and working methods of the United Nations, and devising policy recommendations for the Secretary-General and the Senior Management Group.";[136]

- die Einrichtung von „VN-Häusern" auf Länder-Ebene, die sämtliche VN-Fonds und –Programme sowie die VN-Informationszentren unter Leitung eines „Resident Coordinators" zusammenführen;

- die Absicht, UNEP und das Zentrum der Vereinten Nationen für Wohn- und Siedlungswesen (Habitat) in Nairobi neu zu strukturieren;

- die Einrichtung einer „United Nations Devlopment Group", bestehend aus den Leitern der wichtigsten VN-Entwicklungsprogramme und –fonds sowie den Abteilungen des Sekretariats, mit der Absicht, gemeinsam politische Zielvorstellungen zu entwickeln und Entscheidungen durchzuführen;

- die Erstellung eines „UN Development Assistance Framework" auf Länder-Ebene unter Verantwortung des Executive Committee for Development Operations, um die Bedürfnisse des jeweiligen Landes in einem zwischen allen VN-Institutionen koordinierten, operativen Aktions-Plan umzusetzen (im August 1997 wurde eine Pilot-Phase in 18 Ländern gestartet; im Februar 1999 beschloß die Generalversammlung „the move to full implementation", und im April 1999 wurden allgemeine Richtlinien hierzu erlassen).

Diese keinesfalls vollständige Aufzählung von Reform-Maßnahmen unter Kofi Annan macht deutlich, daß der neue Generalsekretär einerseits die Reform-Initiativen von Boutros Boutros-Ghali weiterentwickeln konnte, andereseits es zu früh ist, das Reform-Engagement Kofi Annans zu bewerten. Erkennbar ist auch geworden, daß der neue Generalsekretär viele Vorschläge von den USA und der G-7 übernommen hat. Zwar stimmten die USA mit der Richtung der Reform-

Maßnahmen überein, das hinderte sie jedoch bisher nicht daran, ihre Zahlungsrückstände bei den Pflichtbeiträgen sichtbar abzubauen.

Schaubild 6: Reform-Vorschläge in den 90er Jahren

Reformebene Autoren	administrative und organisatorische	strukturelle	institutionelle	konstitutionelle und kognitive
VN-Mitarbeiter, Ausschüsse, Expertengruppen	• Boutros-Ghali (Agenda for Development, 1994) • Kofi Annan (Renewing the United Nations, 1997)	• Boutros-Ghali (Agenda for Development, 1994) • Kofi Annan (Renewing the United Nations, 1997)		
Nationale Politiker, Beamte, Kommissionen	• Nordic UN Project (1991) • South Centre (1996)	• Nordic UN Project (1991) • South Centre (1996)	• Nordic UN Project (1991)	
Private Institutionen, Berater, Wissenschaftler, Publizisten	• Childers/Urquhart (1994)	• Childers/Urquhart (1994) • InterAction Council (1994) • Commission on Global Governance (1995) • Unabhängige Arbeitsgruppe (1995)	• InterAction Council (1994) • Commission on Global Governance (1995) • Unabhängige Arbeitsgruppe (1995)	• Commission on Global Governance (1995) • Unabhängige Arbeitsgruppe (1995)

Anmerkungen

1 Stiftung Entwicklung und Frieden (Hrsg.) (1995), XIII; zu den Vorschlägen der Kommission vgl. 5.3 in diesem Kapitel.
2 Vgl. 2.2.1 in Kapitel VI.
3 Vgl. 2.3 in Kapitel VI.
4 Vgl. hierzu ausführlich Messner/Nuscheler (Hrsg.) (1996a).
5 Messner/Nuscheler (Hrsg.) (1996c), 168.
6 Organisation for Economic Co-operation and Development (1999), Table III-1, 47.
7 Er war die bisher einzige Sitzung des Sicherheitsrates auf dieser hochrangigen Ebene. Eine zweite Sitzung war für Anfang 1995 geplant, wurde aber kurzfristig abgesagt.
8 Boutros-Ghali (1992): Agenda für den Frieden. Wiederabgedruckt in: Hüfner (Hrsg.) (1994).
9 Boutros-Ghali (1992), a.a.O., Ziffer 20.
10 Boutros-Ghali (1992), a.a.O., Ziffer 21.
11 Boutros-Ghali (1992), a.a.O., Ziffer 69.
12 Die bisherige Diskussion hat jedoch bisher keine Fortschritte erzielt; vgl. u. a. Hüfner (1997b) und die dort angeführte Literatur.
13 Vgl. hierzu u.a. die Sammelbände von Hüfner (Hrsg.) (1994) und Hüfner (Hrsg.) (1995) sowie Boutros-Ghali (1995c): Ergänzung zur „Agenda für den Frieden". Positionspapier des Generalsekretärs anläßlich des 50. Jahrestages der Vereinten Nationen.
14 Boutros-Ghali (1992), a.a.O., Ziffer 13.
15 Boutros-Ghali (1992), a.a.O., Ziffer 26.
16 Vgl. Boutros-Ghali (1992), a.a.O., Ziffer 56.
17 Vgl. Abschnitt 3.3 in diesem Kapitel.
18 Vgl. die deutschsprachige Ausgabe: Meadows et al. (1973).
19 Vgl. GA Res. 2997 (XXVII) vom 15.12.1972
20 Marc Nerfin, der Leiter des Dag-Hammarskjöld-Projekts, war von 1970 bis 1972 Executive Assistant des Generalsekretärs zur Vorbereitung der Stockholmer Umweltkonferenz.
21 Im folgenden wird aus der deutschen Ausgabe zitiert (vgl. Weltkommission für Umwelt und Entwicklung (1987). Zitierttitel: Brundtland-Bericht).
22 Brundtland-Bericht, 303.
23 Vgl. Brundtland-Bericht, 309.
24 Vgl. Brundtland-Bericht, 313.
25 Brundtland-Bericht, 313.
26 Vgl. Brundtland-Bericht, 316.
27 Brundtland-Bericht, 319.
28 Brundtland-Bericht, 320.
29 Vgl. Brundtland-Bericht, 317 und 320ff.
30 United Nations Development Programme (1990).
31 Entwicklungsprogramm der Vereinten Nationen (1994).
32 Entwicklungsprogramm der Vereinten Nationen (1999), III.
33 Vgl. Boutros-Ghali (1992), Ziffer 4.
34 Vgl. Boutros-Ghali (1994), Ziffer 1.

35	Vgl. UN Doc. A/48/689 vom 29.11.1993.
36	Vgl. Abschnitt II in Boutros-Ghali (1994).
37	Boutros-Ghali (1994), Ziffer 237.
38	Boutros-Ghali (1994), Ziffer 50.
39	Boutros-Ghali (1994), Ziffern 163-169; vgl. auch Abbildung 15 in Kapitel IX.
40	Boutros-Ghali (1994), Ziffer 229.
41	Boutros-Ghali (1994), Ziffer 222.
42	Boutros-Ghali (1994), Ziffern 225 und 226.
43	Boutros-Ghali (1994), Ziffer 227.
44	Boutros-Ghali (1994), Ziffer 242.
45	Boutros-Ghali (1994), Ziffer 32.
46	Boutros-Ghali (1994), Ziffer 59.
47	Vgl. UN Doc. A/49/320 vom 22.8.1994. Der Bericht wurde auch 1994 vom New Yorker Büro der Friedrich-Ebert-Stiftung veröffentlicht: United Nations World Hearings on Development. Expressing a Need for Change and Reform.
48	Boutros-Ghali (1994b), Ziffer 12.
49	Boutros-Ghali (1994b), Ziffer 37.
50	Boutros-Ghali (1994b), Ziffer 41.
51	Vgl. Boutros-Ghali (1994b), Ziffern 43-46.
52	Boutros-Ghali (1994b), Ziffer 48.
53	Vgl. UN Doc. A/RES/51/240 vom 15.10.1997, Annex, Ziffer 42.
54	Martens (1998), 51.
55	Vgl. UN Doc. E/1992/64 vom 12.6.1992.
56	UN Doc. E/1992/64, 13.
57	UN Doc. E/1992/64, 21.
58	UN Doc. E/1992/64, 23.
59	UN Doc. E/1992/64, 26.
60	UN Doc. E/1992/64, 26.
61	UN Doc. E/1992/64, 28.
62	UN Doc. E/1992/64, 28.
63	Insgesamt erschienen 18 Reports. Die Mehrzahl wurde in zwei Büchern veröffentlicht. Vgl. Nordic UN Project (1990) und Nordic UN Project (1991b).
64	Nordic UN Project (1991a), 15-24 und 27-99.
65	Nordic UN Project (1991a), 54. 1997 wiesen nur noch Finnland (46 Prozent) und Dänemark (38,4 Prozent) überdurchschnittliche multilaterale Leistungen auf.
66	Nordic UN Project (1991a), 15.
67	Nordic UN Project (1991a), 15.
68	Nordic UN Project (1991a), 16.
69	Nordic UN Project (1991a), 18.
70	Nordic UN Project (1991a), 18.
71	Nordic UN Project (1991a), 19.
72	Nordic UN Project (1991a), 23.
73	InterAction Council (1994b), 1 (Ziffer 3).
74	InterAction Council (1994b), 12 (Ziffer 55).
75	Vgl. 1.5 im Kapitel V.
76	Unabhängige Kommission für Abrüstung und Sicherheitsfragen.
77	Vgl. 3.1 in diesem Kapitel.

78 Vgl. 4.6 in diesem Kapitel.
79 Stockholmer Initiative zu globaler Sicherheit und Weltordnung (1991).
80 Commission on Global Governance (1995): Our Global Neighbourhood. Der Bericht wird im folgenden nach der deutschen Fassung zitiert: Stiftung Entwicklung und Frieden (Hrsg.) (1995): Nachbarn in Einer Welt. Der Bericht der Kommission für Weltordnungspolitik. (Zitiertitel: SEF).
81 SEF (1995), 4.
82 Messner/Nuscheler (1996b), 20-21.
83 „Das Konzept der globalen Sicherheit muß von seiner traditionellen Konzentration auf die Sicherheit von Staaten um die Sicherheit der Menschen und des Planeten erweitert werden" (SEF (1995), 86).
84 SEF (1995), 172-173.
85 SEF (1995), 173.
86 SEF (1995), 175.
87 Dieser Punkt ist besonders zu beachten, weil er eine andere Rangfolge als etwa bei der G-7 impliziert: 1991 stand China nach den USA an zweiter Stelle, gefolgt von Japan und Deutschland; an 7. Stelle stand Indien hinter Italien und Frankreich, aber vor Großbritannien. Zu den „ Top 10 " gehörten ferner Brasilien und Rußland (vgl. SEF (1995), 165).
88 Vgl. hierzu 5.2 in diesem Kapitel.
89 SEF (1995), 305.
90 Das Sekretariat wurde von Paul Kennedy und Bruce Russett geleitet.
91 Die Deutsche Übersetzung wurde 1995 von der Deutschen Gesellschaft für die Vereinten Nationen (DGVN) herausgegeben; die englische Fassung erschien u.a. in Hüfner (Hrsg.) (1995). Im folgenden wird die deutsche Fasung verwendet (Zitiertitel: DGVN).
92 DGVN, 1.
93 DGVN, 51.
94 DGVN, 55.
95 DGVN, 29.
96 Vgl. DGVN, 17.
97 Für eine Zusammenfassung vgl. auch Weizsäcker (1995).
98 Childers/Urquhart (1994).
99 Childers/Urquhart (1994), 7.
100 Childers/Urquhart (1994), 33.
101 Childers/Urquhart (1994), 43.
102 Childers/Urquhart (1994), 44.
103 Childers/Urquhart (1994), 46.
104 Childers/Urquhart (1994), 60.
105 Childers/Urquhart (1994), 61.
106 Vgl. Childers/Urquhart (1994), 64f. Im Falle Vereinte Nationen - Weltbank/IMF ist die gegenseitige Vertretung im Laufe der Zeit einfach ganz aufgegeben worden.
107 Vgl. 1.1. im Kapitel V sowie Childers/Urquhart (1994), 104.
108 Childers/Urquhart (1994), 104.
109 Childers/Urquhart (1994), 62.
110 Vgl. 3.3. im Kapitel V.
111 Childers/Urquhart (1994), 31

112 Es fehlen u.a. Ausführungen zur steigenden Bedeutung der NGOs, zur Einrichtung einer „UN Parliamantary Assembly" und zur Stärkung des ACABQ als Berater-Organ der Generalversammlung.
113 Childers/Urquhart (1994), 185.
114 South Commission (1990); für die deutsche Übersetzung vgl. Stiftung Entwicklung und Frieden (Hrsg.) (1991b).
115 Stiftung Entwicklung und Frieden (Hrsg.) (1991b), 13.
116 Vgl. hierzu die in Kapitel X aufgeführten Veröffentlichungen des South Centre.
117 South Centre (1996) 165.
118 South Centre (1996) 165.
119 Interessant ist, daß die Entwicklungsländer inzwischen ihre Forderung aus den 70er Jahren nach einer Umwandlung des ECOSOC in ein Plenar-Organ aufgegeben haben.
120 Dies entspräche einer weiteren Variante zu einer vereinheitlichten Struktur; vgl. hierzu Abschnitt 4 in diesem Kapitel sowie Abbildung 10 in Kapitel IX.
121 South Centre (1996), 171.
122 Vgl. 4.3 und 4.4 in diesem Kapitel.
123 Wiederabgedruckt in: Vereinte Nationen 44/1 (1996), 35-36.
124 Vereinte Nationen 44/1 (1996), 35.
125 Vereinte Nationen 44/1 (1996), 36.
126 Zur Tätigkeit dieser Arbeitsgruppe vgl. 3.3 in diesem Kapitel.
127 Vgl. die Abschnitte 2.1.1 und 2.1.2 in Kapitel VI.
128 Vgl. Abbildung 15 in Kapitel IX.
129 GA Res. 45/264 vom 13.5.1991.
130 A/47/534 vom 19.10.1992.
131 A/RES/48/162 vom 23.12.1993.
132 A/51/950 vom 14.7.1997, Ziffer 130.
133 Vgl. Abbildung 5 in Kapitel IX.
134 A/51/950 vom 14.7.1997, Ziffer 137.
135 Vgl. Abbildung 6 in Kapitel IX.
136 A/51/950 vom 14.7.1997, Ziffer 39.

VIII. Zusammenfassung und Ausblick

Die bisherigen Ausführungen haben gezeigt, daß für die Vereinten Nationen Krisen und das Streben nach Erneuerungen keine ausschließlichen Phänomene der 80er bzw. 90er Jahre darstellen. Bemühungen um Reformen lassen sich vielmehr bis in die Anfangsjahre der Organisation zurückverfolgen.

Zur Erinnerung sollen zunächst in knapper Form die bisherigen Reformvorschläge systematisch zusammengefaßt und in ihren Wirkungen beurteilt werden. Auf der Ebene administrativer und organisatorischer Reformen wurden bereits seit den 40er Jahren zumeist VN-interne Studien entwickelt, die auf Verbesserungen in der Arbeit von Generalversammlung und VN-Sekretariat abzielten. Während in den 40er Jahren dabei unter anderem Fragen der Geschäftsordnung der Generalversammlung im Mittelpunkt standen, war seit Anfang der 50er Jahre hauptsächlich die Arbeit des Sekretariats Gegenstand von Reformstudien. Auch in den 60er Jahren legten mehrere Expertenausschüsse, zum Beispiel das „Committee of Eight" 1961, Vorschläge zur Verbesserung der Arbeit von Sekretariat beziehungsweise Generalversammlung vor. Gleichzeitig traten durch die Verlagerung des Arbeitsschwerpunkts der Vereinten Nationen auf den Bereich „wirtschaftliche und soziale Entwicklung" und das damit verbundene „institution building" der 60er Jahre (vgl. Abbildung 3 in Kapitel IX) die Themen Koordinierung, Planung, Programmgestaltung und Evaluierung immer mehr in den Vordergrund. Das „Committee of 14" und das ECPC erarbeiteten hierzu umfassende Reformvorschläge. In den 70er und 80er Jahren wurden vor allem von der JIU zahlreiche Studien zu diesen Themenbereichen veröffentlicht. Den Höhepunkt in der Reihe von Studien zu administrativen und organisatorischen Reformen stellte der G-18-Bericht 1986 dar. In den 90er Jahren waren es dann die Reformvorschläge der beiden Generalsekretäre, Boutros Boutros-Ghali und Kofi Annan, zur Verbesserung der Arbeit des Sekretariats und des ECOSOC im Verhältnis zur Generalversammlung, welche die Herausforderungen der veränderten Rahmenbedingungen nach dem Ende des Kalten Krieges annahmen.

Da auf dieser untersten Reformebene die Interessen der Staatenvertreter offensichtlich relativ homogen sind, wurden vergleichsweise viele der Vorschläge aus diesen Studien realisiert. Ob dadurch allerdings deutliche Verbesserungen in der Arbeit von Generalversammlung und Sekretariat erzielt wurden, ist ungewiß.

Denn letztlich hängt die Qualität ihrer Arbeit weniger von der (administrativen bzw. organisatorischen) 'Form' als vielmehr von den zur Verfügung stehenden Mitteln und vor allem den (politisch bestimmten) 'Inhalten' ab.

Auf der Ebene struktureller Reformen konzentrierten sich die Vorschläge für Veränderungen hauptsächlich auf den Wirtschafts- und Sozialbereich des VN-Systems. Im Zentrum der Untersuchungen standen dabei zum einen der ECOSOC, zum anderen die operativen Entwicklungsinstitutionen. Bereits Anfang der 50er Jahre wurden in Aufsätzen von Laugier und Loveday erste Vorschläge zur Reform des ECOSOC unterbreitet. Auch die „Commission to Study the Organization of Peace" nahm sich einige Jahre später dieses Themas an. In den 60er Jahren entstand mit dem Jackson-Bericht die erste umfassende Reformstudie für den VN-Entwicklungsbereich. Ihr folgten Mitte der 70er Jahre der Bericht der „Group of Experts" und die Umstrukturierungsvorschläge des im Anschluß daran gebildeten „Ad Hoc Committee", die schließlich in der „Restructuring Resolution" ihren Ausdruck fanden.

Parallel dazu entstanden während der 70er Jahre in den USA eine Reihe von Reformstudien zumeist regierungsunabhängiger Arbeitsgruppen, deren Vorschläge schwerpunktmäßig ebenfalls auf der strukturellen Reform-Ebene einzuordnen sind. Hierzu zählen unter anderem der Bericht der Lodge-Commission, der Katzenbach-Bericht der UNA-USA und der Bericht des Atlantic Council. Auch die Reformvorschläge Präsident Carters sind in diesem Zusammenhang zu sehen.

Nach dem Mißerfolg der „Restructuring Exercise" gingen die Versuche, Vorschläge zur Umstrukturierung der Vereinten Nationen zu formulieren, in den 80er Jahren deutlich zurück. Der bisher letzte Versuch eines Sonderausschusses des ECOSOC, Pläne zur Neuordnung des Wirtschafts- und Sozialbereichs der Vereinten Nationen auszuarbeiten, war 1988 fast vollständig gescheitert. In den 90er Jahren sollte die Zahl der Reformstudien rapide ansteigen; Anlaß hierzu war vor allem das 50jährige Bestehen der Vereinten Nationen 1995. Hierzu zählen unter anderem das Nordic UN Project mit seinen Reform-Vorschlägen zur Reorganisation und Finanzierung der multilateralen Entwicklungszusammenarbeit sowie die Arbeiten des South Centre und von Childers/Urquhart, die strukturelle Verbesserungen im „Geiste der Charta" unter Bezugnahme auf die Gründungsdokumente forderten.

Die Reformstudien dieser Ebene blieben, abgesehen von einzelnen Ausnahmen, bisher wirkungslos. Die Entwicklung des VN-Systems scheint der Vermutung Recht zu geben, daß es leichter ist, neue Institutionen zu errichten als bestehende zu verändern.

In der Tat haben sich auf der institutionellen Ebene seit den 40er Jahren die spürbarsten Veränderungen im VN-System vollzogen. Vor allem im Entwicklungsbereich entstand ein kaum mehr überblickbares Geflecht von Programmen und Organisationen (vgl. Abbildung 2 in Kapitel IX). Reformstudien auf dieser Ebene, das heißt Studien, deren Vorschläge einerseits über eine bloße Umstrukturierung der bestehenden Institutionen hinausgingen, die andererseits aber die VN-Charta (weitgehend) unangetastet ließen, blieben dagegen selten. Einige Entwicklungsstudien der 70er Jahre, wie zum Beispiel der Dag-Hammarskjöld-Bericht und der RIO-Bericht, können am ehesten dieser Ebene zugeordnet werden. In den 80er Jahren befaßten sich vor allem der Bertrand-Bericht mit seinem Vorschlag für eine „Weltorganisation der Dritten Generation" – bis heute die einzige, allerdings vorher nicht abgestimmte VN-interne Studie, in der grundsätzlichere Überlegungen für institutionelle Veränderungen und darüber hinaus angestellt wurden – sowie der Bericht des UNA-USA-Panels von 1987 („A Successor Vision") mit Reformen auf dieser Ebene. Schließlich können auch zum Teil die Gorbatschow-Vorschläge, wie etwa die Idee eines 'Weltkonsultativrats', unter dem Oberbegriff der institutionellen Reformvorschläge subsumiert werden.

Während die Reformen auf den bisher genannten drei Ebenen Veränderungen innerhalb des bestehenden VN-Systems bedeuteten, zielen die Vorschläge, die der vierten Ebene, der Ebene konstitutioneller und 'kognitiver' Reformen, zuzuordnen sind, zum Teil auf Veränderungen des Systems selbst ab. In der Reformdiskussion der vergangenen 50 Jahre lassen sich zwei Perioden abgrenzen, in denen derart weitreichende Ideen vermehrt entwickelt wurden: In den 40er und 50er Jahren entstanden im Kreis der 'Idealisten' und Weltföderalisten eine Vielzahl von Studien, die sich normativ mit der Weiterentwicklung der Vereinten Nationen hin zu einer Weltregierung beziehungsweise einem Weltparlament sowie entsprechenden Charta-Revisionen auseinandersetzten. Bekanntestes Beispiel aus dieser Zeit ist die Arbeit von Clark und Sohn („World Peace Through World Law").

In den 80er Jahren setzte eine zweite Welle von Veröffentlichungen ein, in denen über das bestehende VN-System und das ihm zugrunde liegende Verständnis von internationaler Zusammenarbeit hinausgehende grundsätzlichere Vorschläge für Reformen unterbreitet wurden. In diesem Zusammenhang sind die Studien von Nerfin, Galtung und Elmandjra zu nennen. Im Gegensatz zu den 'Idealisten' der 40er und 50er Jahre, deren Konzepte einer Weltorganisation weitgehend auf den sozio-kulturellen Werten des Westens beruhten – die damaligen Autoren stammten fast ausschließlich aus den USA – wandten sich die Autoren der 80er Jahre ausdrücklich gegen eine Dominanz westlicher Denk- und Handlungsmuster im System der Vereinten Nationen. Der von Bertrand 1985 propagierte Gedanke eines „Wirtschafts-Sicherheitsrates" sollte in den 90er Jahren deutlichen Zuspruch erhalten: Er findet sich in Varianten wieder in den Human Development Reports des UNDP sowie in den Vorschlägen der Commission on Global Governance und der Unabhängigen Arbeitsgruppe.

Bisher wurden von den VN-Organen weder die seit den 70er Jahren entstandenen Vorschläge für institutionelle Reformen noch die darüber hinaus gehenden Überlegungen, die Revisionen der Charta und der grundsätzlichen Entwicklungsstrategien implizierten, direkt aufgegriffen. Allerdings zeigen sich seit Mitte der 90er Jahre erste Tendenzen, daß sich das Konzept einer „nachhaltigen menschenwürdigen Entwicklung" der Arbeitsgruppe beim UNDP zunehmend als neue Entwicklungsstrategie in der multilateralen Entwicklungszusammenarbeit durchsetzt. Auch ist dem Reformprogramm des neuen Generalsekretärs, Kofi Annan, zu entnehmen, daß längerfristig Charta-Änderungen zur Reform des ECOSOC zu erwägen sind.

Vor dem Hintergrund der bisherigen Ausführungen wird deutlich, daß - abgesehen von einer Reihe administrativer und organisatorischer Reformen und manchen strukturellen Veränderungen - die Bilanz der bisherigen Reformvorschläge eher negativ ausfällt. Die Ideen und Modelle der zahlreichen Wissenschaftler, Politiker und VN-Beamten, der Expertengruppen und Sonderkommissionen, die sich im Verlauf der vergangenen fünf Jahrzehnte auf den unterschiedlichsten inhaltlichen Ebenen mit Reformen der Vereinten Nationen befaßten, blieben weitgehend wirkungslos. Dies führt zwangsläufig zu der grundsätzlichen Frage nach der Reformierbarkeit der Vereinten Nationen und damit verbunden zu der Frage nach der Sinnhaftigkeit jeglicher weiterreichender Reformentwürfe. Kurz: Wozu überhaupt noch eine theoretische

Auseinandersetzung mit Reformen, wenn die Chancen der praktischen Umsetzung gering sind? Um diese Frage beantworten zu können, müssen zunächst Erklärungsmuster für das Scheitern bisheriger Reformbemühungen beziehungsweise umgekehrt für den Erfolg bestimmter Reformen identifiziert werden.

Dazu ist ein Rückgriff auf die Determinanten der Entstehung und Veränderung Internationaler Organisationen notwendig. In der allgemeinsten Form werden die Faktoren 'Macht' (power), 'Eigeninteresse' (self-interest) und 'Wissen' (knowledge) als die wesentlichen Determinanten ermittelt. Unter 'Macht' wird in diesem Zusammenhang in Anlehnung an Max Weber die 'Chance' von Staaten bzw. Staatenblöcken verstanden, ihren 'Willen' auch gegen Widerstand durchzusetzen. Innerhalb des VN-Systems äußert sich Macht sowohl in Form von „financial power" als auch in Form von „voting power". Während die „financial power" dabei in der Tendenz die VN-externen Machtstrukturen widerspiegelt, ergibt sich die VN-interne Machtverteilung zwischen den Staaten aus der Kombination von „voting power" und „financial power".[1] In den 40er und 50er Jahren, der Hochphase der US-Hegemonie, waren die interne und externe Machtverteilung und damit auch die Verteilung von „financial power" und „voting power" weitgehend kongruent. In der Folgezeit kam es zu einer Verschiebung der „voting power" hin zu den neuen Staaten der Dritten Welt, während die „financial power" weiter bei den wirtschaftlich stärksten Industrieländern verblieb. Diese Machtdivergenz stellt nicht die Ursache, wohl aber die Grundlage der darauffolgenden Krisenerscheinungen im VN-System dar. Macht bedeutet, wie gesagt, zunächst lediglich eine 'Chance', das heißt die Option zur Durchsetzung eines bestimmten Willens. Der 'Wille' eines Staates beziehungsweise das 'nationale Interesse' kann in diesem Zusammenhang differenzierter als die Summe der gewichteten Einzelinteressen der für den internationalen Bereich relevanten nationalen Akteure (decision-makers) angesehen werden. Die 'Eigeninteressen' dieser Entscheidungsträger sind die zweite und zugleich die gestaltende Determinante für die Veränderung und damit die Reform Internationaler Organisationen. Im Fall der Vereinten Nationen besteht die Gruppe der direkten Entscheidungsträger primär aus den Mitgliedern nationaler Regierungen, Ministerien und Parlamente, sekundär aus Vertretern des VN-Apparats und dem Generalsekretär selbst.[2]

Wesentlichen Einfluß auf die Definition der jeweiligen Eigeninteressen hat das 'Wissen'. Wissen als die dritte Determinante für die Veränderung Internationaler Organisationen hat also keine direkte Wirkung auf die Organisation, es wirkt indirekt über die Beeinflussung der Eigeninteressen der Entscheidungsträger. Wissen im hier verwendeten Sinn besteht dabei nicht nur aus dem theoretischen Wissen, sondern auch aus praktischem Wissen (Erfahrung), Wertvorstellungen, Ideologien, usw.[3]

Unter Berücksichtigung der drei Determinanten Macht, Eigeninteresse und Wissen kann folgende These formuliert werden: Reformvorschläge für die Vereinten Nationen führen nur dann zu tatsächlichen Reformen, wenn sie mit dem Wissen und den Eigeninteressen einer hinreichenden Zahl relevanter Entscheidungsträger kompatibel sind. Die 'hinreichende' Zahl wird durch die Macht („financial power" und „voting power") der Staaten, die diese Entscheidungsträger repräsentieren, bestimmt. Konkret kommt es vor allem dann zu Reformen, wenn entweder die Interessen der Entscheidungsträger hinsichtlich eines bestimmten Themas homogen sind, oder wenn diejenigen Entscheidungsträger, die einen Reformvorschlag unterstützen, über besondere Macht verfügen. Ein Beispiel für den ersten Fall ist der Bereich des Umweltschutzes: Neues Wissen über die Gefahren der Umweltverschmutzung führte Anfang der 70er Jahre in begrenztem Umfang zu homogenen Interessen der Staatenvertreter. Sie fanden ihren Ausdruck 1972 in der Gründung des UNEP und entsprechender nationaler Ministerien.

Ein Beispiel für den zweiten Fall ist der G-18-Bericht: Der finanzielle Druck von US-Administration und -Kongreß auf die Vereinten Nationen, das heißt die rigorose Ausübung ihrer „financial power", war letztlich hauptausschlaggebend für die Einsetzung der G-18, deren Formulierung von Reformvorschlägen zur Resourceneinsparung, etwa im Personalbereich, und schließlich die Implementierung dieser Vorschläge. Ähnlich war die Situation 1994, als auf Druck der Hauptbeitragszahler, vor allem der USA, gegenüber dem Generalsekretär und der Generalversammlung das Amt eines „Generalinspektors" eingeführt wurde. Insgesamt gesehen stellen diese Beispiele jedoch Ausnahmefälle dar. Zum einen herrschen in der Regel zwischen den Vertretern der VN-Mitgliedsstaaten bzw. bestimmter Staatenblöcke heterogene Interessen vor, zum anderen wird die „financial power" der USA und anderer Industrieländer oftmals von der „voting power" der Staaten der Dritten Welt neutralisiert – und umgekehrt. Auf dieser Grundlage sind weitergehende Reformen, wie die Praxis zeigt, kaum durchsetzbar.

Diese Feststellung führt zur Formulierung einer zweiten These: Auf der Grundlage der bestehenden Machtdivergenz und Interessenheterogenität unter den Mitgliedern der Vereinten Nationen sind Reformvorschläge nur in Ausnahmefällen realisierbar. Die meisten Autoren der bisherigen (zumeist wirkungslosen) Reformvorschläge haben Macht und Eigeninteresse als exogene Faktoren und damit als invariabel angesehen. Dies gilt sowohl für die Studien, die diese Faktoren völlig unberücksichtigt ließen, als auch für solche, die bewußt bestimmte Interessen vertraten (und damit von vornherein das eigene Scheitern in Kauf nahmen), ferner auch für diejenigen, in denen versucht wurde, Kompromisse zwischen heterogenen Interessen herzustellen. Ein alternativer Ansatz zu diesen traditionellen Versuchen, die Vereinten Nationen weiterzuentwickeln, könnte nun darin bestehen, die drei Hauptdeterminanten für Reformen zu „endogenisieren", das heißt, sie selbst als abhängige Variablen zu begreifen. Solange aufgrund der bestehenden Macht- und Interessenstrukturen Veränderungen im VN-System weitgehend ausgeschlossen sind, müßte die Aufgabe von „Reformstudien" zunächst darin bestehen, zu untersuchen, inwieweit diese Macht- und Interessenstrukturen selbst veränderbar sind.

Dieser Überlegung liegt folgende dritte These zugrunde: Erst durch eine Beseitigung der bestehenden Machtdivergenz (d.h. der Divergenz zwischen „financial power" und „voting power") und/oder durch eine Überwindung der Interessenheterogenität unter den Mitgliedern der Vereinten Nationen werden die Voraussetzungen für weiterreichende Reformen im VN-System geschaffen. Veränderungen müssen sich also zunächst in der zwischenstaatlichen Machtstruktur innerhalb der Vereinten Nationen und/oder im Wissen und in den Eigeninteressen der für die Vereinten Nationen relevanten Entscheidungsträger vollziehen. Grundsätzlich können hierbei folgende Fälle möglicher Veränderungen unterschieden werden:
- Änderungen in der VN-externen zwischenstaatlichen Machtstruktur, die über die Veränderung der „financial power" mittelbar Auswirkungen auf die VN-interne Machtstruktur haben.
- Direkte Veränderungen in der VN-internen zwischenstaatlichen Machtstruktur durch
  - Änderungen in der „financial power" der Mitgliedstaaten,

- Änderungen in der „voting power" der Mitgliedstaaten.
- Veränderungen in den Interessen der Entscheidungsträger durch
  - Wechsel der Entscheidungsträger selbst,
  - neues Wissen,
  - andere Faktoren.

Eine Veränderung in der VN-externen Machtstruktur zwischen den Staaten, konkret ein Abbau des ökonomischen Ungleichgewichts zwischen Industrie- und Entwicklungsländern, ist auf absehbare Zeit nicht zu erwarten. Damit sind auch grundsätzliche Verschiebungen in der Beitragsstruktur der Vereinten Nationen, das heißt in der VN-internen Verteilung der „financial power", ausgeschlossen – zumindest solange die Wirtschaftsstärke eines Landes in Form seines Sozialprodukts ohne eine deutliche Absenkung der Obergrenze als Bemessungsgrundlage für den Beitragssatz zum ordentlichen VN-Haushalt dient.

Eher denkbar sind dagegen direkte Eingriffe in die VN-interne zwischenstaatliche Machtstruktur. Für Änderungen in der Verteilung der „financial power" wurden dabei bisher vor allem zwei Varianten diskutiert. Infolge des verstärkten finanziellen Drucks der USA auf die VN-Organisationen wurde in den vergangenen Jahren von zahlreichen Autoren eine Senkung des Beitragshöchstsatzes von 25 auf 20, 15 oder sogar 10 Prozent angeregt. Entsprechende Vorschläge kamen zum Beispiel von Aga Khan und Strong, Galtung, Elmandjra und Nerfin. Eine solche Senkung bedeutete in der Tat eine Reduzierung der „financial power" von US-Administration und -Kongreß gegenüber den Vereinten Nationen bzw. den übrigen Mitgliedstaaten, und damit auch eine Reduzierung der amerikanischen Einflußmöglichkeiten auf eventuelle Reformmaßnahmen. Gleichzeitig ist allerdings zu bedenken, daß eine Reduzierung des amerikanischen Beitragssatzes eine entsprechende Erhöhung der Beitragssätze anderer Mitgliedstaaten, insbesondere anderer finanzstarker Industrieländer, zur Folge hätte. Es käme also nicht zu einer Verringerung der Machtdivergenz zwischen Industrieländern („financial power") und Entwicklungsländern („voting power"), sondern lediglich zu einer Umverteilung der 'Lasten' innerhalb des Blocks westlicher Industrieländer, in dem relativ homogene Interessen vorherrschen.

Deutlichere Konsequenzen für die VN-interne Machtverteilung hätte die Einführung automatischer Finanzierungsmechanismen. Seit Bestehen der

Vereinten Nationen wurde immer wieder gefordert, die Haushaltsfinanzierung nicht von der Zahlungsbereitschaft nationaler Regierungen abhängig zu machen, sondern die Vereinten Nationen direkt über Steuern, Abgaben, Gebühren oder bestimmte Anteile an staatlichen Ausgaben (z.B. Militärausgaben) zu finanzieren. Dies würde allerdings die Übertragung nationalstaatlicher Souveränität auf die Vereinten Nationen voraussetzen und bedeutete - wenn man davon absieht, daß derartige Arrangements jederzeit von den Staaten wieder rückgängig gemacht werden könnten - in letzter Konsequenz die Eliminierung einzelstaatlicher „financial power" innerhalb der Vereinten Nationen. Entscheidungen über Reformen im VN-System würden dann ceteris paribus in erster Linie von der Verteilung der „voting power" determiniert. Dadurch würde der Einfluß der Staaten der Dritten Welt erheblich verstärkt. Da die Vertreter der Industrieländer, allen voran die USA, allerdings keine Einschränkung ihrer nationalstaatlichen Souveränität akzeptieren, wird die Einführung von automatischen Finanzierungsmechanismen bisher von ihnen kategorisch abgelehnt.

Spiegelbildlich dazu sind Verschiebungen in der VN-internen Machtstruktur auch durch Änderungen in der Verteilung der „voting power" denkbar. Solche Änderungen würden sich beispielsweise durch Einführung eines gewichteten Stimmrechts ergeben. Würde dabei das Stimmengewicht eines Landes an seinen Beitragssatz gekoppelt, wie dies bei den Bretton-Woods-Institutionen der Fall ist, wäre die Divergenz zwischen „financial power" und „voting power" aufgehoben. Die finanzstärksten VN-Mitglieder, fast ausschließlich westliche Industrieländer, würden dann über eine Stimmenmehrheit in der Generalversammlung verfügen und könnten Veränderungen in der Organisation auch gegen den Widerstand der Staaten der Dritten Welt durchsetzen. Es leuchtet ein, daß diese Staaten die Einführung eines derart gewichteten Stimmrechts nicht unterstützen würden.

Eine andere Methode, die bestehende Verteilung der „voting power" außer Kraft zu setzen, stellt das Konsensus-Prinzip dar, wie es zum Beispiel infolge der G-18-Beschlüsse im neuen Haushaltsverfahren der Vereinten Nationen über das CPC Anwendung findet. Wie sich in der Vergangenheit gezeigt hat, ist bei der bestehenden Interessenheterogenität der VN-Mitglieder ein Konsens über Reformmaßnahmen jedoch, wenn überhaupt, nur auf einem sehr kleinen gemeinsamen Nenner möglich.

Insgesamt gesehen sind gewisse begrenzte Veränderungen in der VN-internen Machtverteilung zwischen den Mitgliedsländern zwar denkbar, etwa im Bereich der Beitragssätze oder im Zusammenhang mit einer häufigeren Anwendung des Konsensus-Verfahrens, ein weitergehender Machtverzicht ist jedoch weder bei den Industrieländern hinsichtlich ihrer „financial power" noch bei den Entwicklungsländern in Bezug auf ihre „voting power" zu erwarten. Und selbst wenn sich die Machtverhältnisse zugunsten einer Ländergruppe verschieben würden, könnten bei der bestehenden Interessenheterogenität Veränderungen innerhalb der Vereinten Nationen häufig nur gegen den Widerstand der anderen Länder durchgesetzt werden – nicht gerade ein optimales Szenario für eine zukünftige internationale Zusammenarbeit.

Es bleibt zu untersuchen, inwieweit Veränderungen der anderen beiden für VN-Reformen relevanten Determinanten, nämlich Veränderungen der Eigeninteressen und des Wissens der Entscheidungsträger, möglich sind. Veränderungen der Eigeninteressen der Entscheidungsträger können sich in zweifacher Weise vollziehen: Zum einen können durch den Wandel und die Weiterentwicklung bestimmter Einflußfaktoren, wie zum Beispiel des Wissens, die Interessen der amtierenden Entscheidungsträger variieren, zum anderen können die Entscheidungsträger selbst durch Akteure mit anderen Interessen ersetzt werden. Zu einem Wechsel der Entscheidungsträger kann es zum Beispiel infolge von Wahlen und politischen Veränderungen in einem Land kommen. Welche Bedeutung dieser Faktor für die Entwicklung der Vereinten Nationen haben kann, zeigt sich am Beispiel Gorbatschows: Seine Ernennung zum Generalsekretär des ZK der KPdSU und der damit einsetzende Prozeß der Perestroika führten auch zu einer grundsätzlich neuen Haltung der damaligen UdSSR gegenüber den Vereinten Nationen.

Eine wichtige Rolle beim Austausch von Entscheidungsträgern spielt häufig die Bevölkerung eines Landes. Welchen Einfluß sie auf politische Veränderungen haben kann, zeigten die Ereignisse Ende der 80er Jahre in den Staaten Mittel- und (Süd-)Osteuropas. Außenpolitische Kriterien, und dabei insbesondere die Haltung zu den Vereinten Nationen, haben bisher allerdings kaum direkt zur Abwahl oder Entlassung von Entscheidungsträgern geführt. Zwar mag die Feststellung Nerfins durchaus zutreffend sein, daß die 'Bürger' den Regierungen im Verständnis der Vereinten Nationen „voraus" sind,[4] auf ihre Entscheidungen über die Wahl oder Abwahl von Politikern, und damit auch über die jeweilige nationale Politik in bezug auf die Vereinten Nationen, hatte dieser 'Bewußtseinsvorsprung' bisher jedoch keinen oder höchstens einen mittelbaren Einfluß. Ein Austausch nationaler Entscheidungsträger kann also einerseits eine außerordentliche Bedeutung für die Vereinten Nationen haben, ist aber andererseits nicht unmittelbar aus deren Haltung zu den Vereinten Nationen motiviert und scheidet damit als kalkulierbare Möglichkeit aus, die Interessenheterogenität unter den VN-Mitgliedern zu reduzieren und damit die Voraussetzungen für Reformen zu schaffen.

Anstelle eines Wechsels der Entscheidungsträger selbst ist als zweite Möglichkeit zur Veränderung der Determinante 'Eigeninteresse' die Einflußnahme auf die Interessen der vorhandenen Entscheidungsträger denkbar. Dabei können wiederum die Bürger eine besondere Rolle spielen. Mit dem wachsenden Druck aus der Bevölkerung, etwa von Bürgerinitiativen und Interessenverbänden, Veränderungen hinsichtlich eines bestimmten politischen Sachverhalts zu erreichen, steigt (längerfristig) auch die Wahrscheinlichkeit, daß sich die Interessen der zuständigen Entscheidungsträger in diesem Themenbereich ändern. Der verstärkte Druck aus der Bevölkerung hat seine Ursachen in der Regel in verändertem 'Wissen', sei es in Form veränderter Wertvorstellungen, zusätzlicher Erfahrungen oder neuer wissenschaftlicher Erkenntnisse. Die Frauen-, die Friedens- und die Umweltbewegung der 70er und 80er Jahre sowie das verstärkte Engagement der NGOs in der Zivilgesellschaft an den Weltkonferenzen der 90er Jahre können hierfür als Beispiele dienen.

Neues Wissen kann die Interessen der Entscheidungsträger allerdings nicht nur indirekt, über die Bevölkerung, sondern auch direkt beeinflussen. Auf der globalen Ebene kann neues Wissen zum einen in neuen (wissenschaftlichen) Erkenntnissen über die weltweiten Bedrohungen und Krisentendenzen bestehen, etwa im ökologischen, militärischen oder auch ökonomischen Bereich, zum anderen in theoretischen Konzeptionen und Modellen zur Bewältigung dieser Krisen. In diesem Zusammenhang können die Vereinten Nationen als institutionalisierte Form weltweiter Zusammenarbeit eine zentrale Rolle spielen.

'Wissen' kann damit als der Schlüsselfaktor zur Veränderung der Eigeninteressen der Entscheidungsträger und damit auch zur Veränderung der Vereinten Nationen angesehen werden. Es kann sowohl indirekt, über die Bevölkerung, als auch direkt die Interessen und damit die politischen Entscheidungen beeinflussen. Auch das Wissen ist jedoch kein exogen vorgegebener Faktor, sondern eine abhängige Variable. Unter anderem wird es bestimmt von den Forschungsergebnissen der Wissenschaft und der darauf beruhenden (Bewußtseins-) Bildungsarbeit der verschiedensten Institutionen. Dies gilt auch für den Bereich Internationaler Organisationen.

Für die Arbeit von Wissenschaftlern und Institutionen, die in diesem Bereich tätig sind, und damit zugleich für viele der potentiellen Autoren zukünftiger Vorschläge für VN-Reformen lassen sich daraus einige Schlußfolgerungen ableiten: Anstatt in immer neuen Studien auf direkte Veränderungen der Vereinten Nationen abzuzielen, die aufgrund der bestehenden Machtdivergenz und Interessenheterogenität unter den VN-Mitgliedern vergleichsweise aussichtslos sind, sollten in Zukunft zunächst Veränderungen des Wissens und dadurch der Interessen von Entscheidungsträgern und Bevölkerung an den Vereinten Nationen angestrebt werden. Aufgabe der Wissenschaftler wäre es dabei, zu untersuchen, auf welchen Gebieten das VN-System konkrete Möglichkeiten zur Bewältigung der bestehenden weltweiten Probleme und zur Verbesserung der internationalen Zusammenarbeit bieten kann. Auf dieser Grundlage könnte den Entscheidungsträgern und der Bevölkerung die Notwendigkeit oder zumindest Vorteilhaftigkeit einer institutionalisierten weltweiten Kooperation auf diesen Gebieten verdeutlicht werden. Es sei betont, daß dies zum Teil auch in Studien der Vergangenheit geschehen ist; während die meisten dieser Studien jedoch primär an Entscheidungsträger gerichtet waren, müßte zukünftig, wie aus den bisherigen Ausführungen deutlich wurde, die Bevölkerung verstärkt an diesen Informationen teilhaben. Dabei könnten NGOs, wie u.a. die nationalen VN-Gesellschaften, verstärkt aktiv werden. Denn nur wenn sich in der Bevölkerung das Wissen über die konkreten Vorteile und Möglichkeiten einer stärkeren weltweiten Zusammenarbeit im Rahmen des VN-Systems verbreitet, wächst ihr Druck auf die nationalen Entscheidungsträger und damit letztlich die Chance einer veränderten Politik gegenüber den Vereinten Nationen. Nur so ist langfristig ein Abbau der bestehenden Interessenheterogenität unter den VN-Mitgliedern möglich.

Dag Hammarskjöld hatte bereits im Jahr 1960 festgestellt: „We are still in the transition between institutional systems of international co-existence and constitutional systems of international co-operation".[5] 40 Jahre später befinden sich die Vereinten Nationen noch immer in diesem Übergangsstadium. Die nationalen Politiker als die dafür verantwortlichen Entscheidungsträger waren so gesehen bisher wenig erfolgreich. Ob in den kommenden Jahren Fortschritte auf dem Weg zu einem konstitutionellen System internationaler Zusammenarbeit erzielt werden können, wird zukünftig nicht nur von den Politikern, sondern zunehmend von den NGOs in der Zivilgesellschaft abhängen. Denn eine Reform der Vereinten Nationen beginnt zuallererst in den Köpfen der Menschen.

Anmerkungen

1 Mit dieser Feststellung wird der verbreiteten Ansicht widersprochen, daß die VN-interne Machtverteilung lediglich ein Spiegelbild der externen Machtstrukturen darstellt.
2 Daneben können weitere Kategorien von Entscheidungsträgern benannt werden. Deren Interessen haben jedoch nur indirekten Einfluß auf VN-bezogene Entscheidungen.
3 Es wäre zu prüfen, ob der Begriff 'Bewußtsein' diese Bedeutungsbreite nicht treffender wiedergäbe.
4 Vgl. Nerfin (1986b), 16.
5 Zitiert nach Elmandjra (1973), 17.

IX. Abbildungen

Abbildung 1: Die Entwicklung der Mitgliedschaft in den Vereinten Nationen, 1945-1999

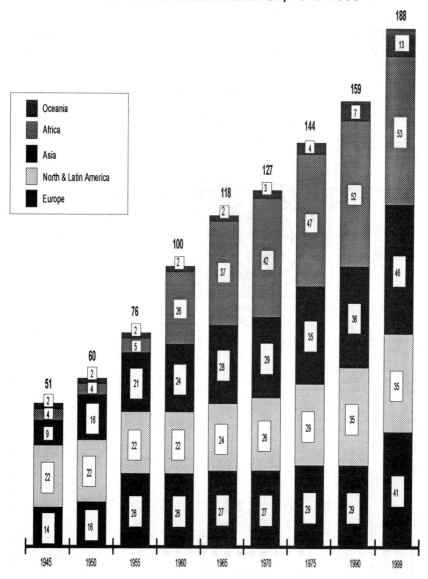

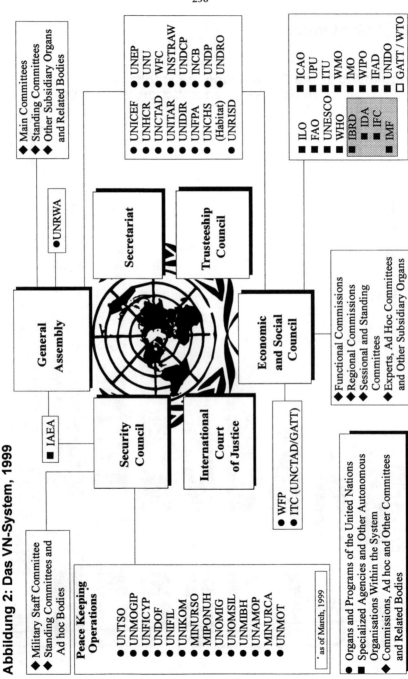

Abbildung 2: Das VN-System, 1999

Abbildung 3: Die Entwicklung des VN-Systems, 1945-1999

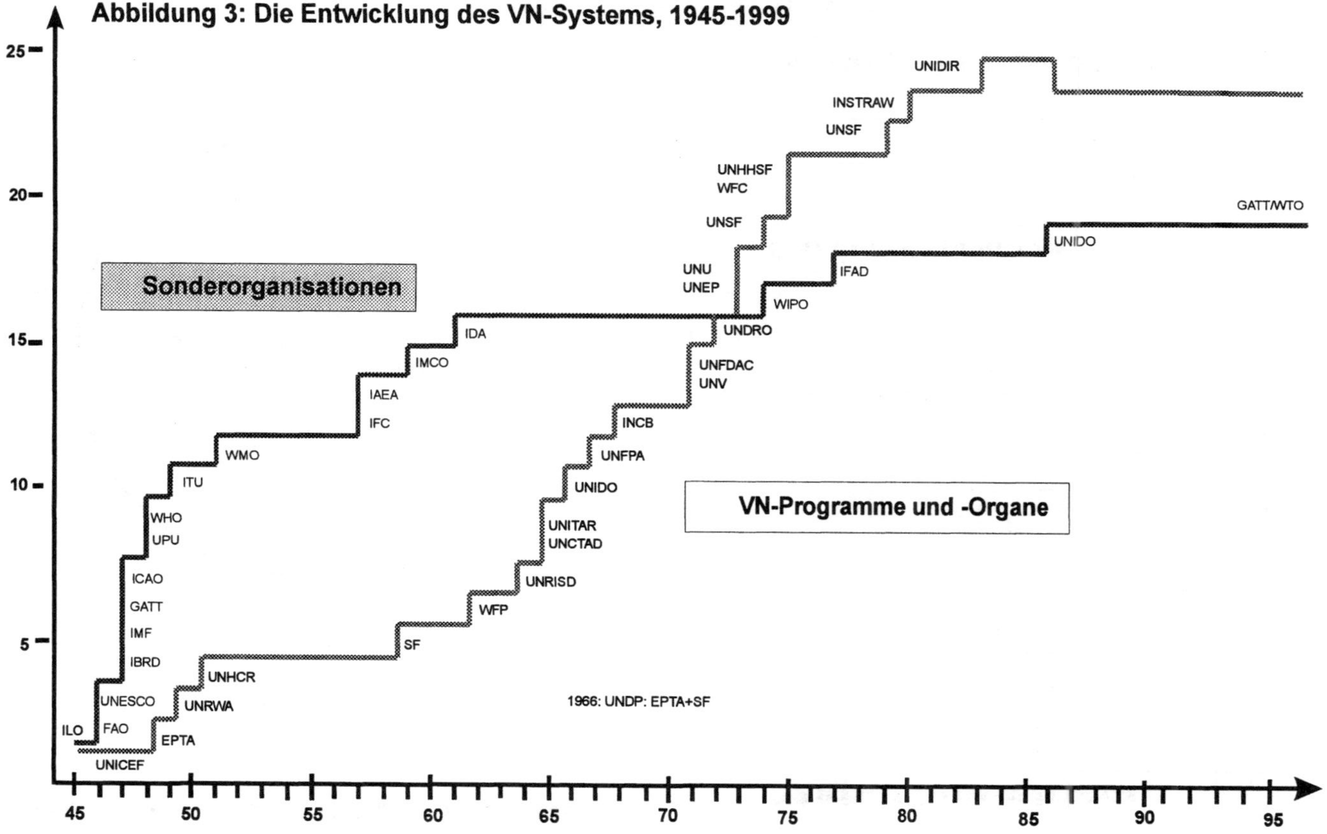

Abbildung 4: Die Generalversammlung, 1999

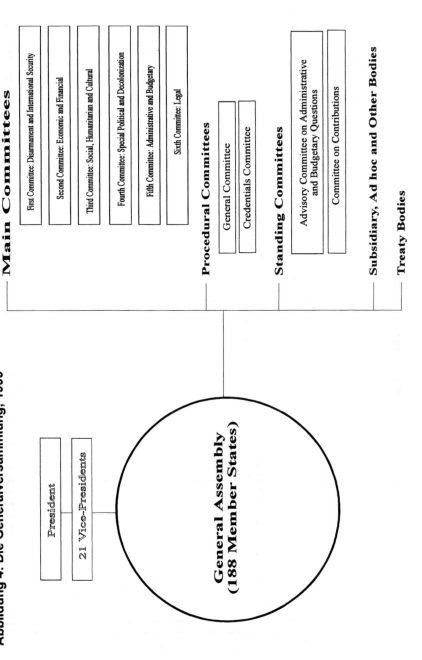

Abbildung 5: Der "Unterbau" des Wirtschafts- und Sozialrates, 1999

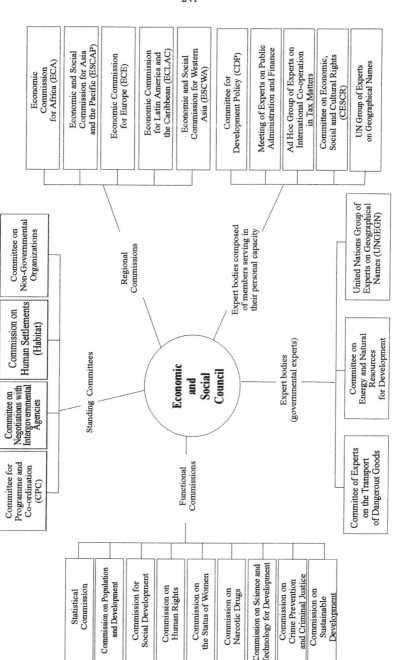

Abbildung 6: Das VN-Sekretariat, 1999

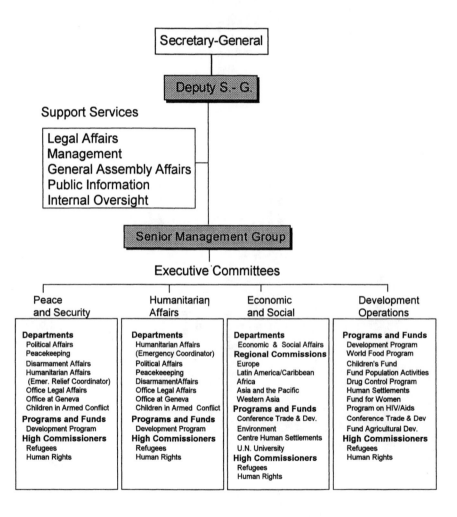

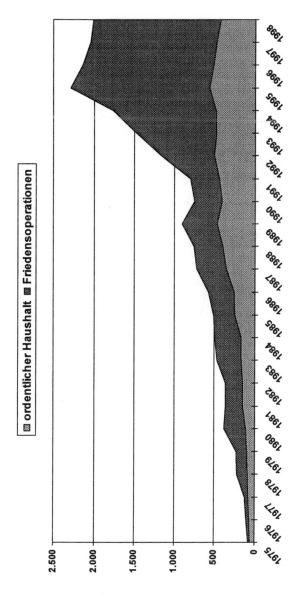

Abbildung 7: Ausstehende Beiträge zum ordentlichen VN-Haushalt und den Friedensoperationen, 1975-1998 (in Mio US-Dollar)

Anmerkung: Alle Zahlen beziehen sich auf den jeweiligen Zeitraum bis zum 31. Dezember.
Quelle: Global Policy Forum: UN Financial Crisis

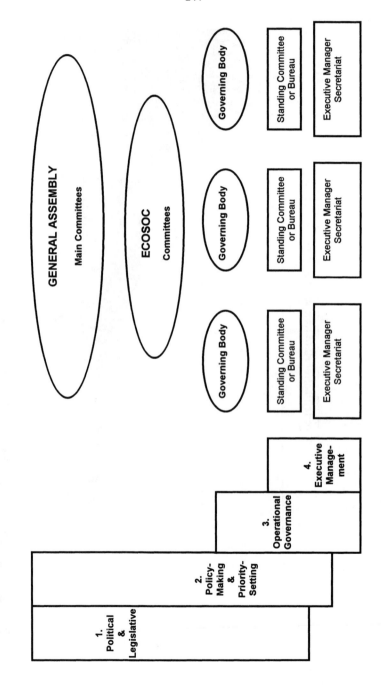

Abbildung 8: Operative Aktivitäten der Vereinten Nationen - Die vier Funktionen

Quelle: UN Doc. E/1992/64, S. 12.

Abbildung 9: Die gegenwärtige Struktur

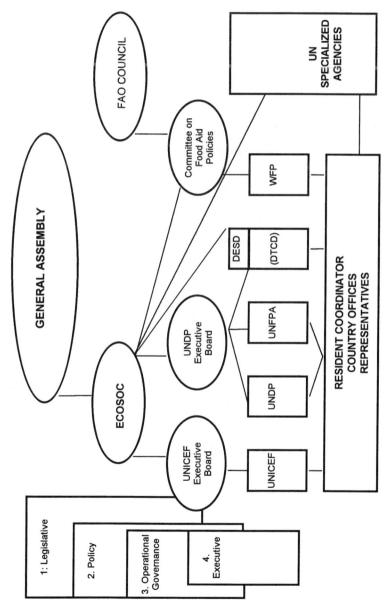

Quelle: UN Doc. E/1992/64, S. 22.

Abbildung 10: Modell 1: Eine vereinheitlichte Struktur

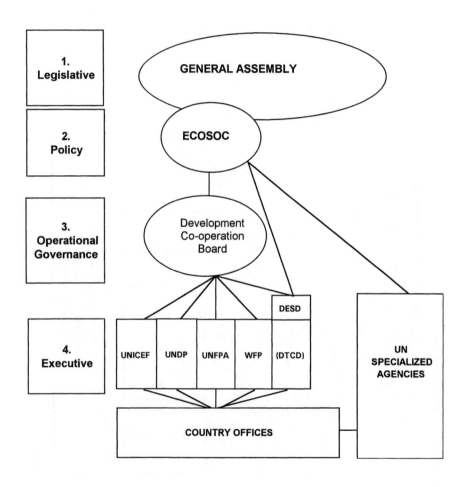

Quelle: UN Doc. E/1992/64, S. 24.

Abbildung 11: Modell 2: Ein gemeinsamer Rat, aber getrennte Spezialorgane

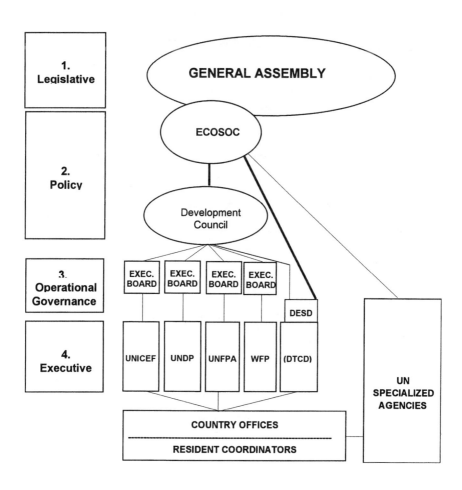

Quelle: UN Doc. E/1992/64, S.27.

Abbildung 12: Modell 3: Vollständige Autonomie der Spezialorgane

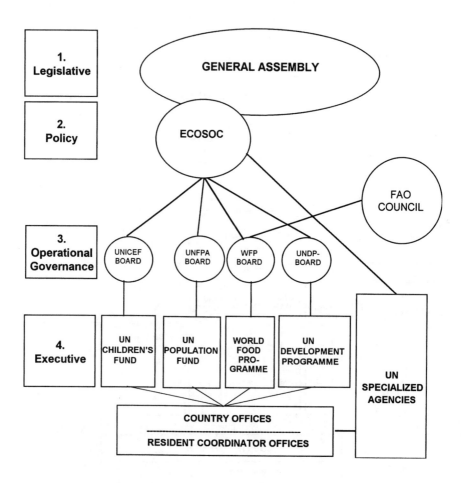

Quelle: UN Doc. E/1992/64, S. 29.

Abbildung 13: Der UNA-USA-Vorschlag

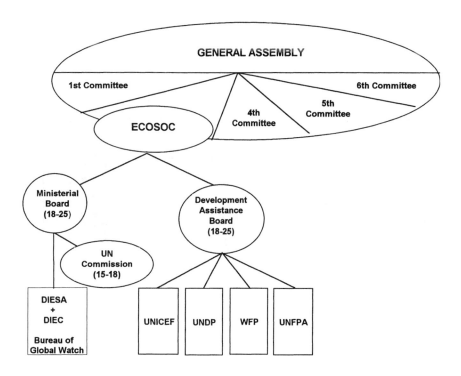

Quelle: UN Doc. E/1882/64, S. 35.

Abbildung 14: Der Vorschlag der Unabhängigen Arbeitsgruppe

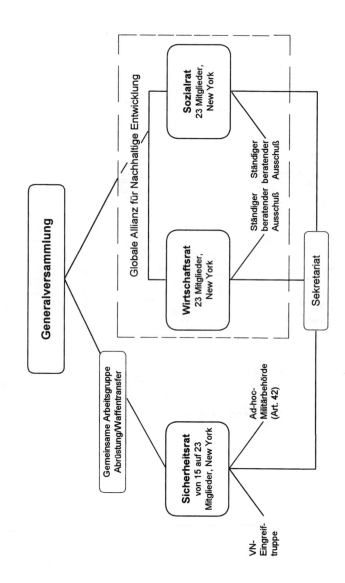

Abbildung 15: Weltkonferenzen 1990 bis 1995

Abschlußdokumente der VN-Konferenzen

VN-Weltgipfel für Kinder, 29.-30. September 1990, New York	Deklaration und Aktionsplan zum Überleben, zum Schutz und zur Entwicklung von Kindern in den 90er Jahren

⇓

	Agenda 21, Rio-Deklaration, Klimakonvention, Konvention über die Biologische Vielfalt, Walderklärung	VN-Konferenz für Umwelt und Entwicklung, 3.-14. Juni 1992, Rio de Janeiro

⇓

Menschenrechts-weltkonferenz, 14.-25. Juni 1993, Wien	Wiener Erklärung und Aktionsprogramm, „Neue Vision für weltweites Handeln für die Menschenrechte bis in das nächste Jahrtausend"

⇓

	Kairoer Aktionsprogramm mit 200 Handlungsempfehlungen, die in den nächsten 20 Jahren eine Begrenzung des Bevölkerungswachstums ohne staatlichen Zwang sicherstellen sollen	VN-Konferenz über Bevölkerung und Entwicklung, 5.-13. September 1994, Kairo

⇓

VN-Weltgipfel für soziale Entwicklung, 6.-12. März 1995, Kopenhagen	Kopenhagener Erklärung und Aktions-programm, 10 Verpflichtungen für eine „Strategie gegen Armut, Arbeitslosigkeit und soziale Ausgrenzung"

⇓

	Pekinger Erklärung und Aktionsplattform: „Aktion für Gleichheit, Entwicklung und Frieden"	Vierte Weltfrauenkonferenz, 4.-15. September 1995, Peking

Quelle:
Messner, Dirk / Nuscheler, Franz (Hrsg.): Weltkonferenzen und Weltberichte. Ein Wegweiser durch die internationale Diskussion. Bonn: Dietz, 1996, S. 158-159.

Abbildung 16: Coordinated Review of Progress in the Implementation of Conference Agendas

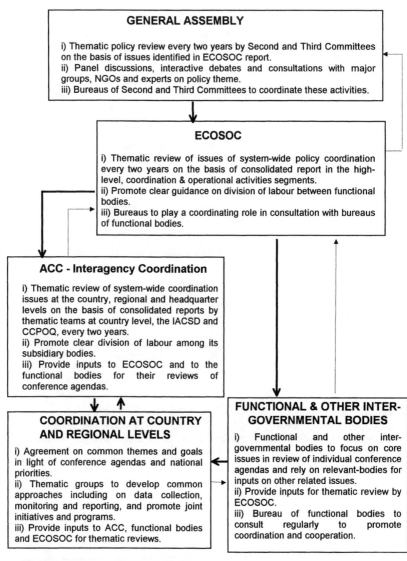

Quelle: UN Doc. E/1995/86, S. 44.

X. Literaturverzeichnis

A. Monographien und Aufsätze

Aga Khan, Sadruddin/Strong, Maurice (1985): Proposals to Reform the U.N., 'Limping' in 40th Year. In: New York Times, 8.10.1985.

Ahmed, Latheef N. (1956): The Role of the United Nations Administrative Committee on Co-ordination in the Co-ordination of the Programmes and Activities of the United Nations and the Specialized Agencies. In: Revue internationale des Sciences administratives 22/3, 95-118.

Ahmed, Latheef N. (1958): The Organization and Methods of the United Nations Administrative Committee on Co-ordination. In: Revue internationale des Sciences administratives 24/3, 333-346.

Albrecht, Ulrich (Hrsg.) (1998): Die Vereinten Nationen am Scheideweg. Von der Staatenorganisation zur internationalen Gemeinschaftswelt ? Hamburg: LIT, 212.

Alger, Chadwick F. (1973): Decision-Making in Public Bodies of International Organizations (ILO, WHO, UN): A Preliminary Research Report. In: Sidjanski, Dusan (Hrsg.): Political Decision-Making Processes. Studies in National, Comparative and International Politics. Amsterdam: Elsevier, 205-229.

Arnold, Hans (1987): Die Weltorganisation im Zeichen der Reformdiskussion. In: Vereinte Nationen 35/1, 1-5.

Atlantic Council of the United States (1977): The Future of the UN. A Strategy for Like-Minded Nations. Boulder: Westview Press, XXVII, 58.

Baratta, Joseph Preston (1987): Strengthening the United Nations. A Bibliography on U.N. Reform and World Federalism. Westport, Connecticut: Greenwood Press, 351.

Bauer, P.T/Yamey, B.S. (1972): The Pearson Report: A Review. In: Byres, T.J. (Hrsg.): Foreign Ressources and Economic Development. London: Cass, 41-76.

Beigbeder, Yves (1979): The Joint Inspection Unit of the United Nations - The First Ten Years (1968-1978). In International Journal of Government Auditing 6/3, 11-14, 20.

Beigbeder, Yves (1987): Management Problems in United Nations Organizations. Reform or Decline ? London: Pinter, X, 174.
Beigbeder, Yves (1988): Threats to the International Civil Service. Past Pressures and New Trends. London: Pinter, 186.
Bennis, Phyllis (1996): Calling the Shots. How Washington Dominates Today's UN. Brooklyn, N.Y.: Olive Branch, Press, XVI, 272.
Bergsten, C. Fred (1976): Interdependence and the Reform of International Institutions. In: International Organization 30/1, 361-372.
Bergsten, C. Fred, et al. (1976): The Reform of International Institutions. A Report of the Trilateral Task Force on International Institutions to the Trilateral Commission. New York: The Trilateral Commission, VI, 31 (The Triangle Papers No. 11).
Berteling, J. (1977): Intersecretariat Co-ordination in the United Nations System. In: Netherlands International Law Review 24, 21-42.
Bertrand, Maurice (1984a): Political. Conceptional and Technical Constraints on the Effectiveness of the United Nations System. 24 (mimeo).
Bertrand, Maurice (1984b): Reporting to the Economic and Social Council. Geneva: UN, 32 (JIU/REP/84/7).
Bertrand, Maurice (1985): Some Reflections on Reform of the United Nations. Geneva: UN, 84 (JIU/REP/85/9).
Bertrand, Maurice (1986): The U.N. in Profile: How its Resources are Distributed. New York: UNA-USA, 44; wiederabgedruckt in Fromuth, Peter (Hrsg.) (1988): A Successor Vision. The United Nations of Tomorrow. Lanham, MD: University Press of America, 353-385.
Bertrand, Maurice (1987a): Planning, Programming, Budgeting and Evaluation in the United Nations. New York: UNA-USA, 58; wiederabgedruckt in Fromuth, Peter (Hrsg.) (1988): A Successor Vision. The United Nations of Tomorrow. Lanham, MD: University Press of America, 255-287.
Bertrand, Maurice (1987b): The Role of the United Nations in the Economic and Social Fields. New York: UNA-USA. 62; wiederabgedruckt in Fromuth, Peter (Hrsg.) (1988): A Successor Vision. The United Nations of Tomorrow. Lanham, MD: University Press of America, 127-163.
Bertrand, Maurice (1987c): A Critical Analysis of the Efficiency of the United Nations System. Between Pretention and Reality. In: Dicke, Klaus/Hüfner, Klaus (Hrsg.) (1987): Die Leistungsfähigkeit des VN-Systems: Politische Kritik und wissenschaftliche Analyse. Bonn: UNO-Verlag, 64-71.

Bertrand, Maurice (1988a): The Process of Change in an Interdependent World and Possible Institutional Consequences. New York: UNITAR, 37 (mimeo).
Bertrand, Maurice (1988b): Für eine Weltorganisation der Dritten Generation. Bonn: UNO-Verlag, 136 (DGVN-Texte 38).
Billerbeck, Klaus (1970): The Pearson Report - A Critique. In: Weltwirtschaftliches Archiv 105/II, 131-160.
Bissell, Richard E. (1983): US Participation in the UN System. In: Gati, Toby Trister (Hrsg.) (1983): The US, the UN and the Management of Global Change. New York: New York University Press, 82-100.
Boutros-Ghali, Boutros (1992): Agenda für den Frieden. New York: Vereinte Nationen, 64; wiederabgedruckt in: Hüfner, Klaus (Hrsg.) (1994): Die Reform der Vereinten Nationen. Opladen: Leske + Budrich, 339-365.
Boutros-Ghali, Boutros (1994): Agenda für Entwicklung. Bericht des Generalsekretärs. New York: VN, 57 (UN Doc. A/48/935).
Boutros-Ghali, Boutros (1995a): An Agenda for Peace 1995. With related UN documents. New York: UN, 159.
Boutros-Ghali, Boutros (1995b): An Agenda for Development 1995. With related UN documents. New York: UN, 132.
Boutros-Ghali, Boutros (1995c): Ergänzung zur „Agenda für den Frieden". Positionspapier des Generalsekretärs anläßlich des 50. Jahrestages der Vereinten Nationen. New York: VN (A/50 /60 bzw. S/1995/1).
Brandt, Willy (Hrsg.) (1980): Das Überleben sichern. Gemeinsame Interessen der Industrie- und Entwicklungsländer. Bericht der Nord-Süd-Kommission. Köln: Kiepenheuer & Witsch, 381.
Brandt, Willy (Hrsg.) (1983): Hilfe in der Weltkrise. Ein Sofortprogramm. Der 2. Bericht der Nord-Süd-Kommission. Reinbek: Rowohlt, 172.
Childers, Erskine (Hrsg.) (1994): Challenges to the United Nations. Building a Safer World. London: Catholic Institute for International Relations, VII, 216.
Childers, Erskine/Urquhart, Brian (1991): Towards a More Effective United Nations. In: Development Dialogue 1-2, 1-96.
Childers, Erskine/Urquhart, Brian (1994): Renewing the United Nations System. In: Development Dialogue 1, 1-213.
Clark, Grenville/Sohn, Louis B. (1964): World Peace Through World Law. Second Edition (revised). Cambridge: Harvard University Press, LIV, 387.

Claude, Inis L. (1964): Swords into Plowshares. The Problems and Progress of International Organization. Third Edition (revised). New York: Random House, 458.

Cleveland, Harlan/Henderson, Hazel/Kaul, Inge (Hrsg.) (1995): Special Issue: The United Nations at Fifty: Policy and Financing Alternatives. In: Futures 27/2, 107-229.

Coate, Roger A. (1988): Unilateralism, Ideology & U.S. Foreign Policy: The United States In and Out of UNESCO. Boulder & London: Lynne Rienner Publishers, 182.

Cohen, Benjamin J. (1982): Balance-of-Payments Financing: Evolution of a Regime. In: International Organization 36/2, 315-336.

Commission on Global Governance (1995): Our Global Neighbourhood. Oxford: Oxford University Press, XXIV, 444.

Commission to Study the Organization of Peace (1957): Strengthening the United Nations. 10th Report of the Commission to Study the Organization of Peace. New York: Harper & Brothers, XII, 276.

Commission to Study the Organization of Peace (1970): The United Nations: The Next Twenty-Five Years. 20th Report of the Commission to Study the Organization of Peace. Dobbs Ferry, New York: Oceana, 263.

Cox, Robert W. (1972): The Pearson and Jackson Reports in the Context of Development Ideologies. In: The Year Book of World Affairs 26, 187-202.

Cox, Robert W./Jacobson, Harold K. (1973): Decision Making in International Organizations. A Report on a Joint Project. In: Sidjanski, Dusan (Hrsg.) (1973): Political Decision-Making Processes. Studies in National, Comparative and International Politics. Amsterdam: Elsevier, 143-181.

Cox, Robert W., et al. (1973): The Anatomy of Influence. Decision Making in International Organizations. New Haven: Yale University Press, XIII, 497.

Czempiel, Ernst Otto (1994): Die Reform der UNO. Möglichkeiten und Mißverständnisse. München: Beck, 200.

Dag-Hammarskjöld-Bericht (1975): Was tun ? In: Neue Entwicklungspolitik 1/2-3, 1-123.

Dag Hammarskjöld Report on Development and International Cooperation (1975): What Now: Another Development. In: Development Dialogue 1-2, 1-128.

Deen, Thalif (1996): Angeschlagene Jubilarin. Die Weltorganisation an ihrem Fünfzigsten. In: Vereinte Nationen 44/1, 1-5.

Deutsche Gesellschaft für die Vereinten Nationen (Hrsg.) (1995): Die Vereinten Nationen in ihren nächsten 50 Jahren. Ein Bericht der Unabhängigen Arbeitsgruppe über die Zukunft der Vereinten Nationen. Bonn: DGVN, 59.

Dicke, Detlef Christian (1972): Die administrative Organisation der Entwicklungshilfe durch die Vereinten Nationen. Frankfurt/M.: Athenäum, XII, 174.

Dicke, Klaus (1991): Reform der UN. In: Wolfrum, Rüdiger (Hrsg.): Handbuch Vereinte Nationen. München: Beck, 663-673.

Dicke, Klaus (1994): Effizienz und Effektivität internationaler Organisationen. Darstellung und kritische Analyse eines Topos im Reformprozeß der Vereinten Nationen. Berlin: Duncker & Humblot, 396.

Dicke, Klaus/Hüfner, Klaus (Hrsg.) (1987): Die Leistungsfähigkeit des VN-Systems: Politische Kritik und wissenschaftliche Analyse. Bonn: UNO-Verlag, 135 (DGVN-Texte 37).

Diekmann, Berend (1994): Die Kreditvergabepolitik des IWF. In: Konjunkturpolitik 40/2, 154-174.

Donini, Antonio (1987): Resilience and Reform: Some Thoughts on the Processes of Change in the United Nations. Fletcher School of Law and Diplomacy: Conference on Teaching about International Organizations from a Legal and Policy Perspective, 38 (Conference Paper No. 7).

d'Orville, Hans/Najman, Dragoljub (1993): Ein neues Finanzierungssystem für die Vereinten Nationen. In: d'Orville, Hans (Hrsg.) (1993): Denken und Handeln in globaler Verantwortung. Helmut Schmidt zum Fünfundsiebzigsten. Berlin: Siedler Verlag, 197-216.

Eide, Asbjørn (Rapporteur) (1995): The Nordic Countries and the Future of the United Nations. Final Report from the Conference of the Nordic Council held in Helsinki from 10-12 January 1995. Stockholm: The Nordic Council, 111.

Elmandjra, Mahdi (1973): The United Nations System: An Analysis. London: Faber and Faber, 368.

Elmandjra, Mahdi (1986): U.N. Organizations: Ways to Their Reactivation. Address presented to the Tokyo International Round Table (September 24-27), 14 (mimeo).

Entwicklungsprogramm der Vereinten Nationen (UNDP) (1994): Bericht über die menschliche Entwicklung 1994. Bonn: DGVN, XI, 258.

Entwicklungsprogramm der Vereinten Nationen (UNDP) (1999): Bericht über die menschliche Entwicklung. Bonn: UNO-Verlag, XV, 298.

Ewing, A.F. (1986): Reform of the United Nations. In: Journal of World Trade Law 20/2, 131-141.

Feld, Werner J./Jordan, Robert S./Hurwitz, Leon (1983): International Organizations. A Comparative Approach. New York: Praeger, 332.

Finger, Seymour Maxwell/Mugno, John F. (1975): The Politics of Staffing the United Nations Secretariat. In: Orbis 19/1, 117-145.

Finger, Seymour Maxwell/ Hanan, Nina (1981): The United Nations Secretariat Revisited. In: Orbis 25/1, 197-208.

Fisher, Roger/Trooboff, Peter D. (1970): Making the United Nations Work Better: Organizational and Procedural Reform. In: Commission to Study the Organization of Peace (1970), 219-243.

Franck, Thomas M. (1985): Nation Against Nation. New York: Oxford University Press, 334.

Fromuth, Peter (1986): The U.N. at 40. The Problems and the Opportunities. New York: UNA-USA, 55; wiederabgedruckt in Fromuth, Peter (Hrsg.) (1988): A Successor Vision. The United Nations of Tomorrow. Lanham, MD: University Press of America, 81-105

Fromuth, Peter (Hrsg.) (1988): A Successor Vision. The United Nations of Tomorrow. Lanham, MD: University Press of America, XXXIV, 385.

Galenson, Walter (1981): The International Labor Organization. An American View. Madison: The University of Wisconsin Press, 351.

Galtung, Johan (1986): The United Nations Today: Problems and Some Proposals. And Some Remarks on the Role of the Nordic Countries. Princeton: Center of International Studies, Princeton University, 23 (mimeo).

Gara, John de (1989): Administrative and Financial Reform of the United Nations: A Documentary Essay. The Academic Council on the United Nations System, 23 (Reports and Papers 1989-2).

Gardner, Richard N. (1970): Can the United Nations Be Revived. In: Foreign Affairs 48/4, 660-676.

Gati, Toby Trister (Hrsg.) (1983): The US, the UN, and the Management of Global Change. New York: New York University Press, XIII, 380.

Ghai, Dharam P. (1970): The United Nations Capacity Study. An Evaluation of the Jackson Report. In: Journal of World Trade Law 4/2, 245-254.

Ghébali, Victor-Yves (1986): L'évolution du Corps commun d'inspection des Nations Unies. In: Annuaire Français de Droit International 32, 439-453.

Ghébali, Victor-Yves (1988): La crise du système des Nations Unies. Paris: La Documentation Française, 136.

Goodrich, Leland M. (1952): American National Interests and the Responsibilities of United Nations Membership. In: International Organization 6/3, 369-380.

Gorbachev, Mikhail (1987): Reality and Guaranties for a Secure World. In: UNA-USSR: Information Service 4/21, 3-6.

Gorbatschow, Michail (1988a): Realität und Garantien für eine sichere Welt - Vorschläge für ein effizienteres VN-System. Bonn: DGVN, 14 (Dokumentationen, Informationen. Meinungen: Zur Diskussion gestellt Nr. 14).

Gorbatschow, Michail (1988b): Rede in der Organisation der Vereinten Nationen. New York, 7. Dezember 1988. Moskau: APN-Verlag, 32.

Gordenker, Leon/Weiss, Thomas G. (Hrsg.) (1995): Nongovernmental Organizations, the United Nations and Global Governance. In: Third World Quarterly 16/3: 357-555, September 1995.

Gregg, Robert W. (1989): Congress and the U.S. Assessment for the United Nations. For Presentation at the 30th Annual Convention, International Studies Association, London, England, March 28 - April 1, 1989. Washington, DC: The American University, 59 (mimeo).

Gwin, Catherine (1995): A Cooperative Assessment. In: Haq, Mahbub, et al. (Hrsg.) (1995): The UN and the Bretton Woods Institutions. New Challenges for the Twenty-First Century. New York: St. Martin's Press, 95-116.

Haas, Ernst B. (1964): Beyond the Nation-State. Functionalism and International Organization. Stanford: Stanford University Press, X, 595.

Haas, Ernst B. (1970): Trade, Aid and Money: Guidelines for American Policy in the United Nations. In: Commision to Study the Organization of Peace (1970), 185-204.

Haas, Ernst B. (1975): The Obsolescence of Regional Integration Theory. Berkeley: Institute of International Studies, University of California, X, 123 (Research Series No. 25).

Haas, Ernst B. (1980): Why Collaborate ? Issue-Linkage and International Regimes. In: World Politics 32/3, 357-405.

Haggard, Stephan/Simmons, Beth A. (1987): Theories of International Regimes. In: International Organization 41/3, 491-517.

Haq, Mahbub ul, et al. (Hrsg.) (1995): The UN and the Bretton Woods Institutions. New Challenges for the Twenty-First Century. New York: St. Martin's Press, XI, 268.

Hill, Martin (1974): Towards Greater Order, Coherence and Co-ordination in the United Nations System. New York: United Nations, VII, 115 (UN Doc. E/5491 vom 30.4.1974).

Hill, Martin (1978): The United Nations System: Coordinating Its Economic and Social Work. Cambridge, Mass.: Cambridge University Press, XV, 252.

Horowitz, David (1969): Kalter Krieg. Hintergründe der US-Aussenpolitik von Jalta bis Vietnam. Band 1 und 2. Berlin: Rotbuch, 237 + 207.

Hüfner, Klaus (1982): Vorzeitige Gedanken eines Generalsekretärs. Dag Hammarskjöld als politischer Entwicklungsökonom. In: Vereinte Nationen 30/1, 5-9.

Hüfner, Klaus (1983): Die freiwilligen Finanzleistungen an das VN-System. In: German Yearbook of International Law 26, 299-342.

Hüfner, Klaus (1987): Konzepte zur Effizienzmessung internationaler Organisationen unter besonderer Berücksichtigung ihrer politischen Aktivitäten: Beispiel Vereinte Nationen. In: Dicke, Klaus/Hüfner, Klaus (Hrsg.) (1987): Die Leistungsfähigkeit des VN-Systems: Politische Kritik und wissenschaftliche Analyse. Bonn: UNO-Verlag, 29-43.

Hüfner, Klaus (1990): The Gorbachev Proposals and Their Consequences for the Future Functioning of the Security Council and the Office of the Secretary-General in Maintaining International Peace and Security. In: Petrovsky, Vladimir F., et al. (1990): The Reform of the United Nations: Prospects and Necessities. Bonn: DGVN, 17-32 (Zur Diskussion gestellt, Nr.24).

Hüfner, Klaus (1991a): JIU - Joint Inspection Unit. In: Wolfrum, Rüdiger (Hrsg.): Handbuch Vereinte Nationen. München: Beck, 393-399.

Hüfner, Klaus (1991b): UN-System. In: Wolfrum, Rüdiger (Hrsg.): Handbuch Vereinte Nationen. München: Beck, 966-973.

Hüfner, Klaus (1991c): Die Vereinten Nationen und ihre Sonderorganisationen. Strukturen, Aufgaben, Dokumente. Teil 1. Bonn: UNO-Verlag, 175 (DGVN-Texte 40).

Hüfner, Klaus (1992): Die Vereinten Nationen und ihre Sonderorganisationen. Strukturen, Aufgaben, Dokumente. Teil 2. Bonn: UNO-Verlag, 243 (DGVN-Texte 41).

Hüfner, Klaus (Hrsg.) (1994): Die Reform der Vereinten Nationen. Die Weltorganisation zwischen Krise und Erneuerung. Opladen: Leske + Budrich, 365.

Hüfner, Klaus (Hrsg.) (1995): Agenda for Change. New Tasks for the United Nations. Opladen: Leske + Budrich, 312.

Hüfner, Klaus (1997a): Die Vereinten Nationen und ihre Sonderorganisationen. Teil 3: Finanzierung des Systems der Vereinten Nationen 1971-1995. Teil 3A: Vereinte Nationen - Friedensoperationen - Spezialorgane. Bonn: UNO-Verlag, 218 (DGVN-Texte 45).

Hüfner, Klaus (1997b): Die Vereinten Nationen und ihre Sonderorganisationen. Teil 3: Finanzierung des Systems der Vereinten Nationen 1971-1995. Teil 3B: Sonderorganisationen - Gesamtdarstellung - Alternative Finanzierungsmöglichkeiten. Bonn: UNO-Verlag, 314 (DGVN-Texte 46).

Hüfner, Klaus/Naumann, Jens (1974): Das System der Vereinten Nationen - Eine Einführung. Düsseldorf: Bertelsmann, 284.

Hüfner, Klaus/Naumann, Jens (1985): USA und UNO: Anmerkungen zur gegenwärtigen Krise. In: Vereinte Nationen 33/3, 85-90.

Hüfner, Klaus/Naumann, Jens (1986): UNESCO - Only the Crisis of a 'Politicized' UN Specialized Agency? In: Comparative Education Review 30/1, 120-131.

Independent Working Group on the Future of the United Nations (1995): The United Nations in Its Second Half Century. New York: Ford Foundation, 53.

InterAction Council (1994a): Final Statement. Twelfth Session. Dresden, 7-10 June 1994, 5.

InterAction Council (1994b): Report on the Conclusions and Recommendations by a High-level Group. The Future Role of the Global Multilateral Organizations. The Hague, 7-8 May 1994, 25.

International Network For a UN Second Assembly (1988): Fourth Appeal to the United Nations General Assembly to Consider the Proposal for a UN Second Assembly. New York, [ohne Seitennumerierung] (mimeo).

Internationales Arbeitsamt (1976): Beschäftigung, Wachstum und Grundbedürfnisse: Ein weltweites Problem. Genf: IAA, 202.

Issues Before the ..th General Assembly of the United Nations. New York: UNA-USA, 1982 ff.

Jackson, Robert G. A. (1969): A Study of the Capacity of the United Nations Development System. Vol. I and II combined. Geneva: United Nations, 69, 485.

Jacobson, Harold K. (1984): Networks of Interdependence. International Organizations and the Global Political System. New York: Knopf, XXIV, 483 (2. Auflage).

Jakobson, Max (1993): The United Nations in the 1990s. A Second Chance? New York: UNITAR, VIII, 194 (A Twentieth Century Fund Book).

Jervis, Robert (1982): Security Regimes. In: International Organization 36/2, 357-378.

Johansen, Robert C. (1986): The Reagan Administration and the U.N.: The Costs of Unilateralism. In: World Policy Journal 3/4, 601-641.

Jolly, Richard (1995): Poverty Eradication and Human Development.: Issues for the Twenty-First Century. In: Haq, Mahbub ul, et al. (Hrsg.) (1995): The UN and the Bretton Woods Institutions. New Challenges for the Twenty-First Century. New York: St. Martin's Press, XI, 185-195.

Jolly, Richard (1997): Human Development: The World After Copenhagen. Providence, RI: ACUNS, II, 26 (ACUNS Reports and Papers 1997, No. 2).

Kaufmann, Johan (1971): The Capacity of the United Nations Development Program: The Jackson Report. In: International Organization 25/4, 938-952.

Kaufmann, Johan (1980): United Nations Decision-Making. Alphen aan den Rijn: Sijthoff and Noordhoff, XIV, 283.

Keohane, Robert O. (1982): The Demand for International Regimes. In: International Organization 36/2, 325-355.

Keohane, Robert O./Nye, Joseph (1977): Power and Interdependence. World Politics in Transition. Boston: Little Brown, XIV, 273.

Keohane, Robert O./Nye, Joseph (1985): Two Cheers for Multilateralism. In: Foreign Policy 60, 148-167.

Kindleberger, Charles P. (1973): The World in Depression 1929-1939. London: Lane, 336.

Klingebiel, Stephan (1998): Leistungsfähigkeit und Reform des Entwicklungsprogramms der Vereinten Nationen (UNDP). Köln: Weltforum Verlag, 379.

Köhler, Peter A. (1987): Sozialpolitische und sozialrechtliche Aktivitäten in den Vereinten Nationen. Baden-Baden: Nomos, 1232 (Studien aus dem Max-Planck-Institut für ausländisches und internationales Sozialrecht, 4).

Koetz, Axel G./Otte, Max (1992): Krise und Reform der UN-Entwicklungshilfe. In Außenpolitik 43/2, 185-194.

Krasner, Stephen D. (1982a): Regimes and the Limits of Realism: Regimes as Autonomous Variables. In: International Organization 36/2, 497-510.

Krasner, Stephen D. (1982b): Structural Causes and Regime Consequences: Regimes as Intervening Variables. In: International Organization 36/2, 1-21.

Kratochwil, Friedrich/Ruggie, John Gerard (1986): International Organization: A State of the Art or an Art of the State. In: International Organization 40/4, 753-775.

Krishnamurti, R. (1980): Restructuring the UN System. In: International Organization 34/4, 629-639.

Kulessa, Manfred (1991): Der Resident Co-ordinator. In: Wolfrum, Rüdiger (Hrsg.): Handbuch Vereinte Nationen. München: Beck, 686-693.

Kurth, Eberhard (1970): UN-Entwicklungssystem am Scheideweg. Jackson-Studie zwingt zu Reformen. In: Vereinte Nationen 18/3, 80-82, 87-88.

Lagoni, Rainer (1991): ECOSOC - Wirtschafts- und Sozialrat. In: Wolfrum, Rüdiger (Hrsg.): Handbuch Vereinte Nationen. München: Beck, 90-96.

Laugier, Henri (1951): Pour une réforme du Conseil Economique et Social. In: Politique Etrangère 16/4-5, 313-324.

Layton, Christopher, et al. (1986): One Europe: One World. A First Exploration of Europe's Potential Contribution to World Order. In: Journal of World Trade Law 20 (Special Supplement No. 4), 1-70.

Lent, Ernest S. (1955): The Development of United World Federalist Thought and Policy. In: International Organization 9/4, 486-501.

Lipson, Charles (1982): The Transformation of Trade: The Sources and Effects of Regime Change. In: International Organization 36/2, 417-455.

Lister, Frederick K. (1987): Fairness and Accountability in U.N. Financial Decision-Making. New York: UNA-USA, 48; wiederabgedruckt in Fromuth, Peter (Hrsg.) (1988): A Successor Vision. The United Nations of Tomorrow. Lanham, MD: University Press of America, 289-319.

Loveday, A. (1953): Suggestions for the Reform of the United Nations Economic and Social Machinery. In: International Organization 7/3, 325-341.

Luard, Evan (1983): Functionalism Revisited: The UN Family in the 1980s. In: International Affairs (London) 59/4, 677-692.

Malinowski, W.R. (1962): Centralization and Decentralization in the United Nations Economic and Social Activities. In: International Organization 16/3, 521-541.

Mann Borgese, Elisabeth (1986): United Nations: Future Trends. In: D. Bardonnet (Hrsg.) (1986): L'adaptation des structures et méthodes des Nations Unies. Colloque de l'Académie de Droit international de La Haye. Dordrecht: Martinus Nijhoff, 373-392.

Marin-Bosch, Miguel (1987): How Nations Vote in the General Assembly of the United Nations. In: International Organization 41/4, 705-724.

Martens, Jens (1992): NGOs im UN-System. Partizipationsmöglichkeiten nichtstaatlicher Organisationen im Umwelt- und Entwicklungsbereich der Vereinten Nationen. Bonn: Projektstelle UNCED des Deutschen Naturschutzringes (DNR) und des Bund für Umwelt und Naturschutz Deutschland (BUND), V, 88.

Martens, Jens (1993a): Dabeisein ist noch nicht alles. Die NGOs in den Vereinten Nationen: Akteure, Kritiker, Nutznießer. In: Vereinte Nationen 41/5, 168-171.

Martens, Jens (1993b): NRO im UNCED-Prozeß: Testfall für mehr Partizipation im UN-System. In: Stiftung Entwicklung und Frieden (Hrsg.) (1993): Nach dem Erdgipfel: Global verantwortliches Handeln für das 21. Jahrhundert. Kommentare und Dokumente. Bonn: SEF, 149-164.

Martens, Jens (1994): Mehr Einfluß für unabhängige Gruppen? Die Vereinten Nationen prüfen ihr Verhältnis zu nichtstaatlichen Organisationen. In: Der Überblick 3/94, 88-91.

Martens, Jens (1996): Nach dem Weltsozialgipfel: Zuständigkeiten und Handlungsspielräume im internationalen Folgeprozeß. Arbeitspapier. Bonn: Friedrich-Ebert-Stiftung, 30.

Martens, Jens (1998): Kompendium der Gemeinplätze. Die Agenda für Entwicklung: Chronologie eines gescheiterten Verhandlungsprozesses. In: Vereinte Nationen 46/2, 47-52.

Marxen, Ralf (1991): UNCTAD - Konferenz der Vereinten Nationen für Handel und Entwicklung (Welthandels- und Entwicklungskonferenz). In: Wolfrum, Rüdiger (Hrsg.): Handbuch Vereinte Nationen. München: Beck, 887-895.

Matzke, Otto (1978): Probleme der Restrukturierung des Wirtschafts- und Sozialbereichs des UN-Systems. In: Beiträge zur Konfliktforschung 8/4, 5-26.

Maynes, Charles William (1978): What's Wrong With the United Nations - and What's Right. In: The Department of State, Current Policy 49 (December 1978), 1-7.

McLaren, Robert I. (1980): The UN-System and Its Quixotic Quest for Coordination. In: International Organization 34/1, 139-148.

Meadows, Dennis, et al. (1973): Die Grenzen des Wachstums. Reinbek: Rowohlt, 180.

Meagher, Robert F (1983): United States Financing of the United Nations. In: Gati, Tobi Trister (Hrsg.) (1983): The US, the UN, and the Management of Global Change. New York: New York University Press, 101-128.

Meltzer, Ronald (1978): Restructuring the United Nations System: Institutional Reform Efforts in the Context of North-South Relations. In: International Organization 32/4, 993-1018.

Meltzer, Ronald (1983): UN Structural Reform: Institutional Development in International Economic and Social Affairs. In: Gati, Tobi Trister (Hrsg.) (1983): The US, the UN, and the Management of Global Change. New York: New York University Press, 238-262.

Messner, Dirk/Nuscheler, Franz (Hrsg.) (1996a): Weltkonferenzen und Weltberichte. Ein Wegweiser durch die internationale Diskussion. Bonn: Dietz, 294.

Messner, Dirk/Nuscheler, Franz (1996b): Global Governance. Organisationselemente und Säulen einer Weltordnungspolitik. In: Messner, Dirk/Nuscheler, Franz (Hrsg.) (1996): Weltkonferenzen und Weltberichte. Ein Wegweiser durch die internationale Diskussion. Bonn: Dietz, 12-36.

Messner, Dirk/Nuscheler, Franz (1996c): Die Weltkonferenzen der 90er Jahre. Eine "Gipfelei" ohne neue Perspektiven? In: Messner, Dirk/Nuscheler, Franz (Hrsg.) (1996): Weltkonferenzen und Weltberichte. Ein Wegweiser durch die internationale Diskussion. Bonn: Dietz, 160-169.

Mingst, Karen A./Karns, Margaret P. (1995): The United Nations in the Post-Cold War Era. Boulder, Colorado: Westview Press, XV, 208.

Mitrany, David (1966): A Working Peace System. Introduction by Hans J. Morgenthau. Chicago: Quadrangle Books, 221.

Morozov, Grigori (1989): The UN Charter and Global Security Problems. Moscow: UNA-USSR, 10 (mimeo).

Moynihan, Daniel Patrick (1975): The United States in Opposition. In: Commentary 59/3, 31-44.

Moynihan, Daniel Patrick (1980): Einspruch! Der UNO-Botschafter gegen die Weltpolitik der Anpassung. Berlin: Ullstein, 320.

Najman, Dragoljub/d'Orville, Hans (1995): Towards A New Multilateralism: Funding Global Priorities. Innovative Financing Mechanisms for Internationally Agreed Programmes. Paris, New York: Independent Commission on Population and Quality of Life, VI, 71.

Nathan, Otto/Norden, Heinz (Hrsg.) (1968): Einstein on Peace. Preface by Bertrand Russell. New York: Schocken Books, XVI, 704.

Nerfin, Marc (1985): The Future of the United Nations System. Some Questions on the Occasion of an Anniversary. In: Development Dialogue 1, 1-21.

Nerfin, Marc (1986a): Ni Prince ni Marchand: Citoyen - Une Introduction au Tiers Système. In: IFDA Dossier 56, 3-29.

Nerfin, Marc (1986b): Die Zukunft des Systems der Vereinten Nationen. Bonn: DGVN, 25 (Dokumentationen, Informationen, Meinungen: Zur Diskussion gestellt Nr. 5).

Nerfin, Marc (1988): A Citizen's Report on the State of the UN ? In: IFDA Dossier 64/2, 40.

Nerfin, Marc (Hrsg.) (1977): Another Development: Approaches and Strategies. Uppsala: Dag Hammarskjöld Foundation, 265.

Nicol, Davidson/Renninger, John P. (1982): The Restructuring of the United Nations Economic and Social System. Background and Analysis. In: Third World Quarterly 4/1, 74-92.

Nordic UN Project (1990): Perspectives on Multilateral Assistance. A Review by The Nordic UN Project. Stockholm: Almqvist & Wiksell International, 317.

Nordic UN Project (1991a): The United Nations in Development. Reform Issues in the Economic and Social Fields. A Nordic Perspective. Final Report. Stockholm: Almqvist & Wiksell International, 111.

Nordic UN Project (1991b): The United Nations: Issues and Options. Five Studies on the Role of the UN in the Economic and Social Fields. Commissioned by The Nordic UN Project Perspective. Stockholm: Almqvist & Wiksell International, 357.

Nordic UN Reform Project 1996 in the Economic and Social Fields (1996): The United Nations in Development. Strengthening the UN Through Change: Fulfilling Its Economic and Social Mandate. Oslo: The Nordic UN Reform Project 1996, 51.

O'Brien, Conor Cruise (1971): Die UNO: Ritual der brennenden Welt. Reinbek: Rowohlt, 156.
Organisation for Economic Co-operation and Development (1999): Development Co-operation. Efforts and Policies of the Members of the Development Assistance Committee. 1998 Report. Paris: OECD, X, 141, A1-A98.
PACE-UK International Affairs (1987): Making the United Nations a Winner. How to Communicate the United Nations to People. London: PACE UK, 100.
Pearson, Lester B. (1969): Der Pearson-Bericht. Bestandsaufnahme und Vorschläge zur Entwicklungspolitik. Bericht der Kommission für Internationale Entwicklung. Wien: Fritz Molden, 279, 160, 45.
Petrovsky, Vladimir F. (1987): Statement in the General Debate in the Second Committee of the Session October 7, 1987. New York: USSR Mission to the United Nations, 9 (mimeo). (Unofficial Translation).
Petrovsky, Vladimir F. (1988): Towards Comprehensive Security Through the Enhancement of the Role of the United Nations. (Aide-mémoire). New York: United Nations, 6 (UN Doc. A/43/629 vom 22.9.1988).
Petrovsky, Vladimir F. (1989): New Soviet View on Peace-Keeping. Speech at the Seminar on Problems of United Nations Peace-Keeping Operations. Salzburg, 15 (mimeo). (Unofficial Translation).
Petrovsky, Vladimir F., et al. (1990): The Reform of the United Nations: Prospects and Necessities. Bonn: DGVN, 32 (Zur Diskussion gestellt, Nr. 24).
Pines, Burton Yale (Hrsg.) (1984): A World Without a U.N. - What Would Happen if the U.N. Shut Down. Washington, D.C.: The Heritage Foundation, XIX, 176.
Pitt, David/Weiss, Thomas G. (Hrsg.) (1986): The Nature of United Nations Bureaucracies. London & Sydney: Croom Helm, XVII, 199.
Pratt, Cranford (1980): From Pearson to Brandt: Evolving Perceptions Concerning International Development. In: International Journal 35/4, 623-645.
Puchala, Donald J./Hopkins, Raymond F. (1982): International Regimes: Lessons from Inductive Analysis. In: International Organization 36/2, 245-275.

Puchala, Donald J./Coate, Roger A. (1988): The State of the United Nations, 1988. The Academic Council on the United Nations System, 57 (Reports and Papers 1988-21).
Rau-Mentzen, Blanca L./Koppenfels, Georg von (1991): UNIDO - Organisation der Vereinten Nationen für industrielle Entwicklung. In: Wolfrum, Rüdiger (Hrsg.): Handbuch Vereinte Nationen. München: Beck, 939-944.
Renninger, John P. (1981): ECOSOC: Options for Reform. New York: UNITAR, 33 (UNITAR/PE/4).
Renninger, John P. (1987): Improving the United Nations System. In: Journal of Development Planning 17, 85-111.
Renninger, John P. (1988): What Structural Changes Are Needed in the System of International Institutions ? New York: UNITAR, 19 (mimeo).
Renninger, John P. (Hrsg.) (1989): The Future Role of the United Nations in an Interdependent World. Dordrecht: Nijhoff/UNITAR, 283.
Reymond, Henri (1983): The Representation of Nationalities in the Secretariat of the UN. In: Revue international des Sciences administratives 49/4, 349-360.
Richards, J.H. (1970): Reforming the UN System. A Radical Proposal. In: Intereconomics 5/9, 282-285.
Rittberger, Volker (1991): UNITAR - Ausbildungs- und Forschungsinstitut der Vereinten Nationen. In: Wolfrum, Rüdiger (Hrsg.): Handbuch Vereinte Nationen. München: Beck, 944-950.
Rochester, Martin J. (1986): The Rise and Fall of International Organization as a Field of Study. In: International Organization 40/4, 777-813.
Ruckteschell, Ingo von (1978): Erhöhung der Effizienz. Wahrung der Kontinuität: Die Empfehlungen zur Neugliederung des UN-Wirtschafts- und Sozialbereichs. In: Vereinte Nationen 26/3, 73-80.
Ruggie, John Gerard (1985): The United States and the United Nations: Toward a New Realism. In: International Organization 39/2, 343-356.
Sahlmann, Herbert (1987): Vorschläge zur Restrukturierung im operativen Teil der Vereinten Nationen. In: Dicke, Klaus/Hüfner, Klaus (Hrsg.) (1987): Die Leistungsfähigkeit des VN-Systems: Politische Kritik und wissenschaftliche Analyse. Bonn: UNO-Verlag, 91-99.
Sahlmann, Herbert (1991): UNDP - Entwicklungsprogramm der Vereinten Nationen. In: Wolfrum, Rüdiger (Hrsg.): Handbuch Vereinte Nationen. München: Beck, 895-904.

Sahnoun, Mohamed/Well, Gunter van/Kob, Tommy T.B./Lichenstein, Charles M. (1986): How the United Nations Can Be Reformed. The Recommendations of Four Former Ambassadors at the U.N. Washington, D.C.: The Heritage Foundation, 17 (mimeo).

Saksena, K.P. (1993): Reforming the United Nations: The Challenge of Relevance. New Delhi, Newbury Park, London: Sage, 271.

Schrijver, Nico (1988): International Organization for the Management of Interdependence. Alternative Ideas in Pursuit of Global Decision Making. In: Bulletin of Peace Proposals 19/2, 175-185.

Schumm, Siegfried (1987): Die Joint Inspection Unit als Versuch der Einführung organisatorischer Rationalität in internationalen Organisationen. In: Dicke, Klaus/Hüfner, Klaus (Hrsg.) (1987): Die Leistungsfähigkeit des VN-Systems: Politische Kritik und wissenschaftliche Analyse. Bonn: UNO-Verlag, 72-81.

Seib, Friedrich Georg (1974): Die Befähigung des UN-Systems zur wirksamen Entwicklungshilfe. Der Jackson-Bericht aus heutiger Sicht. In: Vereinte Nationen 22/6, 179-182.

Senarclens, Pierre de (1988): La crise des Nations Unies. Paris: Presses Universitaires de France, 234.

Senghaas-Knobloch, Eva (1972): Internationale Organisationen. In: Ekkehart Krippendorff (Hrsg.) (1972): Probleme der internationalen Beziehungen. Frankfurt/Main: Suhrkamp, 103-136.

Seynes, Philipp de (1986): Plaisirs et perils de la réforme. L'utopie de l'organigramme. In: Bardonnet, D. (Hrsg.) (1986): L'adaption des structures et méthodes des Nations Unies. Colloque de l'Académie de Droit international de La Haye. Dordrecht: Martinus Nijhoff, 67-79.

Sharp, Walter R. (1966): Program Coordination and the Economic and Social Council. In: Mangone, Gerard J.: United Nations Administration of Economic and Social Programs. London: Columbia University Press, 102-157.

South Commission (1990): The Challenge to the South. Oxford: Oxford University Press, XV, 325.

South Centre (1992a): Enhancing the Economic Role of the United Nations. Geneva: South Centre, 32.

South Centre (1992b): The United Nations at a Critical Crossroads. Time for the South to Act. Geneva: South Centre, 41.

South Centre (1995a): Reforming the United Nations. A View from the South. Geneva: South Centre, 35.

South Centre (1995b): Whither the United Nations? A View from the South. Contribution to an Economic Agenda for the Non-Aligned Movement. Geneva: South Centre, 142 (Pre-Publication Text).

South Centre (1996): For a Strong and Democratic United Nations: A South Perspective on UN Reform. Geneva: South Centre, XVII, 229.

Stassen, Harold (1985): Die nächsten 40 Jahre. Das Werk von San Franzisco in der Sicht eines Mitglieds der Delegation der Vereinigten Staaten. In: Vereinte Nationen 33/5-6, 146-149.

Stassen, Harold (1987): The Stassen 1987 Draft Charter for a Better United Nations Organization. New York: Glenview Foundation, 47, 2 Anlagen.

Steele, David B. (1985): The Case for Global Economic Management and UN System Reform. In: International Organization 39/3, 561-578.

Stein, Arthur (1982): Coordination and Collaboration: Regimes in an Anarchic World. In: International Organization 36/2, 299-324.

Stiftung Entwicklung und Frieden (Hrsg.) (1991a): Gemeinsame Verantwortung in den 90er Jahren. Die Stockholmer Initiative zu globaler Sicherheit und Weltordnung. Bonn: SEF, 11-78.

Stiftung Entwicklung und Frieden (Hrsg.) (1991b): Die Herausforderung des Südens. Der Bericht der Südkommission. Über die Eigenverantwortung der Dritten Welt für dauerhafte Entwicklung. Bonn: SEF, 430.

Stiftung Entwicklung und Frieden (Hrsg.) (1995): Nachbarn in Einer Welt. Der Bericht der Kommission für Weltordnungspolitik. Bonn: SEF, XXIV, 444.

Stoessinger, John G. (1964): Financing the United Nations System. Washington, D.C.: Brookings Institution, 348.

Stoessinger, John G. (1977): The United Nations and the Superpowers. China, Russia, and America. Fourth Edition. New York: Random House, XX, 245.

Stoll, Tobias (1991): Technische Hilfe. In: Wolfrum, Rüdiger (Hrsg.): Handbuch Vereinte Nationen. München: Beck, 828-838.

Strange, Susan (1982): Cave ! Hic Dragones: A Critique of Regime Analysis. In: International Organization 36/2, 479-496.

Strong, Maurice F. (1986): The Future of the International System and the United Nations. Notes for Remarks at University of Toronto Global Development Week Conference Toronto, Canada, January 15, 1986, 14 (mimeo).

Strong, Maurice F. (1989): Memorandum. Proposals for a Project on Global Security and Multilateralism to be Undertaken Under the Auspices of the World Federation of United Nations Associations (WFUNA). Geneva: WFUNA, 21 (mimeo).

Study Group for the 40th Anniversary of the United Nations (1986): The UN - Its Staff - Its Future - 13 Proposals for the Future. Geneva, 9 (mimeo).

Tavernier, Paul (1988): Le Processus de Réforme des Nations Unies. Du Rapport Bertrand (1985) au Rapport du Group des 18 (1986). In: Revue Générale de Droit International Public 92, 303-334.

Timmler, Markus (1970): Pearson-Bericht und Jackson-Studie für DD2. In: Außenpolitik 21/4, 225-238.

Tinbergen, Jan (1977): Wir haben nur eine Zukunft. Reform der internationalen Ordnung. Der RIO-Bericht an den Club of Rome. Opladen: Westdeutscher Verlag, 356.

Tinbergen, Jan/Fischer, Dietrich (1987): Warfare and Welfare. Integrating Security Policy into Socio-Economic Policy. Sussex: Wheatsheaf Books/New York: St. Martin's Press, 189.

Tomuschat, Christian (1987): Die Krise der Vereinten Nationen. In: Europa-Archiv 42/4, 97-106.

United Nations Association of the USA (1971): The United Nations in the 1970s. New York: UNA-USA, VI, 88.

United Nations Association of the USA (1987): A Successor Vision: The United Nations of Tomorrow. Final Panel Report. New York: UNA-USA, X, 116; wiederabgedruckt in Fromuth, Peter (Hrsg.) (1988): A Successor Vision. The United Nations of Tomorrow. Lanham, MD: University Press of America, 1-78.

United Nations Development Programme (UNDP) (1990): Human Development Report 1990. New York: Oxford University Press, X, 189.

United States Congress, Congressional Budget Office (1988): The Economic and Budget Outlook: Fiscal Years 1989-1993. 1988 Annual Report - Part 1. Washington, D.C.: U.S. Government Printing Office, XXIII, 147.

United States Congress, Congressional Research Service (1979): Reform of the United Nations: An Analysis of the President's Proposals and their Comparison with Proposals of Other Countries. Prepared for the Committee on Foreign Relations. Washington, D.C.: U.S. Government Printing Office, VIII, 105.

United States Congress, Senate, Committee on Government Operations (1977): US Participation in International Organizations. 95th Congress, lst Session. Washington, D.C.: U.S. Government Printing Office, 140.

United States Department of State (1978): The Secretary's Report to the President on Reform and Restructuring of the U.N. System. In: The Department of State, Selected Documents 8, 13-47.

United States General Accounting Office (1979): Improving Financial Management in the United Nations by Strengthening Audits and Evaluations. Washington, D.C.: GAO, 41 (ID-79-56).

United States General Accounting Office (1986): United Nations: More Can Be Done to Strengthen the U.N. Joint Inspection Unit. Washington, D.C.: GAO, 43 (GAO/NSIAD-86-141).

United States General Accounting Office (1987): United Nations: Progress to Strengthen U.N. Internal Evaluation Systems Has Been Slow. Washington, D.C.: GAO, 26 (GAO/NSIAD-87-54).

United States General Accounting Office (1999): United Nations: Observations on Reform Initiatives. Washington, D.C.: GAO, 18 (GAO/T-NSIAD-99-196).

United States President (1978): The President's Report on Reform and Restructuring of the U.N. System. In: The Department of State, Selected Documents 8, 5-11.

United States, The President's Commission for the Observance of the Twenty-Fifth Anniversary of the United Nations (1971): Report of the President's Commission for the Observance of the Twenty-Fifth Anniversary of the United Nations. Washington, D.C.: U.S. Government Printing Office, V, XIII, 67.

Unser, Günther (1992): Die UNO. Aufgaben und Strukturen der Vereinten Nationen. 5., neubearbeitete und erweiterte Auflage. München: Beck/dtv, XXV, 384.

Urquhart, Brian/Childers, Erskine (1990): A World in Need of Leadership: Tomorrow's United Nations. Uppsala: Dag Hammerskjöld Foundation, 1990, 40.

Walters, Vernon A. (1987): UN Administration and Finances. In: Department of State Bulletin, Februar 1987, 77-78.

Walters, Vernon A. (1988): U.S. Interest in the United Nations. In: Department of State Bulletin, Mai 1988, 67-69.

Weizsäcker, Richard von (1995): Alles steht und fällt mit dem politischen Willen der Mitglieder. UN-Reform als Vorbereitung auf die nächsten 50 Jahre. In: Vereinte Nationen 43/5-6, 179-183.

Weltbank (1980): Weltentwicklungsbericht 1980. Washington, D.C.: Weltbank, VIII, 203.

Weltkommission für Umwelt und Entwicklung (1987): Unsere gemeinsame Zukunft. Herausgeber: Volker Hauff. Greven: Eggenkamp, 421.

Wiegand, Gerd (1978): Organisatorische Aspekte der internationalen Verwaltung von Entwicklungshilfe. Ein Beitrag zur Organisationsanalyse internationaler Organisationen am Beispiel des UNDP und der Weltbank. Berlin: Duncker & Humblot, 389.

Williams, Douglas (1987): The Specialized Agencies and the United Nations. The System in Crisis. London: Hurst, XVI, 279.

Williams, Maurice (1995): Role of the Multilateral Agencies after the Earth Summit. In: Haq, Mahbub ul, et al. (Hrsg.) (1995): The UN and the Bretton Woods Institutions. New Challenges for the Twenty-First Century. New York: St. Martin's Press, 185-195.

Williamson, Richard S. (1988a): Advancing U.S. Objectives in the United Nations. In: Department of State Bulletin, September 1988, 67-69.

Williamson, Richard S. (1988b): Toward the 21st Century: The Future for Multilateral Diplomacy. In: Department of State Bulletin, Dezember 1988, 53-56.

Williamson, Richard S. (1988c): UN Agencies and the Budget. In: Department of State Bulletin, April 1988, 81-85.

Wolf, Klaus Dieter (1991): WFP - Welternährungsprogramm. In: Wolfrum, Rüdiger (Hrsg.) (1991): Handbuch Vereinte Nationen. München: Beck, 1094-1099.

Wolfrum, Rüdiger (Hrsg.) (1989): Die Reform der Vereinten Nationen. Möglichkeiten und Grenzen. Berlin: Duncker & Humblot, 230.

Wolfrum, Rüdiger (Hrsg.) (1991): Handbuch Vereinte Nationen. München: Beck, XXII, 1180.

World Commission on Environment and Development (1987): Our Common Future. Oxford: Oxford University Press, 400.

Wündisch, Martin (1999): Die United Nations Joint Inspection Unit als Instrument zur Einführung organisatorischer Rationalität in internationalen Organisationen. Frankfurt am Main: Peter Lang, 281.

B. Dokumente der Vereinten Nationen

A/388 (23.9.1947): Procedures and Organization of the General Assembly.

A/937 (1949): Report of the Special Committee on Methods and Procedures of the General Assembly.

A/2554 (12.11.1953): Organization of the Secretariat: Report of the Secretary-General.

A/4776 (14.6.1961): Report of the Committee of Experts on the Review of the Activities and Organization of the Secretariat.

A/4794 (30.6.1961): Report of the Committee of Experts on the Review of the Activities and Organization of the Secretariat: Comments of the Secretary-General.

A/5423 (28.5.1963): Report of the Ad Hoc Committee on the Improvement of the Methods of Work of the General Assembly.

A/6289 (28.3.1966): Report of the Ad Hoc Committee of Experts to Examine the Finances of the United Nations and the Specialized Agencies. Dazu: A/6289/Add.1 (31.3.1966); A/6289/Add.2 (31.3.1966).

A/6343 (19.7.1966): Second Report of the Ad Hoc Committee of Experts to Examine the Finances of the United Nations and the Specialized Agencies.

A/7359 (27.11.1968): Report of the Committee on the Reorganization of the Secretariat.

A/7822 (3.12.1969): Report on Programming and Budgets in the United Nations Family of Organizations (JIU/REP/69/7).

A/8454 (5.10.1971): Report on Personnel Problems in the United Nations (JIU/REP/71/7).

A/8729 (1972): Report of the Special Committee on the Financial Situation of the United Nations.

A/9646 (13.6.1974): Report on Medium-Term Planning in the United Nations System (JIU/REP/74/1).

A/32/34 (13.1.1981): Report of the Ad Hoc Committee on the Restructuring of the Economic and Social Sectors of the United Nations System.

A/37/44 (3.11.1982): Report of the Committee of Governmental Experts to Evaluate the Present Structure of the Secretariat in the Administrative, Finance and Personnel Areas.

A/40/988 (6.12.1985): Some Reflections on Reform of the United Nations (JIU/REP/85/91).

A/40/1102 (12.4.1986): Current Financial Crisis of the United Nations. Report of the Secretary-General.

A/41/49 (15.8.1986): Report of the Group of High-Level Intergovernmental Experts to Review the Efficiency of the Administrative and Financial Functioning of the United Nations.

A/42/234 (23.4.1987): Review of the Efficiency of the Administrative and Financial Functioning of the United Nations. Reform and Renewal in the United Nations: Progress Report of the Secretary-General on the Implementation of General Assembly Resolution 41/213.

A/43/286 (8.4.1988): Review of the Efficiency of the Administrative and Financial Functioning of the United Nations. Reform and Renewal in the United Nations: Progress Report of the Secretary-General on the Implementation of General Assembly Resolution 41/213.

A/45/226 (27.4.1990): Review of the Efficiency of the Administrative and Financial Functioning of the United Nations. Analytical Report of the Secretary-General on the Implementation of General Assembly Resolution 41/213.

A/47/277 (17.6.1992): An Agenda for Peace. Preventive Diplomacy, Peacemaking and Peace-keeping. Report of the Secretary-General pursuant to the statement adopted by the Summit Meeting of the Security Council on 31 January 1992.

A/47/534 (19.10.1992): Restructuring and Revitalization of the United Nations in the Economic, Social and Related Fields. Programme Budget for the Biennium 1992-1993. Note by the Secretary-General.

A/47/753 (3.12.1992): Restructuring and Revitalization of the United Nations in the Economic, Social and Related Fields. Report of the Secretary-General.

A/48/689 (29.11.1993): Progress in the Implementation of General Assembly Resolution 47/181. Note by the Secretary-General.

A/48/935 (6.5.1994): An Agenda for Development. Report of the Secretary-General.

A/49/320 (22.8.1994): Agenda for Development: I. Note by the President of the General Assembly.

A/49/320 (22.8.1994): Open-ended and Broad-based Consultations on an Agenda for Development: II. Summary of the World Hearings on Development.

A/49/665 (11.11.1994): An Agenda for Development: Recommendations. Report of the Secretary-General.

A/50/24 (23.7.1996): Report of the Open-ended High-level Working Group of the General Assembly on the Strengthening of the United Nations System.

A/50/45 (10.9.1996): Report of the Ad Hoc High-level Open-ended Working Group of the General Assembly on an Agenda for Development.

A/50/60 (3.1.1995): Supplement to an Agenda for Peace. Position Paper of the Secretary-General on the Occasion of the Fiftieth Anniversary of the United Nations.

A/51/24 (18.7.1997): Report of the Open-ended High-level Working Group on the Strengthening of the United Nations System.

A/51/45 (19.9.1997): Report of the Ad Hoc Open-ended High-level Working Group of the General Assembly on an Agenda for Development.

A/51/829 (17.3.1997): Strengthening of the United Nations System: Programme Budget for the Biennium 1996-1997. Letter from the Secretary-General addressed to the President of the General Assembly.

A/51/913 (30.8.1996): Provisions of General Assembly Resolution 50/227 addressed to the Ad Hoc Working Group of the General Assembly on an Agenda for Development.

A/51/950 (14.7.1997): Renewing the United Nations: A Programme for Reform. Report of the Secretary-General.

A/AC.250/CRP.2/Rev.1 (11.12.1996): Ad Hoc Open-ended Working Group of the General Assembly on an Agenda for Development. Agenda for Development: Paragraphs as amended and/or accepted.

A/RES/51/240 (20.6.1997): Annex: Agenda for Development.

E/4435 (3.10.1967): General Review of the Programmes and Activities of the United Nations Family in the Economic, Social, Technical Co-operation and Related Fields. Report of the Enlarged Committee for Programme and Co-ordination.

E/4599 (7.10.1968): General Review of the Programmes and Activities in the Economic, Social, Technical Co-operation and Related Fields of the United Nations, the Spezialized Agencies, the International Atomic Energy Agency, the United Nations Children's Fund and All Other Institutions and Agencies Related to the United Nations System. Report of the Enlarged Committee for Programme and Co-ordination.

E/4748 (2.10.1969): Enlarged Committee for Programme and Co-ordination: Final Report.

E/5491 (30.4.1974): Towards Greater Order, Coherence and Co-ordination in the United Nations System (UNITAR/RR/201).

E/AC.62/9 (28.5.1975): A New United Nations Structure for Global Economic Co-operation.

E/1988/75 (1.6.1988): Report of the Special Commission of the Economic and Social Council on the In-depth Study of the United Nations Intergovernmental Structure and Functions in the Economic and Social Fields.

E/1990/75 (22.5.1990): Revitalization of the Economic and Social Council. Report of the Secretary-General.

E/1991/72 (30.5.1991): Strengthening Multilateral Cooperation in International Economic Affairs. Report of the Secretary-General.

E/1992/64 (12.6.1992): Annex: Consultants' Report on Strengthening the Operational Activities of the United Nations System.

E/1992/82 (26.6.1992): Enhancing International Cooperation for Development: The Role of the United Nations System. Report of the Secretary-General.

E/1992/82/Add. 1 (26.6.1992): Enhancing International Cooperation for Develop-ment: The Role of the United Nations System. Report of the Secretary-General.

E/1994/109 (18.7.1994): An Agenda for Development. Conclusion of the High-level Segment of the Economic and Social Council (28-29 June 1994).

E/1995/86 (9.6.1995): Coordinated Follow-up to Major International Conferences in Economic, Social and Related Fields. Report of the Secretary-General.

JIU/REP/88/1 (1988): Reporting on the Performance and Results of United Nations Programmes: Monitoring, Evaluation and Management Review Components.

ST/SGB/Financial Rules/1/Rev.(1985): Financial Regulations and Rules of the United Nations.

Yearbook of the United Nations 1973 (1976). New York: United Nations, Office of Public Information, XIV, 1103.

Yearbook of the United Nations 1975 (1978). New York: United Nations, Office of Public Information, XIV, 1229.

Yearbook of the United Nations 1977 (1980). New York: United Nations, Department of Public Information, XIV, 1303.

Yearbook of the United Nations 1981 (1985). New York: United Nations, Department of Public Information, XVI, 1607.

Yearbook of the United Nations 1996 (1998). New York: United Nations, Department of Public Information, XV, 1552.

INTERNATIONALE BEZIEHUNGEN

Herausgegeben von Klaus Hüfner

Band 1 Günter Max Teuber: Managementprobleme afrikanischer "Non-Governmental Organizations" (NGOs). Eine Analyse aus entwicklungspolitischer Sicht, basierend auf Fallbeispielen aus den anglophonen Entwicklungsländern des südlichen Afrika. 1993.

Band 2 Jochen Hönow: Zielgruppen, Methoden und Finanzierung nichtstaatlicher Entwicklungspolitik in Industrieländern. Eine qualitative Untersuchung der entwicklungspolitischen Rolle von ausgewählten Nichtregierungsorganisationen der Bundesrepublik Deutschland, Österreichs und Schwedens aus systemtheoretischer Sicht. 1997.

Band 3 Frank Zitka: Wandel und Kontinuität. Amerikanische UNO-Politik 1977-1993. 1997.

Band 4 Carsten F. Risch: Evolution, Legitimation und Organisation intergouvernementaler Wirtschaftskooperationen. Das Beispiel der EU und der Visegrád-Staaten. 1998.

Band 5 Martin Wündisch: Die United Nations Joint Inspection Unit als Instrument zur Einführung organisatorischer Rationalität in internationalen Organisationen. 1999.

Band 6 Klaus Hüfner / Jens Martens: UNO-Reform zwischen Utopie und Realität. Vorschläge zum Wirtschafts- und Sozialbereich der Vereinten Nationen. 2000.